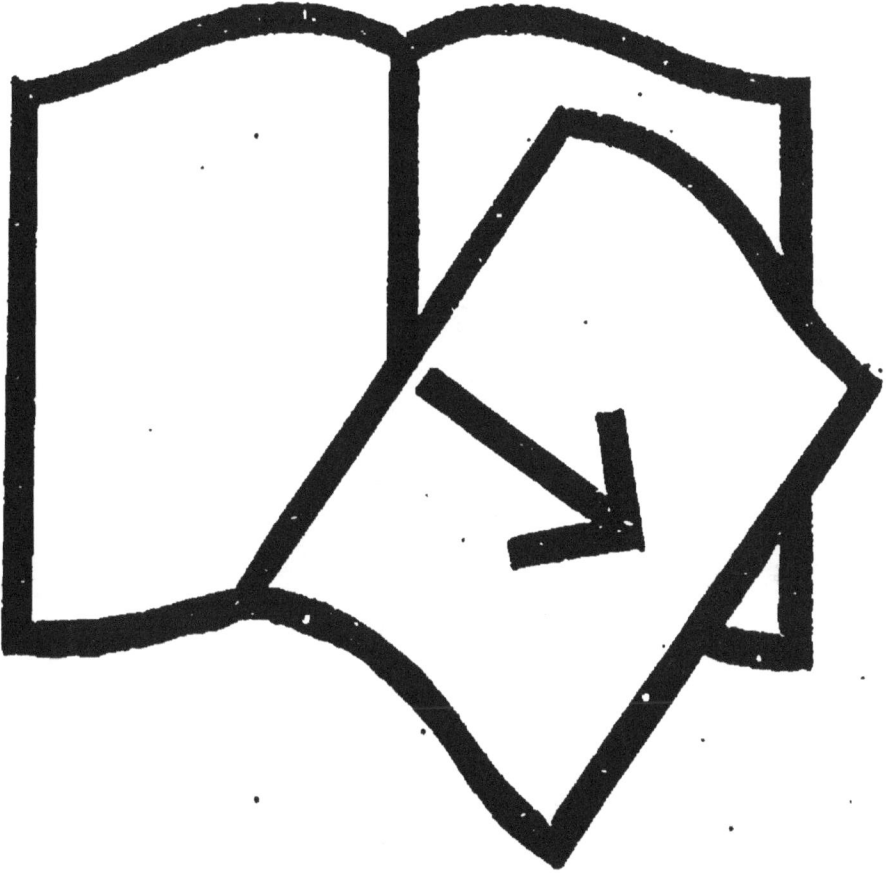

Couvertûres supérieure et inférieure
manquantes.

PSYCHOLOGIE COMPARÉE

L'HOMME ET L'ANIMAL

OUVRAGES DU MÊME AUTEUR

L'Instinct, Ses rapports avec la vie et avec l'intelligence. Ouvrage couronné par l'Académie française; 2ᵉ édition, 1 vol. in-8°, 7 fr. 50 (Thorin).

L'Imagination; 2ᵉ édit. 1 vol. in-16, 2 fr. 25 (*Bibliothèque des merveilles.* — Hachette).

Psychologie des grands hommes. 1 vol. in-16, 3 fr. 50 (Hachette).

Cours de Philosophie. 8ᵉ édition, 1 vol. in-16 de 700 pages, 5 fr. (Delalain).

Éléments de morale. 1 vol. in-16, 2 fr. 50 (Delalain).

Notions de pédagogie. 1 vol. in-16, 3 fr. (Delalain).

Coulommiers. — Typ. P. BRODARD et GALLOIS.

PSYCHOLOGIE COMPARÉE

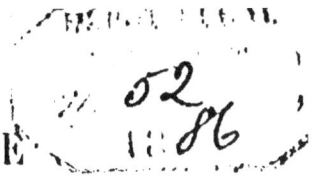

L'HOMME ET L'ANIMAL

PAR

HENRI JOLY

Doyen honoraire de la Faculté des Lettres de Dijon
Maître de conférences à la Sorbonne

OUVRAGE COURONNÉ

PAR L'ACADÉMIE DES SCIENCES MORALES ET POLITIQUES

DEUXIÈME ÉDITION
REVUE ET CORRIGÉE

PARIS
LIBRAIRIE HACHETTE ET Cⁱᵉ
79, BOULEVARD SAINT-GERMAIN, 79

1886

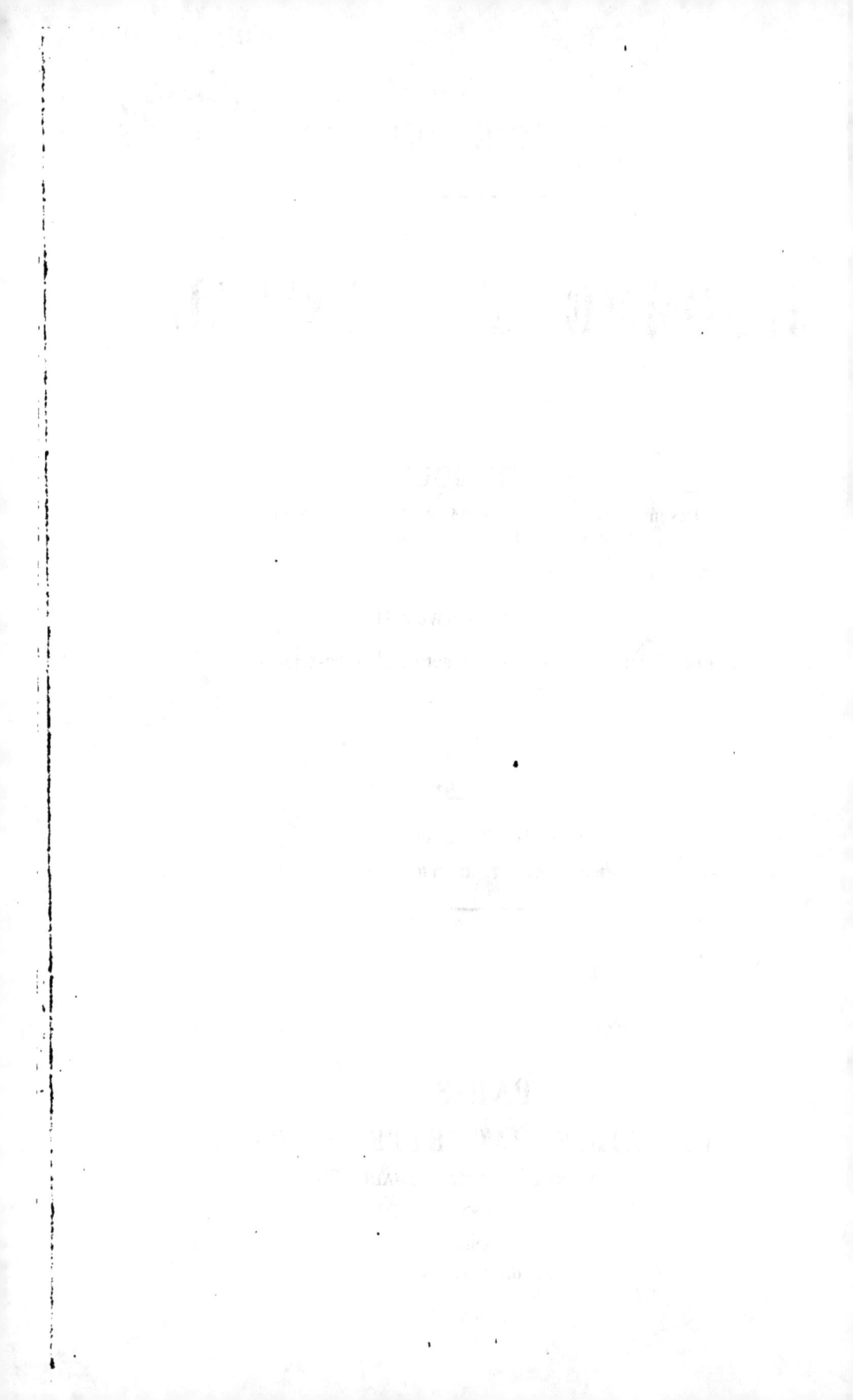

« Est-il bien sûr que la question de l'intelligence des animaux ne soit, comme l'affirme M. Flourens, qu'une question
de fait? Nous croyons qu'elle n'est et ne peut être qu'une
question de raisonnement ou, comme il le dit, de métaphysique. De quoi s'agit-il en effet? Ce n'est pas de savoir si les
animaux font tels ou tels actes, mais quelle est la signification
psychologique de ces actes. »

Louis Peisse.

PRÉFACE

Il est toujours délicat de retoucher un travail qui, après avoir été soumis au jugement d'une académie, a obtenu son approbation publique et mérité l'un de ses prix. Nous ne l'avons point perdu de vue quand il nous a fallu pr parer cette nouvelle édition de notre mémoire sur les rapports de l'Homme et de l'Animal.

En relisant la partie historique qui avait été composée sur les indications du programme de l'Institut, nous avons constaté qu'elle réclamait bien des compléments; mais nous avons craint qu'elle ne grossît alors un peu trop le nouveau volume. Nous l'avons donc provisoirement retranchée, la réservant pour une publication spéciale.

Quant à la partie dogmatique que nous réimprimons aujourd'hui, elle n'a subi aucun changement de grande importance : ni l'ordre des chapitres, ni l'esprit général n'ont été modifiés. La rédaction de bon nombre de parties a été revue avec soin : le chapitre consacré à la nature de l'Instinct a été tenu au courant des nouveaux travaux, nous y avons notamment introduit quelques-uns des résultats dus aux expériences récentes de M. J.-H. Fabre; le chapitre sur l'Hérédité a été remanié.

Nous n'avons pas besoin de dire que dans cette revision nous avons eu constamment sous les yeux le rapport de M. Ch. Lévêque; mais nous ajouterons que nous avons tenu aussi le plus grand compte des observations qui nous avaient été adressées dans des articles (non signés) de la *Revue scientifique* et de la *Revue philosophique*. Nous demanderons même la permission de répondre ici à un reproche capital qui nous a été fait, à peu près dans les mêmes termes, par les auteurs de ces deux articles.

On nous dit que dans l'animal nous expliquons la fonction par l'organe, et que là notre explication ressemble à un mécanisme peu digne du spiritualisme que nous professons : puis on insinue que nous essayons de nous sauver des conséquences d'une telle explication, en nous refusant à l'appliquer à l'homme : on conclut que nous nous rendons coupable d'une contradiction bizarre en renversant absolument dans la deuxième partie la méthode adoptée dans la première.

Le reproche est piquant; mais nous ne le croyons pas mérité.

Nous n'avons pas dit un seul instant que ce

soit le mécanisme qui explique tout dans l'animal. Nous disons qu'après avoir organisé le mécanisme selon les lois de la vie, l'activité de l'animal demeure enchaînée pour ses actes extérieurs aux conditions de ce mécanisme, et que cet assujettissement où tant de merveilles sont payées par l'absence complète, suivant nous, de réflexion et de liberté, est proprement la loi de l'instinct.

Quant au mécanisme que nous trouvons dans l'homme, prétendons-nous qu'il est créé par l'intelligence ou que l'intelligence s'en passe? A aucun degré. Nous disons que l'intelligence crée l'*harmonie* de ce mécanisme, qu'elle en adapte les fonctions à des fins morales, et que cette adaptation est le seul travail de raison et de liberté que nous trouvions dans la nature. Il y a là gradation, continuité et en même temps respect des différences que l'observation nous fait découvrir: il n'y a nullement contradiction.

Mais si nous n'avons point accepté ce reproche, nous avons essayé, en maint endroit, de mieux expliquer notre pensée. Si nous y avons réussi, nous en rendons grâce aux critiques qui nous ont fait l'honneur de s'occuper de notre premier travail.

PSYCHOLOGIE COMPARÉE

L'HOMME ET L'ANIMAL

INTRODUCTION

LA PSYCHOLOGIE COMPARÉE — SON OBJET SA MÉTHODE

I

Après avoir étudié isolément un certain nombre d'êtres ou de phénomènes, la science tend inévitablement à comparer entre eux les êtres et les phénomènes sur lesquels elle a déjà réuni des connaissances. Ce n'est pas seulement pour étendre ces connaissances en multipliant les termes de comparaison et en découvrant des rapports nouveaux, des analogies, des ressemblances et des différences qui aident à mettre en lumière des côtés, inconnus jusque-là, de la réalité; c'est aussi pour simplifier ces connaissances en les expliquant. En effet, trouver par où plusieurs choses, différentes d'ailleurs, se ressemblent, c'est mettre la main sur des caractères que leur généralité même doit faire estimer plus nécessaires à l'existence des autres : trouver par quels caractères un être se distingue de ceux avec lesquels il a des ressemblances plus ou moins nombreuses, c'est se mettre à même de découvrir s'il leur est supérieur ou inférieur, en quoi sa supériorité consiste, et surtout quel est le caractère dominateur autour duquel se groupent, réunis par un lien durable, les attributs essentiels de sa nature.

Les avantages immenses que cette méthode a procurés aux sciences positives, en instituant la physique générale, l'anatomie et la physiologie comparées, sont bien connus. Pour ne citer qu'un exemple, le physiologiste ne peut nous apprendre avec certitude ce qu'est la respiration que si, suivant ce phénomène dans toute la série animale, il constate, sous la multiplicité des organes plus ou moins imparfaits par lesquels elle s'exécute, comment partout et toujours elle constitue, ainsi que l'avait si bien vu déjà Lavoisier, une combustion. Il n'en est pas moins vrai que chacun des êtres qui respirent respire à sa manière. Expliquer ces différences, c'est trouver la pièce maîtresse du mécanisme qui, à tel ou tel degré de l'échelle animale, assure l'exercice plus simple ou plus compliqué de la fonction ; c'est montrer ensuite les rapports de ce mécanisme partiel avec l'ensemble entier de l'économie dont il fait partie intégrante. Ainsi en est-il de toutes les autres fonctions des corps vivants. Une psychologie comparée peut-elle avoir le même intérêt et la même importance? A ceux qui la cultivent de le prouver par leurs découvertes ou par la valeur de leurs études. On peut cependant par avance faire voir clairement et sans grand'peine que cette science a sa raison d'être, mieux encore, sa nécessité.

Quoi, dira-t-on, n'est-il plus vrai que l'homme seul a l'intelligence, le libre arbitre, la moralité, le sens du beau? Cela est vrai ou cela n'est pas vrai, répondrons-nous; cela est tout d'abord un point à établir. Dans tous les cas il y a là une question à discuter; et cette discussion, à quelque conclusion qu'elle aboutisse, ne peut, à coup sûr, manquer d'intérêt. Mais disons plus. La pensée est évidemment un acte complexe, enveloppant des actes plus simples, plus élémentaires. On appellera ces derniers : conditions, moyens d'action, matière de la connaissance (autant de termes dont il faut savoir tout au moins expliquer le sens et justifier le rejet ou l'adoption); mais on ne peut guère contester que ces actes se retrouvent chez les animaux. Peut-on contester, en effet, que les animaux sentent, imaginent, se souviennent, agissent, s'irritent, aiment, ou haïssent, craignent; que quelques-uns imitent l'homme, qu'un bien plus grand nombre s'imitent les uns les autres, que beaucoup se réunissent en société, font l'éducation de leurs petits? Sans doute il importe de fixer la signification de ces actes, et pour cela de les analyser. Les analyser, c'est chercher s'ils contiennent ou non tout ce qu'impliquent les actions humaines, s'ils sont conçus, désirés, voulus, exécutés de la même façon. Or, faire cette étude, n'est-ce pas renouveler et compléter à la fois celle de notre propre nature, non seulement en en recherchant tous les attributs, mais bien plus encore en déterminant l'importance relative de chacun d'eux ainsi que la loi ou les lois présidant à la formation du tout harmonieux qu'ils composent?

Mais la psychologie comparée vise plus haut qu'à donner des descriptions et des classifications, qu'à diviser et à subdiviser les facultés humaines ou animales. Quelle est la place de l'homme dans la création? Il est impossible qu'elle n'aborde pas cette question captivante et redoutable, puisqu'elle donne le moyen de la résoudre; ceci, je pense, est évident de soi : pas n'est besoin d'insister.

Cette question, qui soulève déjà tant de controverses, en amène une autre dont l'intérêt semble encore plus vif. La place de l'homme dans la création, quelle est-elle? La première, sans doute; il n'est point trop téméraire de l'affirmer. Cette primauté cependant va-t-elle jusqu'à placer l'homme, non seulement au-dessus, mais en dehors des autres espèces animales? S'il est le premier des animaux, n'est-il malgré tout qu'un animal? Il se peut faire qu'il y ait là matière à des disputes de mots. Mais enfin, si nous nous préoccupons de fixer notre place et notre rang, la nature même de ceux avec lesquels nous nous comparons

ne peut demeurer pour nous indifférente. Ne sommes-
nous, par exemple, que les plus compliqués ou les plus
raffinés parmi des êtres qui, tous, sont également les produits d'une aveugle et fatale évolution dont l'origine et
le terme sont inconnus? Nous touchons ici à la question capitale qui s'impose aux recherches de l'heure présente. Cette question, nul n'est libre aujourd'hui de l'élu-
der. La traiter n'est point sacrifier à la mode ou à l'en-
gouement des systèmes. Elle se pose d'elle-même : car
elle est au fond de toutes les controverses philosophiques
ou scientifiques du siècle. Elle n'est, d'ailleurs, exclusive
d'aucune de celles que toute psychologie comparée peut
embrasser. Elle touche à toutes les autres, elle les domine
toutes, peut-on dire, et les éclaire toutes d'un nouveau
jour. Cette question, la voici : L'intelligence (et nous comprenons naturellement sous ce mot les facultés inséparables de la pensée, telles que l'amour du bien et du beau
et la volonté réfléchie), l'intelligence peut-elle nous apparaître encore comme indépendante du mécanisme?

Le mécanisme, c'est-à-dire l'explication des choses par la
liaison nécessaire et aveugle des mouvements de la matière,
a étendu très loin ses conquêtes. Du monde physique où,
en dépit des principes par lesquels Leibniz a complété Descartes, il se flatte depuis longtemps de régner sans contes-
tation et sans partage, il a gagné le monde de la vie. Que
nous fait-il voir dans les corps vivants? Des assemblages de
phénomènes physico-chimiques. Ces phénomènes se passent, il est vrai, dans un laboratoire mystérieux encore ;
rien cependant ne s'y accomplit, nous dit-on, qui ne puisse
être accompli de même dans le laboratoire du chimiste. La
conquête de la physiologie a valu celle de la médecine. Ne
demandez plus la guérison d'une maladie à cette espèce de
providence naturelle d'une force vitale, souveraine maîtresse des destinées de l'organisme, triomphant d'une matière subalterne, et arrêtant par sa propre énergie l'action
des lois inférieures. Le vrai médecin, le médecin de l'avenir, n'aspire plus à deviner, il constate; et il constate, le

thermomètre ou tout autre appareil enregistreur à la main, des phénomènes d'ordre physico-chimique ; s'il réagit contre eux, c'est en provoquant des faits de même nature. Mais l'explication mécaniste ne s'arrête pas là. Il n'est pas malaisé de voir qu'à tort ou à raison elle réduit l'étude de la vie à l'étude des conditions de la vie. Or elle applique cette méthode à la science de l'homme en général ; et elle prétend que les conditions dans lesquelles se développe l'activité de l'homme ne sont autres que celles que lui font et le monde physique et sa propre organisation. Comment donc s'étonner, dira l'école, que les lois qui président aux sociétés humaines soient trouvées de plus en plus semblables aux lois nécessaires de l'organisation ? Comment s'étonner que les lois de l'économie politique, démêlées avec plus de précision et plus de rigueur encore, tendent de jour en jour à se réduire à des formules mathématiques ? Tirons les conséquences. Ne point essayer inutilement de déranger à son profit l'équilibre social, accepter ces lois inévitables qui assurent la seule répartition possible des avantages, n'est-ce point là la vraie sagesse et la vraie moralité ? Établir une correspondance de plus en plus complète et de plus en plus exacte entre les représentations qu'on se forme des choses et les choses elles-mêmes, n'est-ce point là la science ? Et enfin, si la science est une pure image ou une simple répétition du mécanisme de la nature, que sera-ce donc que l'intelligence, sinon une portion de ce mécanisme ? Et ainsi, de proche en proche, la théorie se flatte d'avoir conquis l'homme tout entier.

Elle se croit d'autant plus assurée du succès qu'elle a étendu et enrichi sa conception fondamentale. Les mouvements qu'elle analyse, elle ne nous les donne plus comme des mouvements dont les combinaisons soient immuables. L'instable matière se distribue, se décompose et se redistribue de mille façons différentes ; mais la complexité des rapports de chaque partie avec le tout va croissant. Ainsi, le mécanisme qui remplit tous les espaces remplit aussi la durée par l'accumulation des forces qu'il fait se succéder

les unes aux autres. L'intelligence individuelle s'accroît de
génération en génération : tout ce qui paraît supérieur à
l'expérience actuelle n'est que de la force emmagasinée et
distribuée dans les cerveaux des ancêtres; car de siècle en
siècle les organismes humains réussissent à faire vivre en
eux une portion non seulement plus considérable, mais
encore mieux ordonnée de la force universelle.

Dans ce débat, trois partis s'offrent au choix réfléchi du
philosophe et du savant. Bien peu sans doute, quelques-uns
peut-être, s'en tiendront à la doctrine d'une intelligence se
suffisant à elle-même, ayant ses lois tout à fait à part, se déterminant avec indifférence, libre d'agir sans motifs, n'ayant
aucun rapport avec les espèces inférieures. Y aurait-il trop
de subtilité à vouloir retrouver au moins l'esprit de cette
théorie dans la critique qui voulait prendre les œuvres d'art
et de littérature comme des créations toutes spontanées, et
dédaignait d'en rechercher les conditions extérieures? Toute
semblable serait la prétention des savants qui croiraient
pouvoir se passer de bibliothèques ou de laboratoires, et de
politiques qui, comptant sur le *génie* de la nation, la préci-
piteraient, infatuée d'elle-même, sur des obstacles inconnus.

Le second parti est tout simplement l'acceptation du
système des mécanistes : la pensée n'est qu'une forme du
mouvement, lequel n'est qu'une forme du calorique, lequel
est, dans l'animal et dans l'homme, un produit de la nutrition;... la volonté n'est qu'un mouvement réflexe et la
sensibilité un état général des organes. Le vice et la vertu
sont des combinaisons comme le sucre et le vitriol, et telles
sont aussi les œuvres d'art ou de littérature qu'enfante
l'organisation d'une race travaillée par les circonstances et
le milieu. Quant au génie, c'est une névrose qu'une oscil-
lation cérébrale de plus transforme aisément en folie. La
nature humaine a d'ailleurs les mêmes origines, les mêmes
lois, les mêmes destinées que la nature animale. Si les conditions de notre existence sociale sont assez favorables pour
que nos forces communes se développent avec intensité,
nous pouvons jouir sans scrupules de notre prépondérance.

L'extermination des plus faibles par les plus forts est la forme par excellence de ce qu'on appelle le progrès. Donc, outiller et discipliner des forces vivantes qui emprunteront le plus qu'elles pourront à ces forces physiques dont elles émanent, voilà l'idéal de l'homme public et le dernier mot du droit des gens.

Un troisième parti cependant reste à examiner. L'intelligence qui connaît le mécanisme et qui s'en sert, et dans une bonne mesure le dirige, n'est-elle pas quelque chose de distinct de lui? Si cela est, connaissons donc les conditions extérieures d'un développement dont le terme final devra, ce semble, être l'esprit, l'esprit qui ne peut rester étranger à la matière, mais qui doit l'ordonner et l'embellir en la transformant à son image; l'esprit qui doit intervenir dans la lutte inévitable des forces, mais qui doit surtout chercher à atténuer, dans l'intérêt des moins heureux, les aveugles effets de la concurrence.

Comment la psychologie comparée doit nous éclairer sur le choix à faire entre l'une ou l'autre de ces différentes opinions, c'est ce qu'il est inutile de démontrer. L'immense hiérarchie qui va de la plante jusqu'à l'homme touche évidemment de plus près au mécanisme que la pensée humaine prise à part. Remontez-la dans le sens de l'homme, elle s'en éloigne; descendez-la en sens contraire, elle s'en rapproche de plus en plus. Or, que devons-nous voir dans cette succession d'états qui se tiennent de si près? Un mécanisme qui se complique ou une pensée qui se dégrade et s'affaiblit? Nous devons bien probablement voir l'un et l'autre et essayer surtout de démêler leurs rapports mutuels.

Une telle étude doit plus que toute autre être abordée sans parti pris. Des savants qui prétendent ramener tout à la matière commencent naturellement par rabaisser les facultés de l'homme : ils prennent, pour y arriver, le moyen qui leur semble le meilleur et qui consiste à identifier l'homme à l'animal. Mais comme il leur semble nécessaire, pour réussir plus sûrement, de relever un peu l'animal, voilà

qu'ils attribuent à celui-ci des facultés dont il est bien difficile de rapporter tout l'honneur aux mouvements de la
matière, le sens moral, la conscience et la réflexion. Ils
vont souvent jusqu'à lui reconnaître un privilège qu'ailleurs ils dénient à l'homme même : la liberté. Craignons
de tomber dans un autre genre de contradiction : car si,
pour mieux relever l'homme au-dessus de l'animal, nous
ne voulions voir chez ce dernier que l'automatisme, si nous
expliquions par le mécanisme seul ses sensations et les
résolutions qui les suivent, n'aurions-nous pas fait faire
à la théorie mécaniste un pas de plus en lui livrant, pour
ainsi dire, les frontières les plus rapprochées de l'intelligence, et peut-être une partie de son territoire?

II

Mais, quelque liberté d'esprit que nous devions apporter
dans ces recherches, il est cependant une difficulté préa-
lable qu'il est nécessaire de lever : c'est celle qui a trait à la
méthode de la psychologie comparée. La méthode d'observation par la conscience, telle que la psychologie la pratique,
surtout depuis Maine de Biran, Cousin, Jouffroy, est assez
connue : on peut dire qu'elle a fait ses preuves. Qu'elle
ait eu, qu'elle ait encore besoin d'être complétée, soit par
une meilleure intelligence de ses propres ressources, soit
par l'emploi subsidiaire d'autres méthodes, c'est ce que nul
ne peut se dispenser de reconnaître. Mais, pour s'amender,
il faut qu'elle ait tout d'abord le droit d'exister. Or, ce
droit, il semble qu'on le lui conteste. Il semble que, pour la
plupart des représentants de la science proprement dite,
l'intelligence ne doive plus être étudiée du dedans, mais du
dehors. Le cas est grave, et ce pourrait bien être là une de
ces questions où la procédure emporte le fond. Croire que
le dehors seul peut être étudié, c'est être bien près de juger
qu'il peut seul être connu. Un pas de plus, et l'on professe

que seul il existe. Dans tous les cas, quel compte tenir d'une réalité hypothétique qu'on ne connaît point?

Quoi qu'il en soit, bornons pour le moment notre examen à la question de la méthode, autant du moins que nous le pourrons, en suivant de près les doctrines de ceux dont nous aurons à juger les prétentions.

L'école transformiste ou darwinienne a-t-elle poussé assez avant ses démonstrations pour nous forcer à croire que l'intelligence est sortie des transformations successives des espèces vivantes, et que ces transformations, connues par la méthode dite positive, suffisent à nous expliquer l'avènement de la pensée? Elle paraît s'en flatter; car voici à peu près ce qu'elle nous dit : Toutes les espèces sortent les unes des autres, et tous les caractères et attributs de chacune d'elles ont leur explication dans le développement des précédentes. Tout caractère d'espèce a pour cause le développement, par voie d'accumulation héréditaire, d'une variation utile accidentellement survenue dans l'un des caractères antérieurement existants chez l'espèce souche; et ces derniers avaient déjà la même origine. Si cette explication nous permet de redescendre graduellement jusqu'à la cellule primitive, ne nous permet-elle pas également de remonter jusqu'à l'homme? Pourquoi donc voudrait-on faire une exception pour l'homme ou pour une portion unique de sa nature? Pourquoi partager ainsi l'univers et scinder la majesté de l'infini?

Ne discutons pas la théorie dans ses principes généraux : acceptons-la. Croyons que toutes les espèces vivantes n'ont pas été créées chacune par un acte spécial de la cause première. Croyons que les organismes peuvent en effet se transformer et qu'il y a progrès dans la nature. Mais de combien de types primitifs est parti ce progrès? Voilà ce que l'école n'a pas encore pu décider. Bon nombre de ses chefs croient avoir des raisons *a priori*, c'est-à-dire philosophiques, pour juger plus probable l'unité du point de départ. Mais ici encore, moins qu'ailleurs, ils n'ont jusqu'à présent rien démontré. Je le répète, ils ont ce qu'ils appel-

lent « des raisons générales » à défaut de faits positifs. Que
dit, par exemple, M. Darwin, au sujet du passage du
singe à l'homme? « La grande lacune, écrit-il, qu'il y a dans
la chaîne des organismes entre l'homme et ses proches
alliés, lacune qui ne peut être comblée par aucune espèce
éteinte ou vivante, a été souvent mise en avant comme une
grave objection à la doctrine que l'homme est descendu
d'une forme inférieure; mais cette objection ne semblera
pas d'un grand poids à ceux qui, convaincus par des raisons
générales, croient au principe général de l'évolution [1]. »
Suivons l'exemple qui nous est donné; et cherchons aussi
des raisons, puisque les faits apparemment ne suffisent
pas. Si réelle que puisse être l'évolution, il faut toujours
remonter à un commencement au moins relatif. La puissance, quelle qu'elle soit, naturelle ou surnaturelle, qui a
donné naissance au premier germe, ne pouvait-elle en produire à la fois plusieurs destinés à se développer dans des
évolutions parallèles? Et parmi ces types primordiaux,
pourquoi ne penserions-nous pas qu'existait, distinct de
tous les autres et destiné à une évolution *sui generis*, le
type de l'être intelligent? Une hypothèse vaut l'autre. Il y a
plus. A l'appui de la doctrine d'une évolution universelle,
l'école darwinienne nous met sous les yeux des évolutions
partielles, par exemple : l'évolution paléontologique, l'évolution embryonnaire. Mais, si les faits groupés sous ces noms
apportent des arguments très sérieux en faveur de cette idée
que beaucoup d'espèces sont réellement sorties les unes des
autres, ils ne sont guère favorables à l'hypothèse d'un seul
prototype. Si, en effet, la paléontologie nous montre que
la succession chronologique des types appartenant à l'em-
branchement des vertébrés correspond assez bien à la hiérarchie de leurs formes actuelles, elle nous montre aussi
que, dans les terrains les plus anciens, trois embranchements au moins ont simultanément apparu. L'étude de
l'évolution embryonnaire donne un résultat tout semblable.

1. Darwin, *The Descendance of man*, 2 L., p. 200.

Chaque embryon de vertébré suit bien, dans sa période de formation, des phases qui rappellent les formes des vertébrés inférieurs; jamais cependant il ne ressemble à aucune forme des autres embranchements qui, dans les classifications, précèdent celui des vertébrés.

Mais l'école a depuis quelques années une troisième évolution à nous offrir : c'est précisément l'évolution psychologique. Oui, elle a abordé l'étude des facultés de l'homme et de l'animal; et elle cherche à nous démontrer qu'il y a des transitions insensibles entre le sens moral de l'animal et celui de l'homme, entre l'activité spontanée des bêtes et notre soi-disant libre arbitre. Qu'avons-nous à dire ici de cette espérance dont nous verrons plus tard quels sont les fondements? Nous avons simplement à remarquer ceci : Le rapprochement des deux espèces d'intelligence n'est pas le moins du monde une conséquence particulière d'une loi de transformation universelle démontrée. Elle est, au contraire, un essai de preuve à l'appui du transformisme universel, ou, pour parler exactement, une hypothèse qu'on invente et qu'on essaye de vérifier à l'appui d'une autre hypothèse. On en a le droit, sans aucun doute, mais à une condition, c'est que l'on reconnaisse à cette psychologie, qu'on interroge et qu'on voudrait faire parler d'une certaine manière, le droit d'exister. On veut nous montrer les ressemblances qui rapprochent l'homme et l'animal et en tirer une raison générale de plus qu'on pourra invoquer à l'appui de la théorie. Qu'on nous permette de signaler les différences et de les invoquer, sinon pour renverser de fond en comble, du moins pour restreindre et rectifier la théorie.

Mais voici que nous avons à répondre à de nouveaux adversaires; ou plutôt c'est une autre aile de la même armée, c'est la troupe des zoologistes proprement dits qui va nous attaquer en nous disant : si l'école transformiste étudie l'homme et le compare à l'animal, ne croyez pas que c'est avec la vieille méthode subjective des psychologues, c'est avec notre méthode à nous, méthode objective, bien autrement large et seule véritablement comparée.

Nous avons accumulé tant d'observations, tant de récits sur
les actions des animaux, que les facultés de chaque espèce
nous sont désormais connues. Non seulement nous pouvons
comparer les actes d'une espèce avec les actes d'une autre
et suivre la complication progressive des facultés depuis le
plus bas degré de l'échelle animale jusqu'au sommet; mais
nous pouvons comparer cette progression des aptitudes psychologiques avec la progression correspondante des organisations et surtout des systèmes nerveux; nous pouvons
enfin, une industrie animale étant donnée, en retrouver
les premières origines, puis les ébauches de moins en
moins imparfaites, jusqu'à leur forme la plus achevée.
Cela fait, nous n'avons plus qu'à supposer un ordre chronologique semblable à l'ordre hiérarchique connu, et nous
avons par là même une explication positive de la naissance
et du développement des facultés animales. Ainsi un naturaliste dont quelques-uns d'entre vous invoquent souvent
l'autorité, s'imaginant pouvoir en attendre quelque secours,
Flourens, l'a proclamé : « La question de l'intelligence
des bêtes est une question de fait, une question d'étude
expérimentale et ne peut être une simple thèse de métaphysique ». Arrivons maintenant à l'homme. Aurez-vous
la prétention de le détacher de cette série majestueuse
dont nous vous apportons la science? Que l'homme soit le
dernier mot, jusqu'à présent, de ce que vous appelez la
création, très bien! mais enfin, s'il en est le dernier mot,
il la résume, il en est la perfection vivante. Pourquoi donc
ne pas l'expliquer tout naturellement par la connaissance
de ce qui le précède et le prépare, de ce en quoi il a été
progressivement ébauché, de ce en quoi nous vous faisons
retrouver, fragment par fragment, sa complexe nature?

La vieille psychologie pourrait répondre à ce discours :
Oui, tout cela est parfait, si vous avez en réalité la *connaissance* de tout ce qui nous précède et nous prépare.
Mais, parmi toutes ces comparaisons si intéressantes et dont
nous nous proposons bien aussi de nous servir, il en est
une dont vous avez tort de ne point parler, car elle est

absolument nécessaire au succès de toutes les autres, et, sans elle, pardonnez-nous l'expression, vous n'auriez point allumé votre lanterne. Comment pourriez-vous qualifier les actes des animaux, si vous ne les compariez pas à ceux de l'homme, les seuls, faites-y bien attention, dont vous puissiez connaître directement la nature ? Vous dites que l'organisation des ruches d'abeilles est admirable et que dans les travaux des fourmis il y a des combinaisons surprenantes. Mais l'organisation des cristaux est admirable aussi, et la circulation du sang mû par cette machine hydraulique qu'on nomme le cœur est peut-être encore plus surprenante. Or comment savez-vous que là cette organisation et ces combinaisons sont l'œuvre immédiate d'une intelligence ou d'un principe ayant une conscience plus ou moins confuse de lui-même et sentant, alors qu'ici c'est un simple mécanisme qui fonctionne sans spontanéité, sans aperception ni sensation? Évidemment, des ressemblances extérieures que vous avez constatées entre l'homme et l'animal, vous avez conclu à des ressemblances intérieures. Vous connaissiez donc quelque chose d'intérieur qui était votre principal terme de comparaison, et ce quelque chose, n'est-ce pas en vous que, psychologue malgré vous, vous l'avez découvert et connu? « De quoi s'agit-il, en effet, dirons-nous avec M. Louis Peisse [1]? Ce n'est pas de savoir si les animaux font tels ou tels actes, mais quelle est la vraie signification psychologique de ces actes. Il s'agit de déterminer, sur l'observation des actions extérieures, la nature du mobile intérieur. Or cette détermination ne peut être fournie par l'expérience directe; elle ne peut être que le résultat d'une conclusion. » Mais cette conclusion, il est clair qu'elle ne peut consister qu'en ceci : les animaux possèdent ou ne possèdent pas, ils possèdent dans telle mesure telles ou telles des facultés de l'homme. Si nous ne pouvions pas établir cette comparaison, « l'ani-

---

1. L. Peisse, *La médecine et les médecins*, 2 vol. in-12, J.-B. Baillière.

mal n'existerait pas psychologiquement pour nous : son
dedans serait absolument fermé à notre intuition comme
celui d'une plante ou d'un cristal. » — « Il suit de là, dit
avec le bon sens lui-même l'écrivain que nous citons, que
le seul moyen d'avancer la connaissance psychologique des
animaux ne peut être cherché que dans l'étude psychologique de l'homme lui-même, et non, comme on se le figure à
tort, dans des observations sans fin sur les mœurs et sur
les manifestations extérieures des bêtes, qui ne conduisent
à rien. Mieux l'homme connaîtra sa constitution intellectuelle, plus profondément il pénétrera dans l'analyse du
jeu et du mécanisme de son propre esprit, et plus il sera
en mesure de connaître celui des animaux qui est comme
une fraction ou ébauche du sien. »

Chercher, ajouterons-nous, à expliquer l'ébauche par
l'œuvre achevée et non l'œuvre achevée par l'ébauche,
cela paraîtra-t il trop métaphysique? Mais alors le mot
même d'ébauche n'aurait aucune espèce de sens; il faudrait
le rayer à jamais de la langue. Or la science positive
devrait être la première à réclamer; car, tout en niant la
finalité, le plan préconçu, la direction intelligente, elle
n'en affirme pas moins que l'homme se prépare dans le
singe et que les premiers linéaments des vertébrés supérieurs sont déjà dessinés dans les vertébrés inférieurs. La
vraie nature de l'inférieur ne lui serait donc pas connue, si
elle ne pouvait pas la comparer à la nature du supérieur.
Ainsi, en matière d'anatomie et de physiologie comparées,
c'est bien la forme complète et relativement parfaite qui
explique les formes incomplètes mais analogues. Un auteur fait-il l'anatomie comparée du système nerveux dans
toute la série animale : il ne décrira jamais un organe sans
se demander quelle en est la *signification*; question dont
il nous fait aussitôt comprendre l'importance, en comparant
l'organe à ceux qu'il juge tenir ou non la même place et
remplir la même fonction dans les animaux supérieurs.
Leuret, par exemple, vient de décrire le système nerveux
des mollusques. Il complète son étude en démontrant que

ce système n'est pas l'analogue du système ganglionnaire
des vertébrés, que le double ganglion céphalique des premiers n'est pas l'analogue des lobes cérébraux des seconds,
mais que le ganglion céphalique des mollusques représente
chez ces animaux l'encéphale des vertébrés, et que toutefois il a plus d'analogie avec la moelle allongée qu'avec le
cervelet, les tubercules quadrijumeaux ou le cerveau. Ainsi
fait-il d'un bout à l'autre de son ouvrage. Ainsi font les
physiologistes plus récents et non moins illustres qui, pour
mieux expliquer la nature des centres nerveux du système
ganglionnaire, les appellent des cerveaux inférieurs. Ainsi
faisons-nous et à bon droit, quand, au sujet de l'instinct,
nous nous demandons dans quelle mesure il est l'analogue
de l'intelligence humaine, autrement dit de quelle manière
il en remplit les fonctions, selon ce qu'exige et permet à la
fois la nature propre de l'animal ; s'il a plus de rapports
avec notre imagination sensitive qu'avec notre pensée abstraite et réfléchie, avec nos habitudes involontaires qu'avec
notre volonté délibérante. Expliquer l'inférieur par le supérieur, l'ébauche par l'œuvre achevée, voilà donc une méthode qui nous sera commune [1] avec toute science positive,
et sans laquelle, nous pouvons le dire, aucune science
comparée ne serait possible.

Soit ! nous répondra-t-on. Pour mieux connaître la nature
de l'animal et ses rapports avec l'homme, vous aurez recours
à la connaissance de l'homme. On vous le concède. On vous
concédera même que l'homme, pas plus que l'animal, ne
peut être connu par l'accumulation des faits, des récits, des
anecdotes, et qu'en un sens c'est bien la connaissance du
dedans qui est la plus importante de beaucoup. Mais ce
dedans, nous ajoutera-t-on, ce n'est pas vous qui pouvez
nous en procurer la science : du moins en existe-t-il ou
s'en fait-il une théorie qui doit s'imposer à vous, c'est celle

1. Mais cela évidemment ne nous oblige pas à assimiler l'inférieur au supérieur sous peine de contradiction : car alors les
mots mêmes de supérieur, d'inférieur, n'auraient plus de sens.

des physiologistes. Le physiologiste, en effet, déclare que,
si vous pouvez avoir raison contre le zoologiste, somme
toute, vous ne pouvez avoir raison contre lui; que, s'il est
peu scientifique de vouloir isoler l'homme de la série animale dont il est le couronnement, il le serait bien moins
encore de vouloir, dans un même système, isoler un organe
des autres organes; que le cerveau est visiblement l'organe
de la pensée, et que la manière dont il accomplit cette
fonction qui lui est propre ne saurait différer de la manière
dont les autres organes accomplissent les leurs; que le sens
intime vous apprend sans doute si vous jouissez ou souffrez,
si vous vous souvenez plus ou moins confusément, si vous
enchaînez des images et si vous prenez une résolution,
mais qu'il ne vous apprend rien sur les causes profondes
de ces phénomènes; car ces causes profondes, mouvements
réflexes, imprégnation des cellules, sympathie de ces mêmes
cellules entre elles, influence du sang sur l'activité des
tissus, et le reste, quelle est donc la science qui les fait
connaître, si ce n'est la physiologie?

Nous concéderons à notre tour que la physiologie a déjà
donné l'explication de bon nombre de phénomènes cérébraux, et nous reconnaissons même très volontiers que ces
explications sont mécanistes. Quelques esprits timides ont
pu s'alarmer des progrès par lesquels cette explication
allait chaque jour englobant une partie plus considérable
des centres nerveux. Restait-il quelque obscurité, ils triom-
phaient. Sans doute, pensaient-ils, on a réduit aux lois du
mécanisme les portions du système qui servent à des fonctions basses, vulgaires, animales. Mais il reste toujours la
partie noble du cerveau, celle qui concourt à l'exercice de
la pensée; or celle-là reste comme un sanctuaire inviolable
devant lequel la théorie des matérialistes est contrainte de
s'arrêter impuissante. C'était là, ce semble, un triomphe
dont il n'y avait guère lieu de se glorifier. Cette partie plus
noble du cerveau en était-elle moins un fragment de
matière, incapable d'exécuter aucune fonction sans le concours du reste de l'organisme? Et si le mécanisme de ces

fonctions spéciales était encore inconnu, n'était-il pas pré-
sumable qu'il cesserait de l'être un jour ou l'autre? Effectivement cette fragile barrière qu'on croyait pouvoir élever
contre le mécanisme cérébral paraît assez près d'être renversée : les travaux les plus nouveaux sur les centres nerveux laissent à cet égard peu d'illusions. Mais, si ce résultat
est des plus beaux pour la science biologique, en quoi donc
avance-t-il la science de la pensée? A mesure que l'explication mécaniste se poursuit, elle épuise ses moyens d'action ;
et, parvenue au bout de ses conquêtes, elle se retrouve
encore aussi muette que par le passé devant cette question : Comment se figurer le passage de l'état physique du
cerveau aux phénomènes correspondants du sentiment?
Tels sont les termes mêmes de l'énigme telle que la pose
un savant anglais bien connu, M. Tyndall; et M. Tyndall
proclame avec raison que la biologie peut pousser à l'infini sa connaissance de l'un des deux termes sans nous
apprendre rien de plus sur le second ni sur le passage du
premier au second. Pour employer encore les expressions
désormais classiques de ce même écrivain, admettons
comme prouvé que le sentiment amour correspond à un
mouvement en spirale droite des molécules du cerveau et
le sentiment haine à un mouvement en spirale sénestre ;
nous saurons donc que, quand nous aimons, le mouvement
se produit dans une direction, et que, quand nous haïssons,
il se produit dans une autre; mais le pourquoi nous sera
toujours inconnu. Et ce pourquoi dût-il rester toujours
inconnu, ajouterons-nous pour notre part, serait-ce une
raison pour ne rien demander à la conscience sur l'amour
et sur la haine? N'a-t-elle donc rien répondu aux interrogations de Platon, de Pascal, de Malebranche, de Spinoza?
Et ne pouvons-nous donc espérer qu'elle nous répondra
quelque chose à nous aussi, s'il est vrai que la persévérance
et la coordination des efforts individuels peuvent souvent
continuer les découvertes du génie? En résumé, la réduction
de plus en plus grande de la portion jadis inexpliquée du
cerveau ne nous paraît en aucune façon favorable aux pré-

tentions que nous combattons : car plus cette explication
mécaniste gagne du terrain, et plus il apparaît que cette
explication est destinée à demeurer toujours exclusive,
incomplète, par conséquent insuffisante.

Mais tous les physiologistes ne s'en tiennent pas absolument, il faut le reconnaître, à cette seule et unique explication. Au fond de tout mécaniste, qu'il soit physicien,
chimiste ou biologiste, il y a un dynamiste caché ; de même
il y a un métaphysicien mal dissimulé sous tout naturaliste,
et, particulièrement, sous tout zoologiste, un psychologue.
On trouvera donc aisément des biologistes reconnaissant
que le mouvement vital a une cause, que cette cause est
cachée, qu'elle se dérobe aux investigations de la science,
mais enfin qu'elle existe. En d'autres termes, ce qui dans la
vie est à la portée des recherches humaines, ce sont, non
pas le mouvement vital et l'énergie qui le produit, mais les
causes secondaires qui entretiennent le mouvement vital,
puis les résultats de ce mouvement. La science de la vie
pourra donc décrire, par exemple, les causes secondaires
ou conditions qui entretiennent les fonctions du foie ; elle
décrira aussi les résultats de cette fonction, c'est-à-dire la
fabrication de la bile. Mais elle reconnaîtra que la cause
première de ce mouvement se dérobe à nous comme en
astronomie la gravitation, et en chimie la propriété de se
combiner ou de ne pas se combiner que porte avec lui tel
ou tel corps. Cet aveu (qu'on trouvera dans M. Littré lui-
même) est-il une concession faite à la métaphysique? Ne
nous en flattons pas. Cet aveu d'ignorance et cette reconnaissance implicite d'une cause mystérieuse sont à peine
arrachés aux physiologistes, qu'ils s'en vengent aussitôt du
mieux qu'ils peuvent et se hâtent d'empêcher la philosophie d'en profiter. Si, en effet, nous interrogeons bien
leurs ouvrages et si nous comprenons exactement leurs
réponses, voici à peu près les formules que nous obtenons
d'eux : L'inconnu qui pèse sur la nature intime du mouvement cérébral à la suite duquel se produisent la sensation,
l'imagination, la mémoire, la pensée, cet inconnu est exac-

tement le même que celui qui pèse sur la nature intime du
mouvement à la suite duquel s'opèrent soit la circulation
du sang, soit la fabrication de la bile. Sur ces deux modes
de la vie, comme sur tous les autres, les procédés d'investi-
gation de la physiologie sont les mêmes, les connaissances
positives sont les mêmes, les ignorances enfin sont les
mêmes. La science croit donc qu'une puissance également
inaccessible aux recherches expérimentales opère dans ses
diverses fonctions dont elle se borne, elle, à décomposer le
mécanisme pour ainsi dire extérieur et apparent. Elle ne
dit plus, sans doute, que la pensée est une sécrétion du
cerveau; c'est une formule à laquelle elle ne tient certainement plus, d'abord parce qu'elle admet que les fonctions
ont leur diversité, et ensuite parce que derrière la sécrétion
elle-même est un inconnu analogue à celui qu'elle avoue
exister derrière la pensée. Elle ne dira donc rien sur la
cause première de la sécrétion, pas plus que sur celle de
la pensée. Mais, en revanche, elle veut que la philosophie,
de son côté, ne prétende rien dire sur la cause et le principe de la pensée pas plus que sur la cause de la sécrétion. « Pensée du cerveau, contractilité des muscles... ce
sont là des propriétés aussi incompréhensibles que l'électricité de la torpille ou que les lueurs du phosphore [1]. »

D'autres physiologistes, à la vérité, vont plus loin. Tout
en insistant beaucoup sur la multiplicité de la vie, c'est-à-
dire sur l'indépendance des éléments qui manifestent chacun à part et d'eux-mêmes les propriétés caractéristiques de
la vie, cependant ils ne peuvent se soustraire à la vue de
l'unité finale de l'organisme : ils reconnaissent une puissance de coordination dont l'unité assure la forme spécifique de l'ensemble, le rythme régulier de ses mouvements, le but ou le terme de son évolution générale. Mais
si, un peu plus hardis que les autres, ils concluent que le
principe de toutes les fonctions du corps, de la fonction
cérébrale comme des fonctions nutritives, est un, ils n'en

1. G. Pouchet.

proclament pas moins que ce principe est inconnaissable en lui-même, qu'on ne peut en étudier que les manifestations sensibles, mesurables et pondérables.

Au premier de ces deux groupes de physiologistes, ne pouvons-nous particulièrement opposer une distinction bien ancienne, mais toujours bien claire et bien facile à comprendre? La pensée du cerveau, pour employer leurs propres expressions, est une propriété aussi incompréhensible que l'électricité de la torpille. Mais enfin, nous savons quelque chose de plus sur notre pensée que sur l'électricité. L'électricité est tout à fait en dehors de nous, tandis que notre pensée est en nous, est nous-mêmes. Donc, de ce que la conscience et la réflexion ne peuvent rien nous apprendre sur l'électricité de la torpille, s'ensuit-il nécessairement qu'elle ne puisse rien nous apprendre sur notre pensée? Est-il bien logique de conclure ainsi de l'une à l'autre?

A l'autre groupe nous dirons : soit ! le principe est un. Non seulement nous le reconnaissons sans aucune difficulté, mais nous l'entendrons provisoirement comme vous le voudrez. Entre Sthal, qui nous dit que c'est l'âme raisonnable qui opère toutes les fonctions du corps vivant, et les plus matérialistes d'entre vous, qui, prenant les choses par l'autre extrémité, disent que c'est le principe de la digestion qui élabore aussi la pensée, nous voulons ne faire pour le moment aucun choix, car nous n'avons pas de parti pris. Nous serions même heureux si nous pouvions acquérir la certitude qu'il y a là une de ces disputes de mots dans lesquelles l'humanité a si souvent le tort de se diviser. Mais enfin, si la vie se présente à nous par deux bouts, l'un par lequel elle plonge dans la matière universelle et dans les phénomènes d'ordre physico-chimique, l'autre par lequel elle arrive à la conscience d'elle-même, au sentiment, à l'art et à la science, pourquoi ne vouloir la prendre que par un bout et non par l'autre? Pourquoi ne pas étudier les caractères de ces fonctions culminantes et ne pas en tirer des inductions sur la nature de leur principe? Vous partez, vous, de l'étude des fonctions inférieures, et de la connaissance que vous avez prise du mécanisme de ces fonctions, vous prétendez tirer des inductions que vous imposez à toutes les autres, parce que, dites-vous, il ne saurait y avoir dualité dans l'organisme. Pourquoi ne serait-il pas aussi légitime, aussi scientifique, de partir de l'étude de la pensée consciente pour en recueillir des lumières sur ce avec quoi elle forme « un tout naturel » ? Les deux méthodes sans doute pourront tout d'abord aboutir à des résultats opposés, du moins en apparence, et qui se heurteront réciproquement. Mais alors on discutera, et l'on cherchera les conditions d'un accord. Ainsi dans la science sociale l'individu et l'État, en politique l'ordre et la liberté, dans l'art le réel et l'idéal, ont paru des termes contradictoires ; et ceux qui faisaient de l'un l'objet spécial de leurs études se mettaient facilement en opposition avec ceux qui prétendaient se borner à l'étude de l'autre. Nous avons cependant d'excellentes raisons pour croire enfin à leur mutuelle harmonie, sinon à leur fondamentale identité.

D'ailleurs, pourquoi penser uniquement aux conflits et ne pas voir aussi les circonstances où visiblement les deux sciences se prêtent un mutuel secours? Le physiologiste réclame pour siens les phénomènes de la sensation; il lui compare l'irritabilité, la contractilité; il se demande si elle existe ou non dans les actes réflexes qu'à leur tour il compare à la volonté : les mots de spontané, d'automatique lui sont familiers. Il en est de même du mot conscience (bien qu'il ne le prenne pas toujours dans le même sens); et, si nous étendons son domaine jusqu'aux altérations ou déviations pathologiques, nous le verrons entreprendre sur l'habitude, sans la connaissance de laquelle tant d'actes de l'économie resteraient incompréhensibles. Nous connaissons donc, psychologues purs ou biologistes, la sensation, l'activité spontanée, l'habitude, la conscience; or nous les connaissons, qu'on nous permette de tenir ceci pour acquis, par l'observation intérieure, non par une autre. Nous devons donc être en droit d'affirmer tout au moins que, si le principe commun de ces actes et des actes physiologiques est inconnu dans son essence, il doit cependant être de nature à rendre ces actes possibles. Enfin, si l'homme et l'animal doivent être comparés l'un avec l'autre, c'est bien à la connaissance directe de l'homme que nous devons demander le plus de lumières, soit pour l'intelligence des phénomènes eux-mêmes, soit pour la connaissance du principe dont ils dépendent dans l'une et l'autre nature.

Mais une dernière objection va encore essayer de nous arrêter. Nous croyons qu'avec la conscience de nous-mêmes nous pouvons étudier dans quelle mesure l'homme et l'animal participent à une intelligence qui ne nous paraît pas *a priori* soumise aux seules lois du mécanisme. N'y a-t-il pas cependant une théorie générale du monde qui prétend que tous les phénomènes de l'univers, organique ou inorganique, sont les transformations d'une force unique qui se distribue de mille manières différentes, mais qui jamais n'augmente ni ne diminue? D'une source primordiale, qu'on dit être le soleil pour le système dont nous faisons partie, la force vive se répand dans le monde végétal : celui-ci est détruit et recomposé avec de nouvelles combinaisons dans l'animal ; et là il se retrouve sous les formes de la décomposition chimique, du magnétisme, de l'électricité, de la chaleur, du mouvement mécanique ; ce sont là des forces qu'on peut être tenté de distinguer les unes des autres, mais elles se convertissent les unes dans les autres ; donc au fond elles n'en forment qu'une. La force nerveuse n'a pas non plus d'autre origine, et la source de l'activité cérébrale, de quelque façon qu'elle se manifeste, n'est pas autre. Quand, de ces forces qui étaient latentes dans les matériaux charriés par le sang, la chaleur animale a pris sa part, les poumons, le cœur, les intestins... chacun la leur, le système nerveux (y compris le cerveau) prend aussi la sienne. De ces forces ainsi accumulées et distribuées résulte ce qu'on appelle une charge toujours prête : cette charge n'attend, dit-on, pour partir que la décharge d'une excitation fournie par les sens ou par toute autre partie du système nerveux. Si l'on en croyait enfin quelques prôneurs intempérants de cette théorie, il serait, *a priori*, interdit à la conscience de vouloir trouver quoi que ce soit en dehors de cette transformation. Après la théorie mécanique de la chaleur, et liée étroitement à elle, devrait donc venir la théorie mécanique de la pensée : ce serait là toute la psychologie et toute la logique.

Ici encore, nous ne voulons rien opposer aux théories de la science contemporaine, tant qu'elle reste sur son terrain. Nous sommes particulièrement tout prêts à reconnaître la grandeur et la beauté du système de l'équivalence des forces. Mais il faut savoir où il s'arrête; or il nous semble que, quand on y fait rentrer, sans autre forme de procès, l'intelligence et la conscience, on prend une hypothèse non vérifiée pour une loi. « Les fonctions les plus élevées de l'être vivant, dit un professeur de physiologie très connu, M. Ch. Rouget, sont des transformations en *activité propre à l'animal* d'un mouvement actuel de la matière extérieure. » Fût-on obligé de s'en tenir à cette formule, il faudrait déjà se demander en quoi consiste cette activité propre à l'animal, quels en sont les caractères essentiels, et comment les mouvements de la matière extérieure se retrouvent en elle, sentis et perçus. Quoi qu'on fasse, cette activité particulière mérite une étude à part qui doit avoir sa méthode à elle.

Il est impossible, dit-on, de concevoir des lois contradictoires; or évidemment les lois de la force matérielle sont appliquées dans le corps animal, et elles continuent d'y développer leurs effets : donc l'activité qu'on appelle consciente ne peut rien contre ces lois. — Mais, répondrons-nous, cette dernière peut avoir sa réalité et même son autonomie sans qu'il en résulte le renversement des lois que vous invoquez. On l'a déjà dit, « l'agent libre n'est pas l'auteur des forces dont il dispose et dont il ne dispose qu'en petite partie. Il suffit que cet agent soit capable d'initiative, en certains cas, dans le jeu de ses forces [1]. » Cet agent ne peut-il soit prolonger l'état de tension,

---

1. M. Renouvier.

soit provoquer une détente? Il est évident que l'énergie
que nous déployons n'est pas indifférente au repos ou au
mouvement. Comment ce caractère nouveau vient-il remplacer l'inertie que chacun attribue à la matière? Comment
cette énergie peut-elle seule contracter des habitudes?
Comment surtout en vient-elle, par ses intentions et ses
efforts, à donner un caractère moral à ses actes? Voilà des
problèmes à examiner : les supprimer *a priori*, au nom
d'une théorie qui peut avoir besoin d'être circonscrite et
restreinte, est impossible.

Il est vrai que, dans le langage de la philosophie elle-
même, l'essence de l'âme est le plus souvent placée dans
la force. Or, comme, de son côté, la majorité des savants
réduit aussi la matière à la force, cet emploi simultané du
même mot facilite singulièrement la croyance à l'identité de
la pensée, de la vie et de la matière. « L'âme est une force.
Tout dans la nature est le produit de forces qui se ramènent
les unes aux autres. L'âme doit donc partager le sort commun de toutes les forces : elle n'a rien qui lui appartienne en
propre; tout en elle dérive de la source unique de l'énergie
universelle, car tout en vient et tout y retourne par une suite
de transformations continues. Voilà un raisonnement fort
ingénieux et qui circule, plus ou moins dissimulé, dans bon
nombre de polémiques. Mais il ne faudrait pas être dupe des
mots. C'est là un péril dont il faut d'autant plus se défier
que le sens du mot force et la légitimité de son emploi donnent encore lieu à de sérieuses controverses dans les deux
camps. Allez parmi les savants, vous entendrez dire à plus
d'un que le mouvement seul est une réalité positive et que
l'emploi du mot force dans la science n'est dû qu'à une
invasion illégitime de la psychologie ou de la métaphysique.
D'autre part, allez chez les philosophes : tous n'acceptent
pas sans difficulté que l'âme soit une force. Dans l'une de
ses ingénieuses et pénétrantes études, M. P. Janet faisait
bien clairement ressortir tout ce qu'il y a, dans cette dénomination, d'hypothétique et de périlleux. Et, en effet, de ce
que nous croyons que l'âme est une cause, il ne s'ensuit

pas que nous devions nous la représenter comme une force
se traduisant nécessairement en mouvement. Il y a pour
nous un Dieu un et personnel, cause première de l'univers : nous ne disons pas de lui qu'il est une force. Dans
les facultés mêmes de l'homme, tout n'est pas réductible à
du mouvement et à de la force; loin de là. Dans la pensée
se groupent et s'ordonnent des images dont la production
donne lieu, cela est vrai, à du mouvement mesurable et à
une dépense de force cérébrale expérimentalement appréciable. Mais est-ce bien là la pensée elle-même? Et est-il
prouvé que la cause organisatrice de nos imaginations, que
le principe ordonnateur de nos raisonnements méritent le
nom de force, du moins dans le sens où on l'entend communément? Une même quantité de force cérébrale peut être
dépensée dans de folles divagations ou dans l'élaboration
d'une judicieuse et exacte théorie. La vérité de l'idée n'est
donc pas réductible à la quantité ni à la force : la valeur
de l'idée, pas plus que celle du sentiment ou de la résolution
morale, ne tient à l'énergie physique des images qu'elle
combine. On comprend ainsi la profondeur des célèbres formules d'Aristote qui veut que la raison, faculté maîtresse
de la pensée, soit immobile. Ce n'est pas ici le moment
d'examiner de plus près ces théories. Tout ce que nous
avons l'intention de prouver actuellement, c'est que la
question de savoir en quoi consistent la sensation et la
conscience n'est pas du tout préjugée, comme certains se
l'imaginent, par les théories scientifiques de notre siècle.
Elle dépend de l'observation de la conscience, de la conscience qui, incontestablement, ne peut être observée que
par elle-même.

III

Mais il est temps de résumer cette polémique et de conclure. M. Littré, dans quelque endroit de ses ouvrages,

compare à la lente expulsion des Maures de l'Espagne les
conquêtes graduelles des sciences positives prenant peu à
peu la place de la philosophie. Il y a du vrai dans cette
comparaison : nous voulons bien l'accepter et nous nous
garderons de la modifier en disant que cette conquête rap-
pellerait tout aussi bien l'invasion du monde grec et romain
par les barbares que l'extermination des infidèles par un
peuple catholique. Ce que nous ferons seulement observer,
c'est que dans l'histoire il y a de ces invasions où le vain-
queur reçoit du vaincu au moins autant qu'il ne lui donne
ou lui impose. Ne serait-ce pas le cas ici encore? Les
sciences positives se sont *avancées* et essayent de régner
en souveraines sur toute l'étendue d'un territoire jadis
réservé à la seule philosophie. Mais, au lieu de parler de
conquête et de domination, ne ferait-on pas mieux de parler
de libres communications, d'échanges mutuels, dans une
paix active et féconde? Celui qui connaît quelque peu l'histoire parallèle des sciences et de la philosophie n'est pas en
peine d'établir que ce sont des idées philosophiques qui ont
présidé aux développements les plus magnifiques de la
science, et que maintenant encore la plupart de ses théories ne peuvent se dispenser de demander quelques lumières
soit à la psychologie, soit même à la métaphysique. Les
lois de la constance du mouvement et de l'équivalence des
forces ont été d'abord pressenties, on peut dire affirmées
par des philosophes comme Descartes et Leibniz qui, de
l'idée des perfections de Dieu, concluaient à l'unité de son
œuvre. La science croit pouvoir, comme on l'a dit, se
passer de cette hypothèse. Mais est-il possible d'aller au
fond de ces théories, sans y trouver et l'idée de force non
encore éclaircie d'une manière satisfaisante et l'idée même
de substance, c'est-à-dire deux idées se rapportant à des
choses qui ne peuvent être connues que du dedans, non du
dehors? Ceux qui disent que parler d'autre chose que du
mouvement c'est faire de la métaphysique, ceux-là ont
raison; mais, si bon nombre de savants, malgré tout, s'obstinent à faire intervenir des idées supérieures, et s'ils les

prennent comme des points d'appui sur lesquels ils construisent leurs hypothèses, n'est-ce pas un signe que la science ne peut se passer de métaphysique? Les sciences naturelles veulent tout envelopper dans la théorie de l'évolution. Or il a fallu toute la philosophie du xviiie siècle pour que cette idée descendît de la métaphysique dans la science : car on n'en est venu à vouloir trouver du progrès dans la nature qu'après avoir fait du progrès la loi de l'humanité. Mais cette dernière croyance devait elle-même plus qu'on ne le croit aux idées toutes métaphysiques de la loi de continuité, du devenir, de l'action propre des créatures.... Quant à cette évolution particulière qu'on nomme l'évolution psychologique, nous venons de voir qu'on ne peut en parler sans chercher dans la conscience un terme de comparaison entre les facultés des animaux et les nôtres, de même qu'on ne peut connaître complètement les faits physiologiques sans savoir ce que c'est que la sensation et l'habitude. Ceci a une contre-partie, nous le reconnaissons. Toutes les objections que nous avons combattues reposent sur des faits, mal interprétés, nous le croyons, mais assez voisins des faits de conscience ou assez liés à eux, pour que la psychologie comparée soit obligée de les étudier. Ce sera au lecteur à voir si dans le présent ouvrage nous tenons suffisamment compte de cette nécessité.

Nous nous efforçons tout d'abord d'en tenir compte dans la méthode que nous employons. Cette méthode est fort simple; et voici de quels procédés elle se compose :

En premier lieu, nous l'avons complètement établi par la réfutation des opinions contraires, nous devons analyser les données de notre propre conscience. Cette analyse, à vrai dire, n'est pas le premier des procédés que nous devions employer, si l'on entend par là qu'on doive plus ou moins tôt l'abandonner pour essayer d'un autre. Nous ne devons jamais cesser de nous en servir, car il est d'une nécessité constante.

Posons, en effet, comme termes du problème à résoudre, qu'entre nous et les animaux il doit y avoir, selon les expressions d'Aristote, des facultés communes, des facultés voisines et des facultés analogues ; ajoutons seulement que nous devons nous demander s'il n'y a pas de facultés que nous possédions en propre et qui soient refusées aux animaux. Rien de tout cela ne peut être éclairci si nous ne commençons pas par nous connaître nous-mêmes. Cette connaissance des faits internes doit être accompagnée, cela va de soi, de la connaissance de leurs conditions physiologiques et de celles de leurs effets, autrement dit de la connaissance des faits externes qui sont habituellement liés à eux. Il y a là déjà une première série de comparaisons, mais dans lesquelles le terme le plus connu doit toujours être le fait de conscience. Il y a sans doute bien des phénomènes entièrement obscurs et qui n'arrivent point eux-mêmes sous le jour de la conscience. Mais l'existence consciente n'est pas simplement superposée à l'ensemble de ces faits, pas plus qu'elle ne les remplace complètement quand la vie réfléchie succède à la vie ténébreuse de l'enfance. L'existence consciente ne cesse pas d'envelopper des faits inconscients : l'excitation et l'impression ne cessent pas de jouer un rôle dans la sensation agréable ou douloureuse, pas plus que l'acte réflexe dans l'activité volontaire et l'image dans la pensée. Une double analyse, psychologique et physiologique, nous prouve la liaison constante de ces deux ordres de faits. Mais la première seule nous fait connaître sous quelles conditions l'un s'ajoute à l'autre et quelles sont les lois de son développement. Qu'est-ce que l'excitation, qu'est-ce que l'acte réflexe, qu'est-ce que l'image ? Les deux analyses sont nécessaires pour nous l'apprendre ; car d'un côté ces faits ont des conditions toutes physiologiques, et de l'autre ils tiennent à des faits de conscience dont ils sont à leur tour les conditions. Ainsi le physicien et le biologiste étudient, avec leurs instruments, ce qu'on appelle l'excitation : le psychologue étudie la sensation avec sa conscience. Mais, si l'on veut ensuite pénétrer dans les rapports de l'un et de l'autre phénomène, c'est évidemment le psychologue qui doit garder le dernier mot. Lui seul peut dire,

par exemple, si les deux phénomènes s'accompagnent toujours et s'ils varient dans les mêmes proportions, ou si la
sensation est tantôt en deçà, tantôt au delà de l'intensité de
l'excitation qui la provoque. Mais allons maintenant un peu
plus avant dans l'intimité de ces phénomènes et dans la
suite de leurs conséquences : Qu'est-ce que la sensation,
qu'est-ce que la volonté, qu'est-ce que la pensée? De quels
phénomènes secondaires se composent ces faits? Quelle
parenté ont-ils les uns avec les autres? Est-ce que la raison
est une puissance isolée? Est-ce que le langage est une
faculté distincte ? Ou bien toutes ces facultés sont-elles
inséparables, de telle sorte que qui n'aurait pas l'une ne
pourrait pas avoir les autres? A ces questions-ci l'analyse
psychologique est seule à même de répondre.

Cette analyse à laquelle nous soumettons nos faits psychologiques, nous ne pouvons évidemment l'appliquer à
l'animal. Mais nous pouvons, par une sorte de synthèse,
reconstituer, pour ainsi dire, un animal intérieur qui
s'ajuste à l'animal extérieur, aux manifestations visibles de
ses passions, à tous ses actes enfin. Cet animal intérieur,
avec quoi le formerons-nous? Avec des éléments empruntés
à notre complexe nature. Alors même que nous n'aurions
aucun souvenir de nos premières années, nous pourrions
encore comprendre l'enfant ; l'enfant qui est en nous,
comme dit Platon dans le *Phédon*, nous y aiderait. Le plus
honnête homme du monde, s'il est scrupuleux et attentif
à lui-même, saura refaire la psychologie du crime, parce
qu'il y a dans tout honnête homme un criminel vaincu et
enchaîné. Nous pouvons tous comprendre quelque chose
au fou, parce qu'il y a dans chacun de nous un grain de
folie, resté à l'état de grain, mais que nous pouvons nous
figurer accru et développé. Nous pouvons faire la psychologie du rêve, non seulement avec les souvenirs de notre
sommeil, mais avec la connaissance de la rêverie. Si la
rêverie nous aide à mieux comprendre le rêve, et la passion la folie ou le crime, l'habitude, chacun le sait, nous
aide à mieux comprendre l'instinct. Plus généralement, il

y a en nous un animal, comme l'ont répété à l'envi les
moralistes. Mais, dans ces emprunts que nous ferons à la
partie animale de notre être pour reconstituer l'animal proprement dit, que devons-nous retrancher de nos facultés à
nous? que devons-nous y ajouter?

Les facultés qui se manifestent en nous par des effets
qui ne se remarquent point chez les bêtes, nous devons
évidemment les retrancher; car toute faculté s'emploie,
aucune force ne demeure inerte. D'autre part, si telle ou
telle de nos facultés ont chez les animaux des organes bien
plus parfaits que les nôtres, si elles s'accusent par des
manifestations bien plus étendues, nous saurons que là, au
contraire, s'accentue un développement psychologique qui
a été comme arrêté chez nous. C'est à ce titre que la
connaissance de la constitution physique des animaux, de
leurs organes sensoriels et de leurs organes d'action n'est
pas d'une moins grande importance dans la psychologie comparée que celle de leurs actes et de leurs mœurs.

Cette synthèse de l'animal peut paraître, à de certains
égards, conjecturale. Mais la description même que nous
venons d'en donner montre qu'elle implique une vérification continue. Telle qu'elle a été faite, suffit-elle à expliquer tous les actes que nous voyons faire aux animaux? Si
elle ne suffit pas, c'est que nous avons oublié quelque
chose. Mais, d'une part, telles facultés dont nous aurions
pu être tentés de gratifier les animaux, ne sont-elles pas
incompatibles avec celles que nous sommes obligés de leur
reconnaître? Par exemple, ce qu'ils ont suppose-t-il la raison,
et ce que suppose la raison l'ont-ils? Ajoutons qu'une certaine expérimentation peut venir à notre aide. Si certains
actes des bêtes paraissent ressembler à nos actions intelligentes, la façon dont ces bêtes se développent dans des
milieux divers, les dérivations que subissent leurs facultés,
les arrêts qui leur sont imposés, l'impuissance radicale qui
se révèle brusquement chez elles devant de petites difficultés que nous leur opposons, l'impossibilité où les animaux sont de faire ce qui devrait être pour eux moins

difficile que ce qu'ils ont fait, s'ils agissaient d'après des principes semblables aux nôtres, voilà autant d'indices qui doivent nous éclairer sur la nature des facultés qui les conduisent.

Telle est la méthode que nous nous proposons d'employer. Mais il importe plus de la bien appliquer que de la bien décrire ; et nous croyons plus utile de passer à l'étude comparée des faits psychologiques que de nous attarder à dire plus longuement comment ils doivent être décrits.

PREMIÈRE PARTIE

DE LA VIE ANIMALE EN GÉNÉRAL

I

DE LA VIE

La vie, voilà incontestablement le point de départ de l'activité dont nous voulons étudier ici les formes variées. De quelque façon que l'homme et l'animal pourvoient à leur subsistance et au développement de leurs facultés, quelles que soient les ressemblances ou les différences que nous puissions signaler entre la manière d'agir de l'un et celle de l'autre, l'un et l'autre sont également des êtres qui vivent et qui s'efforcent de persévérer dans la vie. Remonter au delà est inutile; partir de là est nécessaire. Or, s'il est difficile de donner une définition complète de la vie, la science du moins nous permet d'apercevoir dès aujourd'hui avec une netteté suffisante les caractères principaux qui sont communs aux êtres vivants. Végétal ou animal, tout être vivant se compose d'un certain nombre de parties qui sont les unes pour les autres autant de conditions ou de moyens d'existence; et toutes ensemble, ces parties se servent de moyens pour réaliser une fin qui leur est commune, à savoir l'existence d'une forme spéciale. Ces formes cependant ne demeurent pas toujours absolument semblables à elles-mêmes; elles s'enrichissent de parties

nouvelles, augmentent de volume, se consolident pendant
un temps déterminé, puis s'affaiblissent avec une rapidité
plus ou moins grande et finissent par une dissolution
générale. Dans le cours de cette évolution, l'être vivant
perd sans cesse quelque portion de sa substance, et il la
remplace immédiatement par des matériaux nouveaux
tirés du dehors, qui viennent s'assimiler aux anciens,
c'est-à-dire tenir la même place, entrer dans les mêmes
combinaisons, servir aux mêmes fins. Mais l'être vivant
n'a pas seulement la propriété de se renouveler par la
nutrition; une portion de lui-même peut, certaines circonstances étant données, se détacher de lui et former un
être semblable à lui, capable comme lui d'organisation,
d'évolution, de nutrition et comme lui de génération.

Dans les efforts qu'elle fait pour se maintenir, se renouveler et se multiplier, la vie se sert, disons-nous, de matériaux tirés du dehors. Nous pouvons ajouter qu'elle les
choisit entre beaucoup d'autres, et que de ceux même où
elle s'arrête elle élimine tout ce qui ne lui convient pas :
elle les soumet donc, autant qu'elle le peut, à ses propres
exigences. Quelquefois cependant, c'est à elle de faire plier
ses exigences aux nécessités qu'elle rencontre; quand elle
le fait sans cesser de satisfaire ses besoins les plus essén-
tiels, sans compromettre son renouvellement p   ue
et sa propagation, on dit qu'elle s'est adaptée.

L'animal possède tous ces caractères, mais il est de plus
capable de sentir et de se mouvoir. Il coopère à sa propre
nutrition et, dans la grande majorité des espèces, à sa
reproduction, en se déplaçant, en s'approchant des choses
externes par des mouvements spontanés. Quant aux états
successifs de son organisation qui sont tour à tour les
causes ou les effets des mouvements qu'il accomplit pour
se nourrir et se reproduire, ces états la science et le sens
commun s'accordent à dire qu'il les sent. Mais en quoi
consiste ce phénomène de la sensation? Peut-on l'analyser?
Peut-on en déterminer les éléments? Par quel rapport se
rattache-t-il au phénomène de la locomotion et du mouve-

ment spontané? Telles sont les questions principales dont la science est obligée de s'occuper tout d'abord, si elle veut se rendre un compte exact et précis de la vie animale et des facultés qui la distinguent.

II

DE LA SENSATION

Les propriétés qui, avons-nous dit, caractérisent les êtres vivants n'appartiennent pas exclusivement au tout individuel, à l'ensemble de l'organisme. C'est une vérité aujourd'hui parfaitement prouvée que chacune des parties de l'organisme est douée d'une vitalité propre, indépendante de l'existence de l'ensemble. Chacune d'elles, en effet, absorbe, respire, exécute par elle-même et pour son propre compte le travail de la nutrition, chacune d'elles s'accroît, se modifie dans de certaines limites, et chacune d'elles aussi est capable de se reproduire. Les diverses parties ont tellement bien toutes leur vie propre que, transportées hors de leur milieu habituel, implantées même dans un autre être, il leur arrive très souvent de conserver leur forme antérieure, de persévérer dans leurs fonctions habituelles. Ainsi certains organes peuvent être déplacés et continuer à vivre dans une région de l'économie qui n'est pas leur siège normal : ainsi des tissus d'une espèce animale peuvent être greffés sur d'autres espèces; ainsi des os peuvent se former dans toutes les parties du corps, dans le ventre par exemple, si l'on y introduit des lambeaux de périoste et de moelle fraîche. Tous ces tronçons ainsi déplacés pourront s'assimiler, vivifier, organiser la matière brute avec laquelle ils entreront en contact. De même, tout organe mutilé tend à se régénérer, à se reproduire, mais toujours en réalisant un type particulier, c'est-à-dire en conservant le sien propre.

Aucun organe ne peut être reproduit par le développe-

ment d'un organe autre que lui : mais lui-même, si petite
que soit la portion qu'il a conservée de sa propre substance,
pourra se reformer en entier par le développement de ce
qui lui reste. En un mot, toute fraction de matière organisée tend à réaliser constamment un type spécial, soit
qu'elle le conserve, soit qu'elle travaille à le reproduire.

Or établir que toute partie de l'organisme est vivante,
c'est dire que le travail de nutrition ou, ce qui revient au
même, de renouvellement et de métamorphose qui s'accomplit en elle est soumis à des lois particulières. Si le
but auquel il tend est fixé, la série et l'ordre des évolutions
qu'il doit accomplir pour y atteindre ne peuvent pas ne pas
l'être. Mais ce qui est aussi nécessairement fixé, c'est
l'ensemble des conditions au milieu desquelles doivent
s'accomplir ces rapides changements; c'est la nature des
éléments qui doivent entrer dans ces combinaisons, y tenir
une place et y jouer un rôle dans un temps donné. Or
l'observation éclairée des lumières que notre propre conscience nous fournit sur la partie animale de notre être,
nous apprend que les vicissitudes de l'évolution vitale et du
conflit qu'elle occasionné peuvent donner lieu à plusieurs
états différents.

D'abord, pour fonctionner régulièrement, l'organe appelle
habituellement une excitation du dehors. Habituellement
l'œil ne voit pas s'il n'est pas frappé par la lumière, l'oreille
n'entend pas si les sons ne l'ébranlent pas de leurs vibrations; le poumon ne respire pas si l'air ne pénètre jusqu'à
lui; il est plus clair encore que la digestion suppose la
présence des aliments venant solliciter les organes sécré-
teurs et autres. On sait même que chaque organe de l'économie a son excitant particulier. Le cœur et le système
vasculaire, de même que les poumons, les intestins, les
glandes, ont leurs excitants spéciaux qui s'adressent exclusivement à eux. « Les cellules nerveuses présentent des
aptitudes réactionnelles dissemblables lorsqu'elles sont
mises en contact avec divers agents modificateurs. Ainsi
tout le monde sait que l'infusion du café sollicite et pro-

longe l'activité des cellules cérébrales proprement dites;
que le hachich agit d'une façon différente; que l'opium,
au contraire, neutralise et enraye leur automatisme spontané, etc. Les cellules cérébelleuses paraissent beaucoup
plus sensibles à l'action de l'alcool que les cellules cérébrales; les cellules spéciales excito-motrices semblent
réagir avec une sensibilité toute spécifique en présence de
la strychnine. Il est vraisemblable que chaque groupe de
cellules nerveuses de *nature* différente doit réellement
trouver un réactif apte à surexciter ou à neutraliser *spéci-
fiquement* ses propriétés dynamiques [1]. »

C'est un simple cas de cette loi générale que Berzelius
a enfermé dans la formule suivante : les sécrétions sont
provoquées par le contact avec les muqueuses d'une substance de réaction contraire à celle du liquide sécrété. Or
cette action du dehors produit ce qu'on appelle assez communément une impression. Mais devons-nous entendre par
là que l'objet externe agit sur l'organisme vivant comme
un cachet agit sur la cire qui en reçoit passivement l'empreinte ou l'impression? On sait qu'il n'en est rien. « Les
notions que la science possède actuellement, dit Claude
Bernard, nous portent à concevoir toute sollicitation fonc-
tionnelle comme une sollicitation active. Les stimulants
sont compris comme des agents propres à tirer l'élément
ou l'organe du repos pour le faire entrer en activité. On ne
conçoit pas une excitation extérieure qui aurait pour effet
de provoquer le repos, de paralyser le fonctionnement.
L'absence d'un stimulant implique une suspension d'énergie, tandis que la présence d'un stimulant manifeste essentiellement l'état actif. » Avons-nous besoin de rappeler, par
exemple, que la vision est le produit de l'activité de l'organisme nerveux ou de l'une de ses parties excitée par les
rayons lumineux? Il est tellement prouvé que cette activité
de l'organe est la principale cause du phénomène, que

1. Luys, *Recherches sur le système nerveux cérébro-spinal,*
271-272.

l'agent ordinaire, tout le monde le sait aujourd'hui, peut être remplacé par une ou plusieurs excitations de nature différente. Il suffira souvent d'un ébranlement quelconque pour que l'œil, entrant en exercice, voie de la lumière et des couleurs. Aussi la science ne dit-elle pas que, dans les phénomènes de la vision comme dans ceux de l'audition, c'est telle ou telle propriété de la matière qui se révèle directement à nous par l'action qu'elle nous fait subir ou nous imprime ; elle dit qu'à telle sollicitation des phéno-mènes externes notre organisme répond par telle action qui lui est propre ; et ainsi s'établit entre ces deux ordres de faits, faits organiques et faits physiques, une liaison si habituelle et si constante que les seconds sont généralement les signes de la production des premiers.

Ce qui est vrai des phénomènes qui se passent à la surface de l'organisme est vrai aussi de ceux qui s'accom-plissent dans ses plus intimes profondeurs. Ce qui est vrai de l'état normal et sain l'est aussi de l'état de maladie ; ce qui explique le rôle de l'aliment dont notre corps se nourrit explique celui du médicament à l'aide duquel il guérit son mal. C'est l'organisme qui, excité par les aliments, tire de ces aliments la substance variée de toutes ses parties. C'est de même l'organisme, nous disent les plus illustres représentants de la thérapeutique contempo-raine, qui, excité par les médicaments, crée les propriétés qu'on leur prête ; tout au moins est-ce lui qui les développe et les vivifie. Aucun médicament n'agit sur l'organisme sans le concours de l'organisme. Les propriétés les plus vantées des substances pharmaceutiques resteront sans action, si ce dernier, devenu inerte et paresseux, ne con-sent pas à se les assimiler, à les faire entrer dans le con-cert de la vie, à les rendre vivants en un mot. Pas d'ex-ception pour les remèdes qu'on appelle les spécifiques. Si le quinquina guérit les fièvres intermittentes, c'est que cette alternance des moments sains et des moments troublés n'est que le signe d'une lutte encore égale des forces de l'économie contre l'affection qui les attaque ; alors, admi-

nistré dans les intervalles des accès, le remède accroît les
résistances vitales modératrices, parce qu'il alimente les
propriétés médicatrices qu'elles ont conservées quoique affai-
blies; il prolonge ainsi les moments sains; il met en même
temps l'organisme mieux à même d'user par sa propre
énergie le principe du mal et de reprendre le cours régulier de ses fonctions. Mais, si peu que les effets du mal sur
l'économie aient été profonds, le prétendu spécifique est
impuissant. Il faut bien se garder, ajoutent les maîtres que
nous citons, de croire que la saturation syphilitique ou
paludéenne exige comme remède la saturation mercurielle
ou quinique et qu'on puisse vaincre les uns en leur pro-
portionnant les autres. « Préjugé absurde et funeste! on
bourre de mercure et de quinquina des organismes tellement infectés et réduits par la maladie à une cachexie si
profonde ou si peu disposés à *consentir* aux médicaments
(or ces sujets sont communs parmi les personnes dont le
système nerveux est habituellement surexcité par le travail
intellectuel et les affections morales), que les médicaments
ne rencontrent ou que des tissus irritables qui exagèrent
leur action physiologique, ou qu'une organisation cacochy-
mique ne recélant presque plus d'éléments sains capables
de concevoir l'action thérapeutique. Est-il une preuve plus
décisive que le médicament n'agit pas par lui-même? S'il
en était ainsi, ne suffirait-il pas de rendre la dose du remède
égale ou supérieure au mal [1]? »

Ainsi tous les phénomènes qui caractérisent la vie animale sont produits par l'activité des organes qu'excite,
entretient ou stimule une influence extérieure. Donc, qu'on
choisisse le mot d'impression ou celui d'excitation, il faut
tout d'abord noter ce fait élémentaire : les phénomènes du
dehors exercent constamment sur l'organisme une action à
laquelle l'organisme répond par une action qui lui est
propre. Or, que l'action extérieure ait exactement le degré
d'activité nécessaire pour provoquer l'énergie vitale à se

1. Trousseau et Pidoux, *Thérapeutique*, Introduction.

manifester sans effort, conformément au type de l'organe
provoqué et aux ressources dont il dispose, qu'arrive-t-il?
Cette manifestation de l'énergie vitale glisse inaperçue;
l'organe fonctionne, et les différentes phases de son travail
se succèdent avec régularité, mais sans qu'il se produise
aucun mouvement destiné soit à le prolonger, soit à le suspendre.

Il peut arriver d'autres fois que l'action du dehors soit
ou insuffisante ou excessive et qu'elle trouble l'équilibre
fonctionnel. Alors les proportions habituelles du travail
organique sont changées [1]; l'organe lutte et réagit avec
une dépense inaccoutumée de force qui ne tardera pas
beaucoup à l'épuiser; ce n'est plus une simple impression
ou excitation qu'il subit, c'est ce que l'on peut appeler une
irritation.

Cette irritation toutefois peut être toute locale. L'observation en constatera les effets dans l'organe sur lequel elle
a porté : l'ensemble du système n'en aura éprouvé nul
contre-coup. Le thermomètre peut nous révéler dans une
partie de notre corps tel accroissement ou telle diminution
de température dont l'état général de notre être ne nous
aurait absolument rien dit. Que de réactions qui s'accomplissent dans l'intimité de nos organes, que de troubles
latents dans des fonctions secondaires, que de déviations

---

[1]. Dans ces divers cas (où l'on peut comprendre le travail
hallucinatoire des fibres cérébrales), l'organisme coopère à
l'établissement de la maladie, comme nous avons expliqué qu'il
travaille lui-même à sa propre guérison. L'histologie nous
apprend que les tissus normaux de l'économie se composent
d'un élément anatomique fondamental et d'un certain nombre
d'éléments accessoires. Or toutes les productions morbides,
tumeurs, cancers, tubercules, proviennent simplement soit de
la formation surabondante, excessive d'un des éléments accessoires, soit de l'apparition de tel élément dans un endroit où
il ne se produit pas d'ordinaire. Pour guérir ce mal, ou bien il
faut enlever à l'évolution morbide les moyens de se développer
et, en tuant, pour ainsi dire, l'organisme étranger, rétablir
l'évolution normale, ou bien il faut donner à l'organisme sain
le moyen de rétablir lui-même son évolution complète et régulière par un surcroît d'énergie.

lentement redressées ou d'altérations promptement réparées
et que l'individu ne sent pas! La *sensation* est donc quelque chose de plus et que l'impression pure et simple et
même que l'irritation. La sensation n'est pas constatée du
dehors, elle est aperçue, pour ainsi dire de dedans, par
l'être lui-même, et, quoiqu'elle soit toujours localisée, c'est-
à-dire toujours rapportée à un endroit particulier du corps,
il est clair que l'être tout entier s'en trouve affecté, modifié.
Nous le voyons manifestement en nous et nous pouvons
nous en assurer clairement encore par le spectacle de l'animal. Qu'il soit blessé dans la patte ou dans la tête, ou dans
une région quelconque de son corps, ses attitudes, son
regard, ses cris, tout son état en un mot offre certains
caractères parfaitement reconnaissables et qui se retrouveront dans tous les cas analogues. Ceci est vrai du mode de
sensation qu'on appelle douleur, état dans lequel l'individu
résiste aux causes d'irritation et s'efforce malaisément de
s'en délivrer. Mais ceci est vrai aussi de l'autre mode de
sensation qu'on appelle plaisir, état dans lequel l'individu
s'efforce de persévérer, soit parce que l'énergie vitale y
poursuit avec intensité, quoique sans excès, le développement régulier des fonctions qu'elle anime, soit plutôt parce
qu'après un trouble accidentel elle revient à l'équilibre et
y retrouve le calme et l'harmonie.

Cependant, si la sensation se distingue des deux états
que nous avons notés avant elle, on peut dire qu'elle ne
constitue qu'un degré de plus. Si toute excitation n'irrite
pas l'organe et si toute irritation n'est pas nécessairement
sentie, on doit dire que toute sensation suppose son organe
irrité ou excité d'une certaine façon. La différence est souvent bien légère entre ces trois espèces de manières d'être.
Une sensation est usée par l'habitude, et l'être y devient
indifférent : les phénomènes organiques qu'elle traduisait
n'en persistent pas moins, au point de produire quelquefois dans l'économie des effets appréciables. Les organes
continuent donc à éprouver certaines impressions. D'autres
fois telle fonction physiologique très délicate dont les mou

vements n'ont d'habitude aucune influence sur les autres organes, se trouve altérée : alors, par extraordinaire, elle éveille dans le reste de l'organisme une disposition plus ou moins vague, mais qui peut s'accuser plus fortement et être sentie. Ce sont là des observations mille fois répétées et sur lesquelles il est inutile d'insister.

Il est des êtres chez qui l'énergie vitale, si active qu'elle soit, n'arrive jamais à se sentir, croyons-nous. Tels sont, de l'aveu général, les végétaux. Les végétaux sans doute ne forment pas un règne si séparé qu'on le croyait jadis du mode d'existence de la vie animale. Ils ont, avec la vie, une certaine capacité de répondre par un mécanisme encore mal connu à des excitations du dehors. D'illustres physiologistes s'empressent même de leur attribuer, de ce fait, une sensibilité. Mais s'ils emploient ce mot à propos de la plante, c'est, qu'on y fasse bien attention, parce qu'ils ne se croient pas astreints à l'employer dans le sens des *métaphysiciens* et des psychologues, ils le déclarent eux-mêmes. Qu'est-ce à dire? Que, de leur propre aveu, cette sensibilité du végétal est une sensibilité qui ne se sent pas. C'est bien ainsi que nous le comprenons; autrement dit, le végétal est peut-être excitable, il n'est pas proprement sensible. D'où cela vient-il? La condition qui manque le plus ostensiblement aux plantes, c'est, nous dit la physiologie, l'innervation, autrement dit un système nerveux, réunion d'éléments et d'appareils qui centralisent, emmagasinent, puis propagent et font rayonner dans toutes les directions de l'économie l'énergie vitale. Cette propriété n'est-elle pas le signe extérieur d'une force une et individuelle, coordonnant et gouvernant les forces inférieures disséminées dans les organes? Question difficile et sur laquelle nous reviendrons sans doute.

Ici contentons-nous de remarquer le fait. Chez tous les êtres doués d'un système nerveux [1], si rudimentaire qu'il

1. A la rigueur cependant, il peut y avoir innervation sans *système* nerveux proprement dit, c'est-à-dire sans arrangements

soit, c'est-à-dire chez les animaux, nous n'avons pas seulement à constater que tout organe vit, que tout organe développe une activité particulière, laquelle est incessamment en conflit avec quelque chose d'extérieur ; nous avons aussi à constater que tout organe peut donner lieu à une sensation, que tout organe est sens. Ce n'est pas à dire qu'il agisse ainsi toujours de manière à faire éprouver la sensation complète, soit un plaisir ou une douleur ; mais il est toujours capable d'être excité ou irrité ; et comme il suffit d'un changement de conditions quelquefois très léger pour que chez lui ces excitations et irritations soient senties, on peut dire d'une façon générale, en désignant la propriété par le plus saillant de ses éléments, que toute partie de l'animal est sensible et que tout organe est *un sens*. Ce n'est pas assez dire en effet que de dire qu'outre les cinq sens extérieurs qui sont en conflit avec les agents physiques, son, lumière, etc., il y a chez l'animal *un* sens vital traduisant à l'individu l'ensemble des accidents physiologiques qui s'accomplissent dans ses organes. Évidemment ce sens est multiple. Si, au début des fonctions de la nutrition, il y a un sens gustatif ou sens du goût, il y a aussi un peu après un sens digestif, il y a un sens sécréteur, un sens respirateur, et ainsi de suite. Au fur et à mesure que le travail de l'assimilation s'accomplit, les aliments deviennent de plus en plus semblables aux organes, jusqu'à ce qu'enfin ils se confondent avec eux. Aussi, quand ce travail n'est point contrarié, les organes qui y coopèrent sont-ils de moins en moins impressionnables, de moins en moins irritables, de moins en moins sensibles. Mais leur aptitude à le redevenir subsiste et, encore une fois, il est vrai de dire sinon que tout organe sent [1], du moins que tout organe est sens.

d'organes spéciaux. Chez quelques animaux, l'élément nerveux se trouve pour ainsi dire mêlé à la substance du corps tout entier.

1. On ne pourrait le dire que métaphoriquement. Ainsi l'on dit dans le langage ordinaire : l'œil voit, l'oreille entend. Saint Paul a dit : l'œil de l'homme n'a pas vu, son oreille n'a pas

Quant aux phénomènes qui font entrer les sens extérieurs en exercice, ils ne sont pas difficiles à déterminer.
En premier lieu, tout organe vit, c'est-à-dire se renouvelle
et évolue : donc il peut sentir, reprenons-nous, il peut faire
sentir tout ce qui favorise, arrête ou rétablit les phases
variées de son travail. Mais tout organe, outre qu'il vit de
sa vie propre, vit avec les autres organes de l'économie.
Chaque organe travaille à réaliser pour tous les autres les
conditions nécessaires à la réparation de leurs déperditions
incessantes. Ils peuvent être transportés dans un milieu
différent, nous l'avons vu; mais enfin il leur en faut un
avec lequel ils communiquent, et, s'ils ne peuvent s'habituer à leur milieu nouveau, ils souffrent et meurent. Certains organismes, il est vrai, se composent de membres
tout à fait semblables entre eux qui, quoique réunis et
associés, peuvent se passer les uns des autres, à ce point
que, séparés, ils continuent à vivre et forment autant d'individus nouveaux. Toutefois le fait de la séparation ne s'accomplit pas sans produire pendant quelque temps un certain malaise, et dans l'ensemble de l'association dont ils se
détachent, et en eux-mêmes. A plus forte raison, dans
l'immense majorité des animaux qui se composent de membres dissemblables, dépendant les uns des autres, travaillant les uns pour les autres, tous ces membres de l'association physiologique sympathisent-ils entre eux. Toute
impression, toute irritation, toute sensation se propage de
proche en proche avec rapidité; nous souffrons dans notre
cerveau de l'irritation des intestins; les sensations de l'odorat irritent les organes reproducteurs. M. Cl. Bernard par
ses belles expériences a parfaitement établi ces vérités. Il a
montré comment ces sympathies mutuelles sont nécessaires
à la vie de l'ensemble, quels services elles rendent à l'économie animale, à chaque instant de son existence.

---

entendu..... Ni saint Paul ni le langage ordinaire n'entendent
que l'œil et l'oreille sont comme des êtres individuels doués
d'un système sensitif particulier.

Que l'on paralyse artificiellement cette portion du système nerveux appelée le grand sympathique et qui se
ramifie dans tous les viscères, chaque organe est aban-
donné, pour ainsi dire, à lui-même : les énergies individuelles, obéissant à leur nature particulière, se déchaînent;
les vaisseaux se dilatent; les sécrétions s'exagèrent; les
combustions nutritives augmentent; les compositions et
décompositions chimiques qui sont la source du calorique
animal se multiplient; la température du corps tout entier
s'élève. De là la fièvre, que le savant produit à volonté
dans l'animal, et que sans nul doute provoque en nous
toute cause produisant sur le grand sympathique une action
paralysante analogue à celle de l'expérimentateur. Par un
mécanisme semblable, une violente colère peut rendre un
individu diabétique. Pourquoi? parce que, si les nerfs qui,
agissant sur le foie, modèrent par une sorte de constriction
la circulation hépatique, viennent à être atteints et paralysés, le travail spécial de l'organe prend des proportions
démesurées. En sens inverse, si par un moyen quelconque,
soit par un procédé d'expérimentation, soit par des sensations physiologiques naturelles, le grand sympathique est
excité, alors les nerfs, plus tendus, réfrènent les vaisseaux,
compriment et ralentissent la circulation locale : de là un
temps d'arrêt plus ou moins long dans la nutrition, et
abaissement de la température. C'est ainsi que la douleur
quelle qu'elle soit, physique ou morale, agit sur l'économie
et y produit un refroidissement général. Elle arrête ou
affaiblit l'action des différents organes, en provoquant des
mouvements réflexes du sympathique. Dans l'état normal
enfin, quand tous les organes accomplissent régulièrement
leur travail, chacun d'eux impressionne le système nerveux
et l'excite dans une mesure convenable. Ce dernier agit
alors de manière à arrêter toutes les tentatives de révolte
ou d'excessive indépendance. « Le système nerveux semble
prédisposé pour être le lien commun et le régulateur des
énergies individuelles; suivant les cas, suivant les localités,
suivant les conditions extérieures qui l'impressionnent de

mille manières, il commande production de chaleur ou de froid. »

Ainsi l'action régulière de la vie suppose la sensibilité sympathique de chaque organe, sensibilité qui s'accroit de la sensibilité de tous les autres, rayonnant par l'intermédiaire du système nerveux dans toutes les parties de l'animal. Voici comment M. Cl. Bernard expose lui-même cet admirable mécanisme des sensations :

« Dans le domaine de la vie organique la sensibilité provoque l'activité du grand sympathique et donne ainsi le signal qui ralentit ou accélère le mouvement de la nutrition.

« Mais elle ne se borne pas à lui donner un ébranlement initial. Elle produit une série d'ébranlements qui l'avertissent, pour ainsi dire, de l'état des organes, de façon à régler son intervention sur les nécessités du moment. Lorsqu'on veut saisir un objet, il faut, pour arriver au résultat, une série de contractions musculaires appropriées et harmonisées. Les avertissements de la sensibilité sont ainsi nécessaires pour régler l'harmonie et l'appropriation des mouvements complexes, qui ne sont harmonisés d'une façon convenable que grâce à la sensibilité évidente ou obscure de ces organes. Pour que les fonctions organiques s'accomplissent bien, il est nécessaire que la sensibilité soit conservée ; il faut que le tissu se sente lui-même pour ainsi dire.

« Si les nerfs qui donnent aux muscles cette sensibilité particulière appelée *sens musculaire* sont paralysés, l'organe fonctionnera sans mesure, l'animal ne saura plus proportionner ses efforts à la résistance qu'il éprouve et dont il ne sera plus averti.

« Donc véritablement la sensibilité règle et gouverne la circulation, par suite la nutrition. Il y a une sensibilité cardiaque, il y a une sensibilité vasculaire ou excito-vasculaire. Elle active et modère, éteint ou ranime la circulation des liquides ; elle en proportionne l'énergie aux besoins et aux nécessités du moment. En envisageant son rôle de ce point de vue élevé, on peut dire que la sensibilité est l'intelligence des organes. »

Pour nous résumer en deux mots, tout organe se sent ou plutôt nous nous sentons dans tout organe, parce que tout organe vit de sa vie propre ; et tout organe aide à sentir ce qui se passe dans les autres organes parce qu'il vit solidairement avec eux tous.

Ces deux propositions ressortent de l'examen des sensations primitives, lesquelles sont toujours, nous l'avons vu, provoquées par une action extérieure à laquelle l'activité de l'organe répond selon sa nature. Elles vont nous être confirmées par l'examen des sensations qu'on peut appeler renouvelées : nous voulons parler du phénomène incomplètement désigné sous le nom d'imagination.

III

DE L'IMAGINATION OU DU RENOUVELLEMENT SPONTANÉ DE LA SENSATION

Nous n'entreprendrons pas ici de décrire ce phénomène. On sait que le mot d'imagination ne désigne pas seulement, en philosophie, l'apparition toute subjective de certaines images représentant à l'esprit des objets qui ont été vus antérieurement, mais qui actuellement ne tombent pas sous le sens de la vue. Le psychologue entend par ce mot la reproduction plus ou moins affaiblie de toute sensation, quelle qu'elle soit, en l'absence de l'objet ou du phénomène qui ordinairement la provoque. Par l'imagination nous voyons des choses qui ne sont pas sous nos yeux ; nous entendons des sons qui ne vibrent pas à nos oreilles ; nous odorons des parfums qui n'émanent d'aucune des substances qui nous entourent ; nous goûtons des saveurs qu'aucun mets ne développe dans notre palais ; nous sentons se déchirer en nous des organes qui subsistent parfaitement sains et intacts ; nous nous débattons contre une pression qui accable notre poitrine et que nous attribuons au poids d'un corps étranger, alors que notre poitrine est libre de tout fardeau. Fermons-nous les yeux et nous bouchons-nous les oreilles : le monde entier des formes et des couleurs que nous avons observées, tous les sons que l'art et la nature nous ont fait entendre, peuvent nous assaillir malgré nous, et ainsi de suite. Où est la source première de cette puissance évocatrice, sinon dans l'activité spontanée de chaque sens, activité qui, nous l'avons vu, est déjà la cause principale de toute sensation proprement dite?

La preuve en est qu'il n'est pas toujours besoin d'excitants extérieurs pour que cette puissance entre en action. Il suffit bien souvent que les causes qui dans l'état ordinaire la refoulent et l'arrêtent soient elles-mêmes neutralisées. Expliquons-nous. Pourquoi chacun de nous ne se représente-t-il pas plus souvent encore les événements du passé? La raison en est toute simple, c'est parce qu'il est trop occupé du présent. Pourquoi les sensations qui nous ont affectés ne reviennent-elles pas plus fréquemment renouveler la trace des douleurs ou des plaisirs évanouis? Parce que les sensations actuelles occupent nos organes et en absorbent, pour ainsi dire, toute l'activité. On l'a aussi très bien montré, l'enchaînement rationnel de nos souvenirs, la logique suivie et ordonnée de nos jugements, écartent à chaque seconde la foule incohérente des images qui nous obsèdent; et parmi celles-ci quelques-unes seulement sont élues, parce qu'elles répondent seules aux besoins actuels des raisonnements que notre esprit commence ou poursuit. Mais que nulle recherche, nulle réflexion n'alimentent l'activité de notre intelligence, et que nous devenions indifférents aux choses qui nous entourent, c'est alors que les images, ne trouvant plus la résistance accoutumée, reviennent plus confusément et entretiennent plus aisément ce qu'on nomme l'illusion. Celui qui ne travaille pas pour le présent vit presque tout entier dans le passé ou dans un monde artificiel qui se compose des débris du passé.

Les populations paresseuses et insouciantes de l'Orient sont aussi les plus contemplatives, celles qui produisent le plus abondamment les œuvres d'imagination, sinon les plus exquises, les mieux ordonnées, les plus poétiques, du moins les plus colorées, les plus riches en fictions et en mensonges. Telles ont été partout les personnes qui par leur genre de vie ont ressemblé aux hommes de l'Orient, les moines ignorants du moyen âge, les quiétistes, les rêveurs de tous les temps. Qu'est-ce en définitive que le rêve et qu'est-ce que le sommeil, sinon la mise en liberté de notre imagination, pendant que l'esprit suspend son travail? D'où vient en effet, tandis que nous dormons, cette extrême rapidité des images, qui se succèdent sans lien apparent, sans raison, et qui prennent un relief si extraordinaire? De ce que les phénomènes du dehors n'excitent plus les sens que très faiblement, et de ce que l'esprit ne réfléchit plus, ne compare plus, ne choisit plus. Cette loi n'est pas spéciale aux productions dont les sensations de l'ouïe et de la vue fournissent la matière à l'imagination de l'homme : elle est générale. Le chien qui poursuit la piste d'un renard n'imaginera pas qu'il tient celle du lièvre ou d'une perdrix. Accroupi dans un coin du logis ou même encore endormi, il aboiera après une proie imaginaire, car son odorat sera libre en quelque sorte de réveiller en lui l'odeur d'un gibier quelconque. Enfin, quand le système nerveux ganglionnaire ne peut plus accomplir d'une façon suivie ses fonctions naturelles, quand une maladie quelconque lui enlève l'objet ordinaire de ses opérations, c'est-à-dire les substances recomposantes, les aliments, le sang, qu'arrive-t-il? que l'innervation, ne pouvant plus consumer son activité dans un exercice normal et régulier, suscite dans l'économie mille troubles divers, mille fausses sensations. Ainsi les bourdonnements, les éblouissements, les nausées, les strangulations, les attaques hystériques, voilà en mainte circonstance le résultat d'une violente hémorragie, à plus forte raison de l'anémie.

On peut donc l'affirmer : tout sens, tout organe est toujours prêt à entrer en exercice, même en l'absence de l'agent qui le provoque d'ordinaire. Ajoutons que les exci-

4

tations dont nous venons de parler entretiennent et développent cette aptitude.

D'abord si la sensation primitive a été forte, c'est un fait
que nos organes nous laissent difficilement l'oublier. Elle a
changé le mode d'activité de l'organe ou, tout au moins, lui a
imprimé une sorte d'accélération dans une direction particulière ; elle lui communique ainsi une facilité plus grande
à recommencer les mêmes mouvements. Quoi d'étonnant
que ces mouvements et par suite ces sensations se reproduisent?

Le même résultat est amené peu à peu, mais peut-être
plus sûrement par la répétition fréquente. Il est clair que
cette répétition, elle aussi, développe dans l'organe une énergie spéciale qui, à force d'être stimulée, finit par se manifester d'elle-même et se déploie à la moindre occasion.

Ainsi, un organe, après nous avoir fait éprouver, sous
l'influence d'un agent extérieur, une sensation réelle, peut
ébaucher spontanément, sans cause apparente, une autre
sensation qui complète ou corrige la première. Une oreille
bien exercée entend-elle quelques sons justes : elle imaginera immédiatement d'autres sons s'accordant avec ceux
qu'elle a effectivement entendus. Aura-t-elle été frappée par
des sons discordants : elle rétablira l'accord. L'œil agit de
même. Chaque couleur exige, pour être vue, un certain
genre d'activité de l'organe visuel. Aussi la rétine se fati-
gue-t-elle très aisément à regarder une même couleur.
Mais cette fatigue ne l'empêche pas de voir des couleurs
différentes ; loin de là, il lui en faut une autre, et au besoin
elle voit cette autre spontanément, la créant elle-même dans
toute la rigueur du mot. Si par exemple elle regarde du
vert, elle devient vite insensible aux rayons verts, mais
elle conserve sa sensibilité pour les rayons rouges et elle se
met à voir du rouge spontanément. De même, quand l'œil
a regardé longtemps du rouge, il se met à voir vert. Pourquoi? Parce que l'œil est fait, dit-on, pour la lumière
blanche. Pour retrouver celle-ci il lui faut encore du jaune
et du bleu. C'est donc le vert qui rétablira la lumière deman-

dée dans un œil fatigué par les rayons rouges. On sait de même que la nuance d'un objet varie suivant le fond sur lequel il se détache. Qu'un dessin de même gris soit placé sur un fond blanc, sur un rouge, sur un orange, sur un noir, sur un jaune, sur un bleu, sur un violet, l'œil verra autant de gris différents. On explique ce fait en disant que chacun des fonds projette sur ce qui l'avoisine la couleur complémentaire de la sienne propre. Mais en réalité ce n'est pas la couleur même des objets qui se modifie, c'est l'œil qui travaille lui-même à ajouter celle qui peut recomposer avec elle la lumière blanche dont il semble éprouver le besoin.

C'est un fait plus connu encore que si deux organes communiquent ordinairement par une sympathie particulière, l'un des deux ne peut être réellement affecté sans que l'autre réponde de lui-même et se dispose à nous faire jouir ou pâtir, et dans une certaine mesure nous fasse jouir ou pâtir effectivement sans autre provocation. Est-il besoin de rappeler que l'odeur nauséabonde d'un mets suffit à révolter l'estomac et que, de même que l'odorat, le goût est flatté par les parfums d'une bonne table?

Ces associations qui à propos d'une sensation réelle en éveillent d'imaginaires, exercent, qui ne le sait, une influence immense sur nos pensées, sur nos sentiments, sur nos soucis, sur les manifestations les plus diverses de la vie. « Pourquoi, écrit le musicien Grétry, pourquoi, me disais-je un jour, ne manqué-je jamais de me rappeler ma jeunesse, mon pays natal, mon père, et de soupirer lorsque je me promène vers la grille de Chaillot? Je m'aperçus alors que ces douces réminiscences provenaient de l'odeur du charbon de terre que l'on brûle continuellement aux eaux de Perrière comme dans mon pays. » Nous ne parlons pas de mille circonstances qui excitent les imaginations amoureuses, bien que ces faits puissent passer pour les exemples les plus caractéristiques de cette loi; mais disons que c'est encore en vertu de cette même loi que, dans bien des cas, des organes une fois affectés de telle maladie peuvent, après

l'avoir guérie, la sentir s'éveiller de nouveau à l'occasion de
tous les genres de secousses. C'est ce qui faisait dire à un
médecin que nous avons déjà cité : « Il n'est pas une parcelle
de substance nerveuse qui n'ait de l'imagination à un degré
quelconque ». Tantôt cette imagination se borne à de faibles et pâles reproductions des sensations primitives, telles
que les représentations mentales par lesquelles en temps
ordinaire nous nous figurons les choses absentes. Tantôt,
sous l'empire de certaines causes qui affaiblissent les sensations actuelles, mais redoublent l'activité et la force spontanées des organes internes, elle s'approche de plus en plus
de la netteté, de la puissance, de l'énergie de la sensation.
Elle atteint enfin dans certains cas l'extériorité apparente,
c'est l'hallucination. Ainsi, le malade imaginaire, l'homme
qui s'écoute, croit bien avoir entendu crier dans sa machine
des ressorts qui cependant n'ont pas encore fonctionné. Un
degré de plus, le malaise s'accentuera ; mais qu'un accident
extérieur lui fasse éprouver l'un des symptômes du mal
supposé, il arrivera que les autres se feront également
sentir, et il pourra se faire enfin que son organisme enfante
spontanément toute la maladie.

En résumé, imaginations représentatives, illusions, hallucinations, sensations fausses, nous laissent voir à des
degrés divers un seul et même phénomène : la sensation
qui se renouvelle ou qui tend à se renouveler, soit tout à
fait spontanément, soit à l'occasion d'un stimulant quelconque, mais en l'absence de sa cause ordinaire. Quelles
sont les conditions principales de ce renouvellement, nous
l'avons dit. Tantôt la force ou la répétition prolongée de la
sensation primitive, tantôt l'influence des sensations habituellement associées. Mais dans ces deux espèces de conditions ne reconnaissons-nous pas les deux espèces de causes
auxquelles nous ramenions les sensations proprement dites :
1° activité propre de chaque organe ; 2° solidarité de tous
les organes entre eux. On peut donc conclure que la sensation primitive et la sensation renouvelée ou imaginaire ne
forment au fond qu'un seul et même phénomène s'expli-

quant surtout par la spontanéité de la vie, laquelle agit et se fait sentir dans chaque partie de l'organisation animale.

On sait comment des physiologistes distingués ont voulu expliquer ces phénomènes [1]. Les cellules nerveuses ont la propriété de conserver l'impression des agents extérieurs qui ont influé sur elles et de persister pendant un temps plus ou moins prolongé dans cet état où elles ont été artificiellement placées. C'est ainsi que dans l'ordre physique la lumière communique une véritable activité aux corps qu'elle a frappés pendant un certain temps, et les rend plus ou moins longtemps phosphorescents.

Cette aptitude à conserver en dépôt les impressions extérieures, qui est l'apanage presque exclusif des cellules nerveuses, peut, ajoute-t-on, persister à l'état latent pendant un temps indéfini, se perdre à la longue et ne se révéler derechef que sous l'influence évocatrice de la première impression, ou bien sous celle des cellules ambiantes qui sont en quelque sorte de nouveaux foyers d'incitations secondaires. De même que l'on voit des corps devenus phosphorescents sous l'influence de l'insolation perdre insensiblement cette propriété, puis la récupérer à l'aide d'un autre agent, ainsi la chaleur perdue dans la réceptivité des cellules peut être rétablie, soit sous l'influence de la cause première, soit sous l'influence d'une autre source d'incitation.

Remarquons enfin, nous disent ces physiologistes, que les cellules, une fois ébranlées par l'arrivée des impressions extérieures, n'en restent pas là. Cet état dans lequel elles se trouvent après leur *imprégnation* par l'impression extérieure se communique de proche en proche; elle va, par une série d'ébranlements intermédiaires, susciter la mise en activité de nouveaux groupes de cellules situés à d'autres pôles et qui se mettent à l'unisson des premiers, en provoquant à leur tour de nouvelles incitations.

Cette explication peut mettre en lumière des faits très

---

1. M. Luys, en particulier.

réels : elle n'est cependant qu'une partie de la vérité. Les
analogies qu'elle invoque ne sont empruntées qu'à la physique et à la chimie, et elle laisse de côté ce qui est précisément caractéristique de la vie.

Nous avons beau en effet ne voir provisoirement dans
l'imagination qu'un phénomène vital et ne l'étudier encore
que dans le jeu de ses organes, nous y trouvons beaucoup
plus que ne nous en montre l'analyse de M. Luys. Tout
organe, cérébral ou autre, vit de sa propre vie et se meut
par sa propre activité; il se développe en se renouvelant,
il résiste aux influences extérieures et en triomphe, à moins
qu'il ne s'y adapte en consentant, pour ainsi dire, à une
certaine modification dans sa structure et dans ses actes; il
emmagasine un surcroît de force qui peut rester à l'état
latent, qui peut s'accroître d'une partie de la force accumulée dans les autres organes de l'économie, mais qui peut
aussi communiquer à ces derniers quelque chose de l'énergie qu'il a acquise; enfin il tend à se multiplier. Tous ces
caractères de la vie persistent dans l'acte complexe du
renouvellement des sensations par les images.

Comme toute fonction vitale opère sur les matériaux où
elle s'applique une transformation d'une nature particulière, ainsi l'imagination la plus rudimentaire transforme
en représentations toutes les secousses qui parviennent
jusqu'à elle; puis les premières images ainsi ébauchées en
appellent d'autres qui se renforcent ou s'affaiblissent, qui
se multiplient ou qui meurent, suivant le concours que la
foule des sensations actuelles leur donne ou leur refuse. Ce
n'est pas seulement par l'ambition, l'orgueil ou l'amour
que s'enflamme l'imagination du musicien : elle transforme
tout d'abord en états de représentations l'énergie qu'elle
trouve disponible dans les organes et qui s'y tient déjà
toute montée à un ton vigoureux, léger, lent ou rapide.
Ainsi l'animal , quelle que soit la faible proportion des
organes réservés en lui par la nature à la reproduction des
images, a son imagination excitée par des appétits de toute
nature qui l'amènent à se représenter l'objet de ses convoi-

tises, par le besoin d'exercer son action habituelle, course au vol ou à la nage, en liberté, constructions, guerre, chasses, rapines, élevage des petits... Si la poule entend glousser d'une certaine façon le poussin qu'elle ne voit pas, elle voit en imagination le péril qu'il doit courir et elle s'agite en conséquence. Qu'elle soit abandonnée à elle-même ou qu'elle vive en domesticité, qu'elle sente les approches du printemps ou qu'elle souffre des froids de l'hiver, qu'elle n'ait que des poules dans sa compagnie ou qu'un coq ait apparu, qu'il n'y en ait qu'un dans sa basse-cour ou que plusieurs s'y livrent bataille, qu'elle ponde des œufs ou qu'elle couve ceux qu'elle a pondus, qu'elle éprouve ou non le besoin d'en couver d'autres nouveaux, son imagination, successivement adaptée à ces variables circonstances, variera elle-même ses petites terreurs et les images de ses désirs. Mais aucun organe n'exerce ses fonctions que selon une certaine loi qui résume les aptitudes générales du système organique auquel il appartient. Ainsi l'imagination d'un être quelconque est subordonnée aux ressources, aux aptitudes, bref au genre de vie de son espèce. Le chien ne se nourrit pas, il ne digère pas, il ne se défend pas comme le bœuf; il n'imagine donc pas les mêmes choses que lui.

Bref, les lois qui président à la sensation président aussi au renouvellement de ces sensations, c'est-à-dire aux images, et elles sont dans la relation la plus étroite avec les lois fondamentales de la vie.

IV

RAPPORTS DE LA SENSATION ET DE L'IMAGINATION
DU REDOUBLEMENT DES SENSATIONS DANS LES IMAGES

Si telle est l'étroite parenté de ces deux espèces de faits désignés habituellement sous les noms de sensation et d'imagination, il n'y a rien d'étonnant à ce qu'elles s'appellent

et s'accompagnent toujours et à ce que l'une ne se produise pas sans l'autre.

La sensation positive répondant à l'action d'un phénomène extérieur se décompose en autant de sensations élémentaires qu'il y a de moments distincts dans le temps que
dure le phénomène. Or chacune de ces sensations élémentaires n'est-elle pas anéantie quand une autre lui succède?
Il y a cependant une sensation totale : autrement nous ne
pourrions dire que nous avons entendu un son ou vu un
mouvement, et l'on se demande ce qui pourrait exercer
sur le sens de l'animal un attrait quelque peu durable.
C'est donc que l'organe continue ou renouvelle les premières sensations quand il est ébranlé par les dernières.
Nous savons d'ailleurs pertinemment qu'il en est ainsi par
des expériences positives. Le charbon de feu qu'on fait
rapidement tourner devant nos yeux n'est jamais qu'à un
seul point de la circonférence qu'il trace : il n'y a donc
jamais qu'un point lumineux à la fois qui frappe effectivement notre rétine. Et pourtant notre œil à chaque instant
voit un cercle tout entier. On peut dire qu'ici les sensations pures s'associent et se confondent avec les suivantes;
mais cette persistance est précisément le signe le plus saillant de cette propriété qu'a l'organe de produire lui-même
la sensation. Il arrivera rarement sans aucun doute que
cette propriété se manifeste avec une pareille énergie, due
alors au voisinage immédiat de la sensation correspondante.
Quel que soit cependant le degré où les circonstances fassent descendre ou monter la vivacité du phénomène, ce
dernier n'en est pas moins constant. C'est la loi de toute
sensibilité physique ou morale sans exception. Pour sentir
quoi que ce soit d'une manière appréciable à la conscience,
il faut que notre imagination évoque et ramène quelque
sensation antécédente complétant la sensation actuelle. Nous
allons essayer de le démontrer.

Prenons d'abord, pour nous mieux faire comprendre, des
phénomènes empruntés à la vie plus claire et plus lumineuse de la conscience réfléchie : nous descendrons ensuite

peu à peu jusqu'aux phénomènes de la vie purement animale, et nous essayerons de dégager les lois qui sont communes à l'une et à l'autre.

Vous me dites une parole qui, dans votre intention, est
une parole blessante. Si je ne me représente pas l'état plus
ou moins avili dans lequel vous me croyez tombé, si je ne
ressens pas en imagination quelques-uns de ces sentiments
de haine ou de dégoût que votre parole suppose, j'y res-
terai indifférent, je ne sentirai pas vos paroles. Quant à ces
sentiments de haine ou de dégoût, je n'aurai pas pu eux-
mêmes les éprouver, si je ne me suis point représenté en
imagination les sentiments contraires, à savoir l'estime et
l'amitié que j'ai pu ressentir pour d'autres, que je crois
mériter et dont je désire être l'objet. En matière d'amitié,
l'indifférence suppose toujours l'oubli, non pas l'oubli de
la mémoire et de l'intelligence, mais l'oubli du cœur et de
l'imagination. Qu'une circonstance favorable fasse revivre
dans des images colorées le tableau des joies et des plaisirs dus à une affection qu'on croit éteinte, l'affection elle-
même sera bien près de renaître, sinon l'affection aimante
et très sympathique, du moins le regret ou la jalousie.
Sentiriez-vous aussi distinctement que tel ou tel a pu violer
les convenances, si le sentiment de ce que vous attendiez
de lui n'était pas encore présent en vous? Sentiriez-vous
la fausseté d'une voix, si votre oreille n'était pas assez juste
pour lui opposer un son imaginaire?

Allons maintenant jusqu'aux sensations animales proprement dites. Tout organe travaille pour conserver ses proportions normales et accomplir régulièrement l'évolution
qui est sa loi. Si une cause quelconque l'en dérange, il
réagit : de là une sensation douloureuse. Du moment où,
impuissant à résister, il s'abandonne au mal, l'engourdisse-
ment, l'atonie succèdent à la douleur. Quelquefois le mal
est de telle nature que l'organisme ne peut en prendre son
parti, s'y habituer; il lutte incessamment et sans pouvoir
néanmoins dominer le mal. Il redouble ainsi sa propre souffrance. Mais enfin, si la guérison ne vient pas, c'est l'épui-

sement final qui amène la cessation de la douleur; la vie
s'éteint; ne se sentant plus elle-même, elle ne sent plus
l'ennemi qui l'a terrassée. Voilà pourquoi, dans beaucoup
de maladies, l'absence de toute douleur est le plus fâcheux
de tous les symptômes. Dans un grand nombre de cas, si
c'est une douleur modérée, une sensation simplement désagréable et incommodante qui se prolonge, l'organe, chacun
le dit, s'y habitue et ne sent plus rien, je veux dire que
nous ne le sentons plus. Qu'est-ce que cela signifie, sinon
que l'organe n'aspire plus à revenir à l'état primitif, l'ayant
comme oublié? Et en effet quand un organe réagit, n'est-
ce point qu'il tente de persévérer dans l'état dont la secousse
inattendue le dérange? Et pour qu'il tente encore de persévérer dans cet état, ne faut-il pas qu'il en ait encore une
certaine aperception? C'est ainsi que l'épiderme, le palais,
l'odorat, l'estomac, deviennent exigeants ou complaisants;
car chacune des sensations que nous font éprouver ces
organes n'est désagréable que dans la mesure où elle con-
trarie les sensations accoutumées. En d'autres termes, ce
qui provoque la sensation agréable ou pénible, c'est le
changement; mais le changement peut-il affecter la sensibilité, si celle-ci ne peut comparer et opposer, pour ainsi
dire, l'une à l'autre, les deux manières d'être? Ce qui
revient à dire que, pour que l'une soit vraiment sentie, il
faut que l'autre puisse encore être imaginée.

Examinons la nature du second mode de sensation, du
plaisir, nous retrouverons la même loi.

C'est une banalité qu'on n'a du plaisir à manger que
lorsqu'on a faim : à mesure que la faim diminue, le plaisir
diminue de même, si certains stimulants ne viennent pas
réveiller l'organe et augmenter graduellement les excitations, ce qui leur permet encore d'être comparées et par
conséquent senties. Après une longue maladie, les plus
petites sensations de la vie matérielle causent une incroyable
jouissance, tandis que l'homme qui n'a jamais souffert ne
connaît point, comme on dit vulgairement, le prix de la
santé; celle-ci, tout en lui permettant d'autres plaisirs, ne

lui cause guère en elle-même aucune jouissance appréciable. On peut croire sans doute que le plaisir accompagne
tout exercice régulier, complet, énergique de nos facultés.
Cela est vrai. Il faut toujours maintenir cependant que le
meilleur moyen, le seul peut-être, d'entretenir la vivacité de
nos plaisirs, c'est de nous en abstenir quelque temps. De
plus, est-il bien sûr que cette régularité serait toujours
sentie, si rien ne l'avait jamais troublée; que ce développement complet et énergique serait toujours agréable, si
rien ne l'avait jamais affaibli? En tout cas, est-il un seul de
nos organes qui puisse s'exercer d'une façon énergique et
complète, sans que son activité se prolonge et en même
temps se diversifie? L'imagination est nécessaire pour
recueillir les sensations des premiers instants, les renouveler et les unir aux sensations qui lui succèdent. A défaut
d'opposition entre le plaisir actuel et la douleur qu'il remplace, la nature de la sensibilité exige une réduplication
d'une autre manière, par variation : autrement la jouissance s'éteint. N'est-ce point là le sort inévitable et prompt
de ces sensations simples, homogènes et continues qui font
tout d'abord tressaillir de volupté parce qu'elles semblent
appeler à elles et réunir toutes les forces de la vie dans un
état pareil à l'extase, mais qui, n'étant point diversifiées,
amènent le sommeil? C'est ainsi qu'on magnétise et qu'on
hypnotise. Tel est, par exemple, le chatouillement auquel
des espèces animales sont si sensibles. Tel est, universellement, tout ce qui est uniforme et monotone.

Devons-nous conclure de ces faits que le plaisir est en
quelque sorte plus difficile à obtenir que la douleur? que
la vivacité que le premier atteint quelquefois est rarement
comparable à l'intensité où la seconde arrive trop souvent?
Il est difficile de se dérober à cette conclusion, du moins
pour ce qui concerne la vie animale, car l... que
provoque la douleur redouble, comme nous l'avons vu,
cette douleur même; et cette lutte, la nécessité l'impose
à tous nos organes, tandis que travailler avec succès à
diversifier, à multiplier nos sensations agréables est une

chose en définitive assez malaisée. Aussi la plus grande
partie des actes des animaux a-t-elle bien plus pour cause
la fuite d'une douleur que la recherche d'un plaisir, leurs
plaisirs mêmes ne se concevant guère autrement que
comme l'apaisement d'un besoin plus ou moins vif et d'une
souffrance. Les animaux domestiques que nous choyons,
et auxquels nous épargnons le soin de la nourriture, passent
les trois quarts du temps à dormir : l'amour seul vient
périodiquement réveiller leur activité, et il débute visiblement par la souffrance.

La leçon à tirer de cette comparaison pour nous autres
hommes doit être que le plaisir physique ne vaut pas la
peine que nous le poursuivions si âprement. Le plus souhaitable des états, c'est sans nul doute le calme et l'harmonie
des fonctions, sans surexcitation voluptueuse comme sans
souffrance. De pareilles dispositions laissent à notre esprit
toute la liberté nécessaire pour se procurer les jouissances
qui lui sont propres. Ces jouissances, dira-t-on, sont donc
d'une qualité supérieure? Oui, et cela pour des raisons qui
font de cette exception apparente une confirmation de la
loi que nous venons de poser.

Le plaisir, tant physique que moral, a pour condition
l'accomplissement d'un acte. Mais, quand un acte matériel
est accompli, le plaisir s'arrête au moins pour un temps :
essayer de le continuer serait solliciter de l'organe des
efforts dont il a cessé momentanément d'être capable et qui
par conséquent l'épuiseraient. Mais si les forces de tout
organe sont bornées, les forces de l'esprit ne le sont pas,
en ce sens qu'elles renaissent d'elles-mêmes et qu'elles
peuvent être variées à l'infini. Ni la conquête d'une vérité,
ni l'exécution d'un acte vertueux ne fatiguent l'intelligence
et n'épuisent la volonté; elles les fortifient l'une et l'autre.
On ne peut dire non plus qu'elles les limitent : elles les
excitent au contraire à de nouveaux efforts qu'elles leur
rendent par avance plus faciles et plus certains du succès.

Aussi le plaisir actuel du savant heureux ou de l'homme
bienfaisant et dévoué n'est-il rien, pour ainsi dire, en com-

paraison des plaisirs qu'il se promet, et qu'il vient de s'assurer pour l'avenir. Le premier sent qu'il pénètre dans l'ordre physique, le second qu'il travaille à l'ordre moral; mais l'ordre moral et l'ordre physique, ils les sentent pour ainsi dire infinis. Et qu'on ne croie pas diminuer le prix de ces plaisirs en les qualifiant d'imaginaires. Ce sont des plaisirs imaginés sans doute. Mais ici qu'est-ce donc qui imagine si ce n'est l'esprit? Ce sont donc les plaisirs de l'esprit par excellence que les plaisirs imaginés. Car aucun plaisir actuel n'est senti qu'à la condition d'être redoublé, varié, multiplié par l'image; or l'esprit seul est capable de varier et de multiplier indéfiniment le sentiment de ses plaisirs.

Revenons à l'objet propre de nos recherches, à savoir l'analyse de la sensation. Nous pouvons nous résumer en disant : une sensation n'est sentie qu'à la condition de se redoubler elle-même dans une ou plusieurs images. Toute impression et même toute irritation pure et simple ne sont que des sensations avortées, parce qu'elles n'ont réussi ni à renouveler dans la sensibilité des traces d'états antérieurs, ni à lui faire anticiper les états futurs. Cette complexité de toute sensation peut se comparer à la complexité du son musical; ou, pour mieux dire, ce dernier fait n'est sans doute qu'un cas particulier de la loi qui est commune à la sensibilité tout entière. On sait que chaque vibration se décompose spontanément en un certain nombre de fractions de vibration qui se succèdent les unes aux autres. Ces espèces de notes parasites qui accompagnent toujours le son fondamental et s'accordent avec lui s'appellent les harmoniques. Tous les sons musicaux ne sont pas également riches en sons élémentaires ou en harmoniques : il est des instruments qui en ont beaucoup, ce sont ceux qui nous remuent le plus puissamment, comme le violon; il en est d'autres qui en ont peu, comme la flûte, et qui sont plus appropriés à une musique nettement dessinée, pour ainsi dire, mais moins variée, moins colorée, moins expressive. Enfin, c'est, croit-on, de la liaison des notes aiguës plus ou moins nombreuses et plus ou moins intenses avec un son fondamental que résulte le timbre, ce caractère tout personnel, jusqu'à présent indéfinissable et mystérieux de la voix et des sons. Eh bien, toute sensation, pouvons-nous dire, a nécessairement ses harmoniques qui sont fournies par le redoublement de tout plaisir et de toute douleur dans des images formant avec elle accord ou contraste. C'est suivant la nature et l'abondance de ces images, que le plaisir et la douleur retentissent plus ou moins longtemps, plus ou moins fortement dans la sensibilité de l'homme et de l'animal. La faim elle-même n'est pas sentie de la même manière par le chien, par le chat, par le bœuf, par le singe, par le tigre, par le mâle amoureux et par la femelle qui couve ses œufs ou qui allaite ses petits. Le son fondamental du plaisir et de la douleur est sans nul doute le même chez tous les êtres sentants : cela suffit pour expliquer la sympathie qui nous unit à eux tous ; mais les harmoniques de la souffrance ou de la jouissance varient d'espèce en espèce, et il n'est point difficile de remarquer encore des variations plus subtiles, au fur et à mesure que l'on observe de nouveaux groupes d'individus.

Si la femme et l'homme ne sentent pas de même, cela tient-il uniquement au plus ou moins de délicatesse de leurs organes? Non; car, outre l'intensité de la sensation, il y a le mode de la sensation. Or, chez l'un, la réaction que provoque toujours la sensibilité trouve une issue dans les préoccupations de la vie active; chez l'autre, elle se passe à peu près toute à l'intérieur. Le plaisir et la douleur se raffinent et se subtilisent ainsi dans le cœur de la femme, tandis que les passions de l'homme ont habituellement quelque chose de plus âpre et de plus violent, car le sentiment qu'il a de sa force l'amène à faire plus d'efforts pour prolonger ou pour ramener ses plaisirs, pour faire cesser ou pour écarter ses douleurs. Ne tenons plus compte de la différence des sexes. Il est, soit chez les hommes, soit chez les femmes, des sensibilités qu'on peut appeler capricieuses, bien que le système nerveux et son impressionnabilité directe ne changent pas : c'est l'imagination qui change et qui tour à tour ajoute à la même impression tantôt une riante fantaisie, tantôt une image plus noire. Dans de telles natures, ce n'est pas seulement la sensibilité morale qui varie : les sens externes ont aussi leurs fantaisies, et le goût lui-même change du jour au lendemain. Il est sans doute des associations que la nature impose promptement ou que l'habitude établit à la longue entre telles impressions et telles images; et voilà pourquoi il est des sensations dont la qualité ne peut désormais plus changer. Mais combien y en a-t-il dont on ne peut dire à l'avance quel agrément ou quel désagrément on en retirera! Prédisposés à la gaieté par un concours de circonstances physiques ou morales qui multiplient en nous les images lumineuses, nous avons plaisir à tout : s'il fait sombre dans la nature qui nous entoure ou dans l'horizon de nos pensées et de nos craintes, rien ne nous agrée et « nous ne trouvons rien de bon ».

Il est encore des sensibilités qu'on peut appeler discordantes ou cacophoniques : chez elles, les plaisirs ou les douleurs prennent des aspects imprévus; l'imagination, n'étant ni réglée par la volonté ni accoutumée à la mesure par la recherche habituelle de l'ordre, enfante au hasard des images disproportionnées; incapable de retrouver de lui-même son équilibre, l'individu se laisse abattre par son mal ou emporter par ses jouissances avec une impétuosité aveugle qui le fait ressembler à la brute. Il est des sensibilités qu'on peut au contraire qualifier d'harmonieuses; car il est des personnes chez qui les joies et les chagrins rendent comme naturellement un son poétique et musical. Si déchirante que soit leur douleur, si intense que soit leur plaisir, les proportions de leur âme, si l'on peut parler ainsi, ne sont pas altérées, non plus que celles de leur figure. Désespérées jusqu'à la mort ou ardentes au dévouement, elles conservent une sorte de noblesse qui vient de ce que dans le développement de leurs passions

elles ne tombent pas en deçà ni n'essayent de s'élever au
delà des caractères de l'humanité.

Il est des gens durs à eux-mêmes et aux autres, indifférents à tout, qui ne connaissent point le plaisir et à qui la
douleur peut à peine arracher un cri. Il est des natures
toujours frémissantes chez qui la moindre impression
éveille une suite d'échos douloureux ou joyeux. Ces échos
ne sont autre chose, encore une fois, que le redoublement
des sensations dans les images, leurs harmoniques ; et
ceux dont les organes n'ont, pour ainsi dire, qu'une imagination pauvre et affaiblie ont des sensibilités plus sourdes
et plus muettes que les autres.

La pathologie médico-psychologique peut éclairer ces faits
d'un jour plus vif encore : car elle nous montre, en mainte
circonstance, le premier de ces deux faits altéré, affaibli,
augmenté, supprimé, ramené par les variations du second.

Certains idiots sont fort peu sensibles à la souffrance
sans que pourtant leurs organes soient bien amoindris ni
leurs fonctions suspendues. Ils boivent et ils mangent
indifféremment tout ce qui leur tombe sous la main :
aucune substance ne leur répugne. L'apathie des sens
s'associe chez eux avec l'apathie de l'esprit ; ils ne songent
ni au passé ni à l'avenir, pas même pour les besoins les
plus impérieux de la vie matérielle. Ils satisfont ces besoins
machinalement, et encore faut-il souvent les y contraindre.
Puis ces satisfactions ne leur causent véritablement pas
plus de plaisir que la privation ne leur faisait d'ailleurs
sentir de souffrance. Si la sensation provenait exclusivement du fonctionnement passif et machinal de l'organe, ils
devraient les éprouver comme tout autre homme. S'ils
semblent indifférents à ce qui impressionne et même à ce
qui irrite leurs organes, c'est que leurs organes n'ont pas
la spontanéité et l'énergie, mais surtout la solidarité
d'action et l'harmonie nécessaires aux sensations mêmes de
la vie purement animale. Que par des exercices variés et
répétés on les habitue à faire attention, à agir d'eux-
mêmes, puis à vouloir agir, qu'on les contraigne à com-

biner des mouvements très simples d'abord, un peu plus
compliqués ensuite, qu'on les amène enfin à s'intéresser,
si légèrement que ce soit , aux exercices qu'on leur fait
faire, les impressions elles-mêmes finiront par être arrêtées,
pour ainsi dire, au passage, groupées et redoublées, en un
mot véritablement et efficacement senties[1].

Il arrive souvent au fou d'être insensible à la douleur :
les exemples de ce fait sont très vulgaires. Ce n'est pas que
son imagination soit affaiblie, elle est au contraire vio-
lemment surexcitée; mais elle est occupée ailleurs tout
entière : aussi les impressions qui n'ont point rapport à
l'objet de sa préoccupation sont-elles à peine senties et pas-
sent-elles inaperçues. Et ce qu'il y a de plus remarquable,
c'est qu'au même moment un même organe peut être à la
fois sensible et insensible à des impressions de même nature,
suivant que son imagination consent aux unes et ne consent
point aux autres.

« Une de mes clientes lypémaniaques, dit le docteur
Liébault, ne vit plus clair tout d'un coup pour manger.
Elle s'en était mis instantanément l'idée dans la tête. Pendant quelques semaines on fut obligé de lui porter les aliments à la bouche; mais, tandis qu'on l'aidait ainsi, elle
savait fort bien distinguer à travers la fenêtre les passants
dans la rue. »

En y réfléchissant, y a-t-il là beaucoup plus que l'exagération d'un fait qui se produit communément, lorsque,
endormis, nous n'entendons au milieu d'un grand nombre
de voix que celle qui nous étonne ou nous inquiète, ou à
laquelle en d'autres temps notre imagination était prête à
faire écho d'une façon particulière? La même chose ne se pro-
duit-elle pas quand nous sommes préoccupés? Nous n'avons
même pas besoin d'aller jusqu'à l'extase, état dans lequel il
est bien connu que les organes deviennent généralement

1. Les dernières expériences de la Salpêtrière, celles de
MM. Charcot, Ch. Richet, Féré, Binet, Dumontpallier, etc.,
ont mis en lumière un nombre considérable de faits de cette
nature.

insensibles et inertes, bien qu'ils puissent agir encore et jouir puissamment pour tout ce qui se rapporte à l'objet de la vision. Saint Augustin citait déjà l'exemple d'un sujet qui, dit-il, devenait insensible à la douleur dans des extases produites par des causes d'un ordre physiologique très commun. « Ad imitatas lamentationum voces, ita auferebat a sensibus et jacebat simillimus mortuo ut non solum vacillantes atque pungentes minime sentiret, aliquando igne ureretur admodum, sine ullo doloris sensu, nisi postmodum ex vulnere. » On ne peut certes prétendre que pendant la durée de l'extase la blessure produite par le feu n'impressionnait pas, n'irritait pas les organes. D'où vient qu'elle n'était pas sentie, sinon de ce que l'imagination tout entière était occupée à augmenter démesurément des sensations d'une autre nature? En effet, si l'image empêchée supprime la sensation, il arrive que l'image excitée peut faire sentir à l'organisme des états. ou des phénomènes qui, d'ordinaire, ne l'émeuvent en aucune façon.

Ceci est parfaitement reconnaissable même dans le malade imaginaire, à plus forte raison dans l'halluciné. Qu'est-ce, en définitive, dans bien des cas, que l'hallucination, sinon une sensation légère, quelquefois même une impression qui, d'ordinaire, n'est point sentie, mais qui, à force d'être imaginée, prend un relief anormal, une énergie disproportionnée? Pour le fou qui se croit persécuté, la moindre parole, le moindre son, par exemple les battements de la montre qu'il porte sur lui, se transforment en voix accusatrices : tous les mets ont l'âcreté du poison. Les exemples de ce genre de faits dans l'aliénation mentale sont innombrables. On en trouve encore abondamment dans l'histoire du somnambulisme naturel ou artificiel et dans tous les états analogues, comme l'hypnotisme.

Le somnambule voit quand il s'imagine qu'il peut voir : quand il s'imagine qu'il ne peut pas voir, il ne voit pas. Tel sujet, par exemple, lira au milieu des ténèbres s'il se sent éclairé par une lampe, alors même que la lampe serait figurée, pour lui, par un bâton emmanché dans le goulot d'une bouteille. S'il croit qu'on vient de lui éteindre sa lumière, alors même que la salle où il se trouve est éclairée, il redevient impuissant à lire, etc. C'est un fait parfaitement positif que le magnétisé et (ce qui revient à peu près au même) que l'hypnotisé peuvent avoir une sensation extrêmement délicate de l'état maladif de l'un de leurs organes intérieurs. C'est un autre fait que leur goût ou leur odorat peuvent égaler en vivacité le goût et l'odorat des animaux. Mais c'est une loi générale qu'ils ne peuvent sentir d'autres impressions que celles qui sont en rapport avec la série d'idées qui les occupent. Chez eux, dit le savant Carpenter, tant que l'attention demeure attachée sur un objet quelconque, perçu ou conçu, rien autre n'est senti. D'où complète insensibilité à la souffrance corporelle, attendu que le somnambule n'a d'attention que pour ce qui se passe dans son esprit. Mais en un instant, en dirigeant l'attention sur les organes des sens, l'anesthésie peut être remplacée par la sensibilité la plus vive; de même aussi, quand l'attention est fixée sur un certain enchaînement d'idées, tout ce qui se dit d'accord avec ces idées est entendu; tout ce qui est en désaccord passe inaperçu.

Sans doute, on dira qu'il y a dans tous ces états un développement mystérieux encore d'innervation et de sensibilité; mais ce que nous devons remarquer ici, c'est que cette sensibilité se peut porter tour à tour dans une partie du corps, puis dans une autre. Par là s'explique le pouvoir, singulier en apparence, qu'a l'expérimentateur de rendre le sujet sensible ou insensible à telles ou telles impressions. Il n'a qu'à lui suggérer une imagination quelconque; à l'appel de l'image, la sensibilité se précipite, pour ainsi dire, et s'accumule dans l'endroit déterminé [1].

De tout cela que conclure? Ce que nous avons déjà établi par d'autres faits et d'autres considérations, à savoir : que la sensation et l'image, ou, si l'on veut, la sensation actuelle

1. Pour de plus amples détails on pourra consulter notre livre *l'Imagination*. Librairie Hachette, 1 vol. in-12, 2ᵉ édition.

et provoquée et la sensation spontanément renouvelée qui
la redouble, sont, dans l'état ordinaire, inséparables. Si on
les sépare, comme il arrive dans certains états pathologiques,
la sensation n'est plus sentie que sourdement et vaguement.
A peine est-elle encore une véritable sensation; peut-être
même ne l'est-elle plus du tout; elle peut seulement le
redevenir, car il reste d'elle quelque chose de très positif,
et ce quelque chose n'est quelquefois rien de moins qu'une
mutilation ou qu'une blessure. Il en est ici comme de ces
substances composées que le chimiste peut faire tour à tour
disparaître et réapparaître à nos yeux, suivant qu'il en
sépare ou qu'il en réunit de nouveau les éléments.

Il est facile de voir que cette complexité des éléments de
l'imagination est ce qui la rend accessible à des influences
si nombreuses, et que de là viennent les diversités, les
métamorphoses, les caprices, les apparentes contradictions
de cette sensibilité qu'elle contribue elle-même à modifier.

Sans entrer dans des détails qui nous éloigneraient de
notre but, nous constaterons ici deux choses : la première
est que cette imagination qui, avec des impressions rapides
et disséminées, organise un état sensible durable, a son
origine première dans l'état dynamique de chacune des
parties du corps; la seconde est qu'une fois constituée
elle vit aussi de sa vie propre et que, dans une organisation supérieure, elle se donne un développement particulier
dans lequel elle entre en conflit avec des influences d'un
ordre nouveau. Ainsi, d'une part, l'imagination tient à la
sensation brute émanée du simple jeu des organes; d'autre
part, elle peut être modifiée par les influences de toute nature
que la poursuite réfléchie d'un idéal abstrait et les mille
rapports de la vie civilisée font subir à l'être pensant. Tant
que nous en restons aux premières influences, nous ne
sortons pas de la vie purement animale; à coup sûr, l'imagination peut y parvenir à une certaine intensité, car elle
y provoque, elle y groupe, elle y maintient, elle y renforce,
prolonge ou renouvelle des images accessoires dont chacune
est apte à réveiller sur un point ou sur un autre une

sensibilité endormie; de là des excitations soudaines qui portent l'animal à fuir la douleur et à rechercher les plaisirs qu'il aime. Cette imagination-là peut aussi, dans son développement ultérieur, subir l'action de tout ce qui est capable de modifier les habitudes de l'animal, changements de conditions, domesticité, dressage, arrivée d'un ennui nouveau.... Mais, tant que ces influences partent simplement des besoins de l'organisme ou n'aboutissent qu'à ces besoins, nous restons dans la vie animale : nous avons, ce semble, tout ce qui est nécessaire pour en expliquer les actes, le développement et la durée, sans avoir recours à rien de ce qui caractérise une vie supérieure, conscience réfléchie, raison, idées générales et liberté.

V

DU BESOIN, DU DÉSIR ET DE LA TENDANCE

Si telle est la nature complexe de la sensation, nous pouvons nous expliquer exactement les origines et la nature de ces états que, dans la vie animale, on appelle *besoin*, *désir* ou *tendance*.

Le besoin proprement dit n'est autre chose que la sensation douloureuse à l'état naissant. Une sensation, quelle qu'elle soit, avons-nous vu, suppose l'activité de la vie, qui, plus ou moins heureusement, accomplit son évolution et travaille d'après le plan qui lui est particulier au renouvellement de ses organes. Il faut à cette activité un certain nombre de matériaux, des aliments, puis un certain nombre de conditions, tel degré de chaleur par exemple. Que les matériaux voulus fassent défaut, que les conditions nécessaires manquent, cette privation est sentie assez douloureusement pour qu'elle amène une tentative de réaction qui trouble l'économie, voilà le besoin.

Le besoin implique quelque chose de plus qu'une souffrance par suite d'une privation. Il suppose une aspiration déterminée, plus précisément encore un mouvement par lequel l'organe tente d'ébaucher la fonction qu'il devrait alors accomplir, s'il en avait tous les moyens. « Prenant un cheval à jeun, dit M. Claude Bernard, on découvre sur le côté de la mâchoire le canal excréteur de la glande parotide, on divise ce conduit, et rien n'en sort; la glande est au repos. Si alors on fait voir au cheval de l'avoine, ou mieux si, sans rien lui montrer, on exécute un mouvement qui indique à l'animal qu'on va lui donner son repas, aussitôt un jet continu de salive s'écoule du conduit parotidien, en même temps que le tissu de la glande s'injecte et devient le siège d'une circulation plus active. » Qu'est-ce que cette apparition de la salive et que cette exagération de la circulation dans la glande, sinon un premier effort de l'organisme pour commencer les fonctions de la digestion? Le besoin est donc un état très positif, il accuse une activité prête à se développer, commençant même à se développer autant qu'il est en elle. Il n'y a là, d'ailleurs, aucun phénomène vraiment nouveau surajouté à la sensation, puisque la sensation déjà manifeste l'activité de l'organisme. Si un organe devient incapable de fonctionner, insensible, il n'éprouve plus aucun besoin; si le besoin est satisfait, la sensation douloureuse disparaît aussi; sensation, besoin, nous font donc voir deux aspects d'un seul et même phénomène. Le besoin de mouvement extérieur pour tout organe commence à se faire sentir au moment même où l'organe, ayant accompli son premier mode de travail, celui qui a pour but son propre entretien, dispose d'assez de forces pour commencer le deuxième, celui dont le but est hors de lui. Toute force, dès qu'elle se sent, tend d'elle-même à s'employer. Beaucoup de savants prétendent plus encore : ils disent qu'il n'y a point de forces latentes (autrement qu'*in abstracto*) et qu'une force est essentiellement une chose en mouvement.

De degré en degré nous pourrions suivre les besoins de la vie humaine, et nous les verrions obéir tous à cette même loi.

Prenons une première phase, encore en partie physiologique : le besoin de s'éveiller et de penser suppose déjà un réveil incomplet et le commencement de la cessation du rêve.

A une phase plus élevée, le besoin de trouver une explication suppose avec l'étonnement un commencement de connaissance et même de science.

Arrivons aux modes supérieurs de la sensibilité : le besoin de rentrer dans la vertu est un commencement de repentir, par conséquent de moralité. Le besoin d'affections nobles et pures est un commencement d'affection pour ces biens supérieurs de l'âme.

Qu'est-ce maintenant que le désir? Le philosophe genevois Bonstetten en donne cette remarquable définition : « Le désir est toujours une sensation non accomplie qui cherche quelque part son complément, c'est un mouvement non achevé de l'organe et qui tend à poursuivre sa route. » Est-ce à dire que tout désir devra se réduire à des mouvements matériels? Non sans doute : car le mouvement lui-même est le résultat ou, si l'on veut, la forme extérieure d'une énergie qui, arrivée à une conscience plus claire de sa nature, transformera par la recherche d'une fin morale le déterminisme des mouvements. Mais tout d'abord le désir, comme le besoin, se manifeste par le mouvement organique. En effet, le désir n'est autre chose que le besoin, mais accompagné d'une image qui lui représente plus ou moins vaguement ce qui est capable de l'apaiser. Le besoin génésique, pas plus que le besoin de manger, ne se fait sentir sans que les organes appropriés entrent en mouvement, comme si la fonction se préparait à s'accomplir. Le désir qui succède à ce besoin suppose de plus que le terme des mouvements est entrevu : le complément cherché, soit, par exemple, le contact avec un autre être, a déjà ému l'imagination qui pressent la route à poursuivre et s'efforce, pour ainsi dire, d'y entraîner l'individu. Il est clair, et l'expérience la plus commune nous le prouve à chaque instant, que le besoin appelle toujours le désir, à moins que l'être ne soit par hasard incapable d'imaginer ce qui doit faire l'objet du désir. Ainsi, l'appétit ou désir de manger ne succède pas au besoin de la faim, si le sens du goût est malade et répugne par avance aux sensations qu'il doit habituellement éprouver : alors aucune sensation agréable ne se lie à la représentation du manger; c'est même le contraire qui se produit. Mais ce fait est pathologique.

Deux lois secondaires peuvent venir confirmer cette étroite parenté du désir et de l'imagination. Il arrive dans beaucoup d'espèces animales (et dans l'espèce humaine plus que dans toutes les autres) que, à force de se répéter et surtout de chercher à se répéter, la sensation développe démesurément cette partie d'elle-même qui renouvelle le passé et anticipe le futur, à savoir l'image. Celle-ci finit presque par acquérir une existence indépendante qui a ses habitudes à elle et qui se complaît dans sa propre activité. A la moindre occasion elle s'émeut spontanément, même en l'absence d'un besoin réel; mais elle ne s'émeut pas sans émouvoir l'organe aux fonctions duquel elle se rapporte et avec lui le plus souvent l'organisme tout entier. En d'autres termes, plus l'imagination est surexcitée, plus le désir est violent, cela est d'expérience journalière. D'autre part, la satiété qui éteint les désirs affaiblit aussi les images. Excité par la faim, l'animal est toujours en éveil; les habitudes de sa proie accoutumée, le temps et le lieu où il peut la trouver lui sont présents, les circonstances dans lesquelles il l'a surprise déjà, les manœuvres qui l'ont aidé à la dépister et à la vaincre, il les revoit clairement encore. Entretenu par tous ces fantômes, son appétit double sa force, irrite ses convoitises, lui fait braver les dangers et lui prépare une jouissance qu'il savourera pendant longtemps. Que sa faim soit apaisée, qu'on lui fournisse dans la captivité autant de nourriture qu'il en désire, il s'endort.

Si le besoin lui-même (à plus forte raison le désir, qui n'est que le besoin excité et dirigé par l'image) est un état positif impliquant activité, on ne peut dire que ce qu'on nomme tendance soit une pure abstraction. La tendance d'un organe n'est autre chose que le mode d'activité qu'il s'efforce de déployer conformément à sa nature ; c'est une disposition permanente entretenue efficacement en lui par le besoin et qui se traduit nécessairement par des désirs particuliers.

Il est inutile maintenant d'expliquer comment l'imagination, après avoir été attirée par tout ce qui lui rappelle et lui promet la satisfaction d'un besoin, peut être diversement émue par tout ce qui lui fait pressentir une sensation douloureuse : d'où les états divers connus sous les noms d'attente, d'inquiétude, de crainte, d'effroi, de colère.... Les phénomènes véritablement primitifs de la sensibilité sont le besoin, puis le désir. Tant que l'animal les satisfait aisément, il n'éprouve rien autre : s'il rencontre un obstacle quelconque, il est d'abord déconcerté, effrayé ; mais, si le danger devient pressant, les besoins refoulés se font sentir plus impérieux : il peut arriver que l'organe ou les organes qui en sont le siège principal redoublent d'activité, pour ressaisir la satisfaction qu'ils réclament. Les efforts qu'ils feront alors deviendront, surtout s'ils ont été couronnés de succès, comme un besoin nouveau dépendant du premier ; la moindre occasion suffira pour l'exciter encore.

Qu'on ne l'oublie pas, chacun des organes de l'économie est capable de nous faire éprouver tous ces états. A chacun d'eux correspondent des besoins, des désirs, des tendances spéciales ; chacun d'eux s'éveille quand il pressent une satisfaction, s'endort quand il est rassasié ; chacun d'eux se comporte comme s'il avait ses répugnances, ses craintes et ses alarmes.

Mais, si chaque organe vit solidairement avec tous les autres, il est clair que les différentes parties de l'animal participent les unes des autres à leurs besoins mutuels et aux désirs qu'ils provoquent. C'est grâce à ce retentissement des sensations que certains besoins plus impérieux de l'économie entière produisent dans l'animal des tendances assez précises et des besoins assez particuliers pour diriger l'individu. Donnons les exemples les plus saillants.

Il est parfaitement admis aujourd'hui que la faim, la

soif, le sommeil et même le besoin de la génération dépendent essentiellement, non d'un état local et de l'irritation
de tel ou tel organe particulier, mais de certains états généraux de l'économie. La faim, par exemple, est une sensation
qui affecte les centres de la sensibilité et qui provient de ce
qu'il n'a pas été digéré une assez grande quantité d'aliments pour réparer l'usure des organes. La soif est une
sensation générale provenant du manque d'eau dans le sang,
et ainsi de suite. La preuve en est que si l'on ingère dans
le sang d'animaux affamés des substances alimentaires
artificiellement modifiées, de manière qu'elles aient été
rendues directement assimilables, non seulement la faim
des animaux s'apaise, mais ils se nourrissent parfaitement
sans avoir besoin de manger. De même, que l'on prenne
un chien chez qui la respiration rapide et la langue pen-
dante attestent visiblement la soif, il suffira de lui injecter
de l'eau dans les artères pour qu'il cesse d'être altéré. Il
n'en est pas moins vrai cependant qu'à ces états de l'organisme entier se lient des sensations locales plus aisément
perçues et qui aident naturellement, par les indications
qu'elles donnent ou les impulsions qu'elles communiquent,
à la satisfaction des besoins généraux. Le besoin de dormir
se manifeste par une sensation particulière aux yeux, de la
pesanteur et de la démangeaison aux paupières, par une certaine attitude des muscles qui semblent contraindre le corps
entier à se pelotonner sur lui-même et à suspendre les mouvements de la vie de relation. La faim amène toute une série
d'incitations de plus en plus vives dans l'estomac, dans
toute la région épigastrique et, chez quelques animaux,
comme les rongeurs, dans les dents, qu'allonge l'abstinence.
La soif surtout a ses signes caractéristiques bien connus :
sécheresse, ardeur, strangulation dans l'arrière-gorge, épais-
sissement apparent de la langue, empâtement de la bouche.
Or on comprend aisément que ces sensations locales soient
plus clairement senties que le besoin général dont elles ne
sont pourtant qu'une conséquence : elles tendent à faire
agir des organes plus impressionnables et plus mobiles,

elles enfantent des images plus variées et en même temps plus précises, surtout lorsqu'elles ont été apaisées déjà par les aliments ou les boissons; car alors la vue ou la représentation de ces corps étrangers amènent forcément l'individu à imaginer et par conséquent à désirer plus vivement la satisfaction qu'ils procurent.

Cette confusion des deux espèces de besoin (les plus profonds et les plus superficiels) nous amène assez souvent à croire qu'en satisfaisant les seconds nous faisons cesser les premiers : c'est ce qu'on appelle ingénieusement tromper la faim ou la soif, tromper le sommeil. « Rien n'est plus facile que de supprimer pour quelques instants la sensation du besoin de dormir, en donnant le change par des moyens extérieurs à la sensation locale siégeant dans les yeux. L'eau froide appliquée sur les paupières est le révulsif par excellence contre les approches du sommeil. Remarquez que ce moyen, pas plus que l'ingestion de corps inertes dans la faim, n'est un remède radical; aussitôt l'irritation extérieure passée, le besoin général reprend le dessus et n'est réellement apaisé que par son remède naturel, le sommeil. Ce qui prouve du reste avec quelle facilité les besoins généraux de l'organisme sont involontairement identifiés avec les sensations locales qui nous les révèlent, c'est qu'au début de certaines ophtalmies, s'annonçant par de la pesanteur et des démangeaisons aux paupières, beaucoup de malades croient avoir continuellement sommeil, sans avoir réellement besoin de dormir. Le corollaire de cette observation existe quant à l'estomac. Dans la dyspepsie, la pyrosis, maladies accompagnées de sensations anormales à l'estomac, il n'est pas rare d'entendre les patients se plaindre à tout propos d'avoir faim. Ils mangent souvent, mais *peu à la fois*, précisément parce que la sensation locale, prise involontairement pour l'expression de la faim, ne correspond pas à un besoin réel de l'organisme [1]. » Mais ces confusions et ces erreurs accidentelles ne font que

1. Schiff, *Leçons sur la physiologie de la digestion.*

mieux mettre en lumière la solidarité constante et habituelle qui, à l'état normal, est pour l'individu de la plus grande utilité. Ainsi la lourdeur des paupières produite par le besoin de dormir l'amène ordinairement à fermer les yeux, ce qui, en les soustrayant à l'action de la lumière et en amenant la suspension de toute action, dispose plus favorablement l'organisme au sommeil qu'il réclame. Est-il nécessaire d'ajouter que c'est par un mécanisme identique que s'accentuent et se précisent chez l'animal le besoin et par suite le désir de boire, de manger et de s'accoupler?

VI

DU MOUVEMENT SPONTANÉ ET DE SES RAPPORTS AVEC LES PHÉNOMÈNES QUI PRÉCÈDENT

Si nous nous formons une juste idée du groupe de phénomènes que nous venons d'analyser, c'est grâce à la sensation, nous devons le dire, que l'origine et la nature du mouvement des animaux ne nous sont pas inconnues. Nous n'avons, pour ainsi dire, qu'à reprendre tous les faits dont nous avons donné la description. En ayant soin de les mieux démêler, nous devons y retrouver les lois principales du mouvement proprement dit qui nous a paru en être inséparable.

D'abord il nous a semblé bien évident que la spontanéité de mouvement dans chaque partie vivante de l'organisme est antérieure à toute sensation. Le fait que le mouvement lui-même, indépendamment de toute autre satisfaction, est une nécessité, en est une première preuve. Toute vie est évolution, même dans les êtres vivants qui ne sentent pas, comme les plantes, et dans ces parties des animaux qui, à l'état normal, n'accomplissent que les fonctions de la vie végétative. Mais l'évolution d'un organisme n'est qu'un ensemble de mouvements appropriés les uns aux autres et appropriés à un but final. Il est donc clair que, si toute particule vivante évolue, toute particule vivante se

meut; le mouvement est contemporain de la vie : les différentes espèces animales ne sont caractérisées que par les
différents systèmes d'évolution ou de mouvement qu'elles
manifestent.

Sous ce rapport, tous les organes sont donc dans les
mêmes conditions. Tantôt leurs mouvements sont tournés
en dedans, tantôt ils sont tournés en dehors. Les premiers
aboutissent presque immédiatement au terme auquel ils
tendent; les seconds ont d'ordinaire un champ plus vaste à
parcourir pour rencontrer le but qu'ils poursuivent. Mais
ces différences, qui tiennent à la diversité des conditions,
n'empêchent pas que le mouvement, quelles que soient sa
direction et son intensité, ne soit la loi innée de tout organe. Le foie, l'estomac, tous les viscères enfin obéissent à
la même nécessité. Le système nerveux, par exception,
n'est-il pas mis en état d'activité temporaire par des excitations intermittentes? Nullement. « La moelle épinière est
en état d'activité permanente. » Il est facile de citer des
preuves à l'appui de cette proposition. Ainsi la contraction
permanente des sphincters exige une excitation continue de
leurs nerfs par la substance grise de la moelle épinière.
(Vulpian.) On a encore expliqué comment ce qu'on appelle
le *tonus* ou tonicité est un état fonctionnel constant des muscles; cet état est entretenu par une action réflexe continue :
il exige par conséquent une action incessante des nerfs.

Cependant tout organe, dira-t-on, a besoin de repos à
intervalles réguliers. Cela est vrai, et vrai sans exception.
Ce n'est pas seulement le tout organique qui se repose par
le sommeil. Pour donner des exemples particuliers, le
cœur se repose trente fois par minute; le poumon se repose
en moyenne dix-huit fois dans le même temps : il est probable qu'une expérimentation très délicate pourrait donner
d'autres exemples. Mais il est parfaitement connu que ce
repos n'est que la cessation d'une seule des deux espèces
de mouvements, de ceux par lesquels l'organe se dépense
hors de lui. A ces mouvements externes succèdent immédiatement ceux par lesquels l'organe se répare, se recon-

struit, en comblant dans l'intimité de ses tissus les pertes
que son action extérieure vient de lui faire éprouver. Le
repos de l'organisme n'est donc qu'un repos relatif et apparent. Car il n'y a véritablement pour le corps suspension
de fatigue et repos qu'à la condition qu'il y ait reconstitution, et cette reconstitution, qui suppose reproduction et
arrangement de molécules nouvelles, n'est-elle pas elle-
même un travail? Si ce travail n'est généralement point
senti, on en sait déjà la raison. C'est que d'habitude le
terme des mouvements est aussi rapproché qu'il est possible. Le sang dans lequel chaque organe puise les matériaux
qui lui sont nécessaires n'est pas seulement, comme disait
Bordeu, de la chair coulante. Toute une série de mouvements antérieurs plus ou moins clairement sentis ont réuni,
broyé, puis mêlé et réduit enfin à l'état liquide toutes les
substances organiques que peuvent exiger les moindres parties de l'économie. Aussi, partout où ce liquide arrive, le
travail réparateur est-il immédiatement opéré : l'os y trouve
toute préparée la matière osseuse, et ainsi de tous les tissus,
quels qu'ils soient. C'est quand ce mode de mouvement est
accompli que l'organe veut alors dépenser la force acquise.
que les glandes veulent sécréter, l'estomac digérer, les
dents déchirer ou broyer, les yeux regarder, les oreilles
entendre, les mains saisir, les pieds et les jambes transpor-
ter l'individu. Si l'occasion d'agir se fait attendre, chaque
organe, excité par l'obscur sentiment de sa propre force,
s'inquiète, s'irrite peu à peu, jusqu'à ce que la présence
d'un objet capable de fournir cette occasion affecte l'un des
sens. La sensation qui en résulte soumet les parties plus
particulièrement prêtes pour l'action à l'influence des images
auxquelles elle s'est trouvée primitivement associée. Les
images entraînent le désir, elles activent le mouvement, en
même temps qu'elles le dirigent vers un point précis où les
forces accumulées trouvent aisément leur emploi. De là
cette succession rythmique de repos et de mouvements, de
mouvements sentis et perçus et de mouvements insensibles
et obscurs dont se compose toute existence animale.

Il n'est pas étonnant que tous les phénomènes de la sensibilité supposent des mouvements. En effet, nous pouvons nous représenter la tendance comme un mouvement par lequel l'individu se porte vers les objets qui lui conviennent. Cette définition si souvent répétée ne semble avoir dans la plupart des auteurs qu'un sens purement métaphorique; mais nous savons que les premiers désirs dont la vie animale est émue enveloppent réellement, et dans toute la rigueur du mot, un mouvement des organes. Aucun organe ne désire fonctionner sans commencer l'exercice de la fonction qui lui est propre; et à peine a-t-il tenté de se mettre à l'œuvre, que le reste de l'organe se met lui-même en mouvement pour seconder son travail : car le courant sanguin afflue aussitôt en lui avec plus de rapidité et d'abondance. Le désir est donc lui-même un mouvement; il ne peut agiter que l'organe assez fort pour s'exercer et pour qui l'action est déjà devenue nécessaire. L'imagination ne va pas sans un désir plus ou moins vif accompagné d'une représentation de son objet, elle suppose donc un mouvement. La sensation enfin n'accuse-t-elle pas toujours un changement d'état? L'organisme ne reste jamais stationnaire un seul instant, puisqu'il se renouvelle sans cesse dans ses moindres parties; les modifications qu'il sent sont donc des modifications qui atteignent le renouvellement en voie de s'accomplir. Mais comment le troublent-elles [1]? De deux manières : ou en le comprimant plus ou moins, ou en l'empêchant d'aboutir au but auquel il tend, c'est-à-dire à la reproduction exacte du type qu'il représente.

Tout plaisir, toute douleur ont donc leur origine dans une activité facilitée ou contrariée, et cette loi doit être considérée comme absolument universelle, du moment où la conservation de la forme organique et le repos lui-même, ainsi que nous l'avons reconnu, exigent la continuité du mouvement.

---

1. Nous n'avons pas besoin de rappeler qu'il ne s'agit ici que des phénomènes de la vie animale.

Il est, à la vérité, incontestable que le plaisir et la douleur sont les excitants ordinaires du mouvement, et nous en
verrons bientôt la raison. Mais ces excitants sont simplement
les occasions qui provoquent l'action prête et disponible de
l'organe et qui lui indiquent une direction particulière.
Encore faut-il ajouter : à la condition qu'ils soient modérés.
Car il est si peu de l'essence de la sensation, soit agréable,
soit pénible, d'être la source première de l'activité, que, si
la sensation dépasse certaines proportions, elle suspend cette
activité même. A quoi tend la douleur, pour peu qu'elle
persévère ou qu'elle augmente? A épuiser la force et par
conséquent à faire cesser tout mouvement. A quoi tend
dans les mêmes conditions le plaisir physique? A rendre
l'organe immobile, soit parce que celui-ci ne cherche plus
rien autre chose que la continuation de cette jouissance et
craint d'en diminuer l'intensité, soit parce que, s'efforçant
de la réitérer encore, il arrive au même état que s'il était
affecté d'une violente souffrance, à l'épuisement. La sensation n'est donc dans le mouvement des animaux qu'un accident; elle présuppose l'activité, loin de l'engendrer.

L'examen des différents phénomènes de la sensation nous
montre, en un mot, que le premier fait de la vie animale
est le mouvement spontané. Cependant, s'il est des cas où
nous voyons ces mouvements se produire d'eux-mêmes et
en l'absence de stimulants, nous savons que ces cas sont
accidentels et anormaux. Peut-être même est-il plus juste
de dire que le stimulant habituel est alors remplacé par un
autre, qui lui offre une occasion suffisante de se déployer,
les circonstances étant données.

Quoi qu'il en soit, il est certain qu'en l'état ordinaire
l'activité de l'organe a une matière également la même. Il
faut qu'elle disperse ou réunisse, attire ou rejette, rapproche ou éloigne, accumule, groupe, dispose, transforme
par des combinaisons variées une quantité déterminée de
matériaux. L'œil et l'oreille transforment en lumière et en
sons les vibrations de l'éther; le tube digestif transforme
l'aliment en sang, puis en muscles et en os; les organes

respiratoires absorbent de l'oxygène et exhalent de l'acide carbonique. Or, la présence de ces substances sur lesquelles doit s'opérer le travail de la vie, voilà précisément le stimulant naturel, ordinaire de tout organe. Tout organe est d'abord excité à agir par la présence des matériaux sur lesquels doit porter son action.

Les matériaux arrivent-ils en temps voulu, sont-ils en quantité suffisante, ont-ils les qualités requises pour combler exactement le déficit des parties auxquelles ils se rendent, les organes eux-mêmes sont-ils en état d'opérer avec une rapidité et une énergie proportionnées à leurs besoins, proportionnées aux résistances qu'ils peuvent rencontrer : alors les sensations qui en résultent sont agréables, et elles entretiennent d'autant plus l'activité. Dans le cas contraire, les sensations sont douloureuses : mais, selon le degré qu'elles atteignent, ou elles surexcitent l'organe ou elles le découragent en l'épuisant.

Ainsi la spontanéité des organes ne se manifeste régulièrement que mêlée aux sensations qui la provoquent, et contre lesquelles elle réagit, qu'elle travaille à prolonger ou à faire cesser. En d'autres termes, le mouvement, dans ses manifestations habituelles, ne peut se séparer de la sensation, il en est solidaire, il en partage les destinées. Achevons, autant que possible, de mettre cette loi en pleine lumière.

Nous venons de dire que c'était tantôt la sensation agréable, tantôt la sensation douloureuse qui exaltait l'activité. Que le plaisir soit un stimulant pour l'action, c'est ce que l'on conçoit bien volontiers; car le plaisir, c'est précisément l'action facile et efficace se sentant elle-même. Or, si tout organe tend à agir, il est clair qu'il doit agir d'autant plus qu'il agit plus aisément; ajoutons d'ailleurs que le résultat de toute action énergique et soutenue est d'accélérer la rénovation des organes et par conséquent de lui redonner une plus grande somme de force disponible. Voilà pourquoi, par exemple, des mets bien préparés activent les mouvements de la digestion et par suite le retour de l'appétit, et pourquoi nos poumons semblent se dilater pour nous faire respirer l'air pur et frais du matin. Et ceci n'est pas vrai seulement de l'activité organique ou de la nutrition, mais encore des organes sensoriels. Moins l'oreille s'exerce, plus elle devient insensible. Son activité est-elle excitée par des sons qui, s'accordant entre eux, ne la contrarient jamais, ses aptitudes à distinguer les qualités des sons se développent alors et se trouvent toujours prêtes à s'exercer ; elle devient, si l'on peut parler ainsi, plus musicale.

Maintenant, comment la douleur peut-elle être à son tour un stimulant ? Il faut pour cela plusieurs conditions : 1° que l'organe ait déjà pu agir ; 2° qu'il ait éprouvé, en agissant, un plaisir, si faible qu'il soit ; 3° qu'il conserve encore une certaine représentation ou imagination de ce plaisir, d'où résulte une tendance à l'éprouver de nouveau ; 4° enfin, que, malgré les obstacles d'où provient la douleur, l'action qui doit procurer le plaisir soit demeurée possible.

Tant que l'enfant ne s'est pas aperçu qu'il se réchauffait en se remuant et en marchant, le froid peut bien le faire souffrir, mais il l'engourdit plutôt que de l'exciter au mouvement. Dans certaines maladies physiques et pareillement dans l'idiotie, les sensations de la faim, de la soif, du froid, du chaud, qui d'ordinaire nous excitent, même sans la moindre réflexion, à un certain nombre d'actions, ne peuvent plus que causer une souffrance stérile. Que d'allées et de venues, que de recherches, que d'efforts la faim ne provoque-t-elle pas chez l'animal libre et adulte qui a déjà maintes et maintes fois assouvi sa faim, tantôt dans un endroit, tantôt dans un autre, tantôt sur ce gibier, tantôt sur cet autre ! Quant à l'animal dompté et apprivoisé, elle ne fait que le rendre plus docile et plus soumis.

Remarquons-le en passant, tous ces faits confirment de plus en plus cette vérité, que la source première du mouvement est la spontanéité des organes et que les sensations venant du dehors ne font que stimuler celle-ci.

Le psychologue anglais M. Alexandre Bain, après avoir observé un petit agneau dans les premiers instants de sa naissance, en raconte ainsi les premiers mouvements. Nous nous permettrons de lui emprunter sa description en la commentant ; elle nous servira à consolider les résultats des analyses qui précèdent.

D'abord, dit M. Bain, « le petit animal erra un peu au hasard ». Cette première locomotion est le résultat nécessaire de l'activité qui anime un organisme tout monté. Le fœtus exécute déjà dans le ventre de sa mère des mouvements qui n'ont évidemment pour but que d'employer une force qui croît toujours. A plus forte raison, quand l'animal formé et complet se trouve libre de ses mouvements, doit-il chercher à les accroître. Avant de savoir où il veut aller, avant de désirer un objet extérieur, l'enfant remue ses jambes et ses bras. Il remue pour remuer, il prend pour le plaisir de prendre, il marche pour le plaisir de marcher, il crie même très souvent pour le plaisir de crier. Tout cela est bien connu. Revenons à la description de M. Bain.

« Le petit agneau se trouva tout à coup près de sa mère, dont il sentit la peau laineuse : alors il y eut chez lui une tendance à maintenir ce contact et à frotter son museau sur les côtes et le ventre de sa mère. » Ce premier plaisir peut s'expliquer aisément. Dans ce contact, le petit animal se sent davantage ; peut-être calme-t-il une certaine démangeaison, et enfin il obéit sans doute à une sympathie irréfléchie pour un être semblable à lui dont il vient à peine de se détacher. Ainsi, « ayant rencontré un mouvement qui amenait ce résultat, le mouvement fut continué », et dans ce fait M. Bain voit le type de ce qu'il appelle la portion primitive et fondamentale de la volition, c'est-à-dire le pouvoir de continuer, sous l'influence d'un stimulant, une sensation agréable.

Mais « le contact est perdu, l'animal ne sait pas encore le retrouver ; au bout de quelques instants seulement, il le retrouve par hasard ; mais alors la tendance s'accuse et l'aptitude également. La faculté de diriger la tête de manière à maintenir le contact agréable augmente. » On le voit, dans cette seconde phase des mouvements, l'imagination commence à jouer son rôle : la sensation première n'avait pas été complètement perdue, et, quand l'occasion de la renouveler se présente, l'animal est évidemment mieux préparé. « La deuxième heure se passa à peu près de la même façon, et pendant la troisième l'animal, qui avait été complètement laissé à lui-même, arriva sur la mamelle par un de ses mouvements spontanés et réussit à la saisir. De là, sensation nouvelle, tendance à la prolonger, mouvements en conséquence. » Ici M. Bain ne dit pas dans quelle mesure la mère facilita ces mouvements ; mais il est hors de doute, et chacun le sait, que la mère, gênée par son lait et plus capable d'affection, cherche elle-même sa progéniture, l'attire à elle et l'invite à l'allaitement en se disposant de la façon la plus commode. Chez ce petit agneau « cependant, la vue s'éclaircit, les mouvements en avant deviennent de plus en plus préférés. Les images et les mouvements s'associent. » L'animal devient ainsi rapidement capable de tous les mouvements propres à son espèce.

En résumant tout ce qui précède, nous pouvons classer ainsi les différentes conditions du mouvement. Ce sont :

1° La spontanéité des organes qui agissent par le seul fait qu'ils sont vivants. Cette spontanéité précède le plaisir et la douleur, car le plaisir et la douleur n'ont de raison d'être qu'autant qu'il existe déjà une activité, s'exerçant avec facilité ou avec peine. Alors même que le premier éveil de l'activité serait accompagné d'une sensation agréable et que les deux phénomènes seraient à peu près contemporains, il n'en serait pas moins vrai que celui des deux qui est vraiment la condition de l'autre, c'est le mouvement.

2° Le stimulant de la sensation, soit agréable, soit pénible, vient aussitôt éveiller et diriger les désirs dès le second moment de l'existence. Dès lors les mouvements qui coexistent avec le plaisir sont maintenus ; ceux qui, réussissant à renouveler le plaisir, ont par cela même réussi à écarter la douleur, sont également préférés.

3° Mais la sensation même ne peut émouvoir l'individu sans être entretenue et avivée par l'imagination. La stimulation actuelle de la douleur suppose déjà un plaisir antérieurement goûté, maintenant désiré et confusément entrevu. Nous avons montré qu'il en était de même du plaisir. On conçoit donc très bien que cette partie imaginative de la sensation puisse se développer, comme nous l'avons dit, d'une manière indépendante. Elle a toujours, quoique à des degrés inégaux, la même vertu que lorsqu'elle était réunie à la sensation agréable ou douloureuse. Ainsi, pour citer encore une fois l'exemple du cheval sur lequel expérimentait Cl. Bernard, soit qu'on montre à cet animal l'avoine qu'il est habitué à manger, soit qu'on exécute devant lui les mouvements qui précèdent toujours l'instant de son repas, le résultat est le même : dans les deux cas, jet continu de salive et accélération de la circulation dans la glande.

Pouvons-nous conclure qu'il existe trois classes de mouvements : les mouvements spontanés, les mouvements consécutifs à la sensation, les mouvements consécutifs à l'imagination ? Il est plus exact de dire, et tout ce qui précède suffit, croyons-nous, à le prouver, que tout mouvement, sans exception, implique ces trois éléments indissolublement unis l'un à l'autre. On peut seulement ajouter que c'est tantôt l'un, tantôt l'autre qui semble prédominer. Ainsi c'est le premier qui est le plus visible et en réalité le plus important dans les mouvements de la vie organique. Dans les actes qu'un animal exécute pour poursuivre et achever la satisfaction de ses appétits, soit par exemple quand il dévore sa proie, quand il s'accouple ou exerce l'industrie qui lui est spéciale, c'est peut-être le second. Dans les mouvements qu'il accomplit pour rechercher un plaisir ou fuir une douleur quelconque, c'est incontestablement le troisième.

Il n'est pas besoin de beaucoup réfléchir pour s'apercevoir que les mouvements de cette dernière espèce sont, dans la vie des animaux, les plus fréquents et ceux qui peuvent paraître quelquefois les plus difficiles à expliquer. Aussi ne sera-t-il pas inutile d'en dire ici quelques mots.

Les mouvements qu'on peut appeler préimaginés sont, dans la nature humaine, extrêmement nombreux et ont donné lieu à des études fort intéressantes et fort variées. Tels qu'ils se présentent dans notre espèce, on peut les diviser en plusieurs catégories.

L'imagination d'un mouvement proprement dit nous pousse à commencer tout au moins l'ébauche de ce mouvement. Ceci n'est plus à démontrer après les ingénieuses observations de Chevreul et de Gratiolet. On sait que le vertige n'est qu'une des applications de cette loi même; et cette loi est bien impérieuse, puisqu'elle peut nous pousser à faire précisément ce que nous redoutons. La vivacité de nos craintes ne fait souvent que donner plus de relief à l'image de la chose redoutée : plus l'épouvante est grande, plus impitoyable est l'obsession qui nous tourmente et plus devient inévitable le péril.

L'imagination d'une sensation fait éprouver plus ou moins cette sensation même, c'est-à-dire fait accomplir au sens l'ébauche de ces mouvements moléculaires imperceptibles mais réels d'où résulte la sensation. Nous frémissons encore quand nous pensons aux dangers que nous avons courus. Le souvenir d'un plaisir, quel qu'il soit, nous réjouit et produit un effet marqué sur notre organisme tout entier; il nous rend plus dégagés, plus dispos et plus alertes.

Mais l'imagination d'un mouvement et d'une sensation ne fait pas seulement ébaucher le mouvement et la sensation imaginés, elle provoque aussi les sensations et les mouvements qui ont pu y être associés. Pensons-nous à un air de musique : nous ne tardons pas à battre la mesure avec notre tête ou nos pieds. Le chien qui dort rêve-t-il qu'il est sur la trace d'un lièvre ou d'une perdrix : non seulement il flaire sa piste imaginaire, mais il aboie, et il semble par instants tout prêt à s'élancer sur elle.

C'est par un mécanisme analogue que l'imagination d'un mouvement expressif fait éprouver plus ou moins le senti-

ment et la tendance exprimés. Car la tendance et les mouvements qui l'expriment se suivent et s'associent naturellement : l'un des deux peut donc indifféremment ramener
l'autre. L'attention ou désir d'écouter nous fait tendre la
tête, diriger en un certain sens les yeux ou les oreilles et
faire silence. Mais une pareille attitude nous prédispose elle-
même à l'attention. La colère nous fait crier avec force,
mais nos cris à leur tour exaltent malheureusement notre
propre colère. Le chien aboie quand il a senti son gibier, et
l'on devine sans peine de quelles sensations ce cri est alors
le résultat, par conséquent l'expression. Mais qu'au repos
il entende de loin l'aboiement d'un autre chien en train
de chasser, il s'élancera pour le rejoindre : preuve que des
sensations analogues ont été immédiatement éveillées en lui.

Si la seule imagination peut provoquer ainsi des mouvements, des sensations ou des tendances, il est clair qu'en
groupant tous ces derniers phénomènes elle devra aussi
nous pousser à l'accomplissement de l'acte. Chacun sait
comment on se familiarise avec l'idée du crime ou du
péché, comment on arrive à commettre presque machinalement une action parce qu'on y a trop souvent pensé.
Pourquoi la pudeur est-elle un préservatif? Parce que la
pudeur, si elle n'ignore pas absolument le danger, ne fait
du moins que l'entrevoir sous des apparences confuses et
incohérentes; elle fuit toutes les occasions où elle pressent
que pourraient se dissiper à ses yeux les obscurités qui la
rassurent.

Enfin, dernière conséquence de toutes ces lois : tout ce
qui contraint notre imagination à se représenter un mouvement ou une série de mouvements agit par cela même
sur nos organes et les sollicite; c'est là le penchant à l'imitation. Par suite, si notre imagination demeure quelque
temps remplie par le spectacle de quelque action émou-
vante, dramatique, dont nous aurons été les témoins ou
simplement dont nous aurons lu ou entendu le récit, nous
sentirons s'éveiller en nous une tendance à l'imiter. Promptement arrêtée chez la plupart des hommes, cette tendance

devient trop aisément, chez les hommes ignorants, faibles
ou malades, un mobile qui, ajoutant son action à celle des
passions mauvaises, finit par aboutir au crime.

Dans toutes les observations qui précèdent, on démêlera
aisément ce qui est spécial à l'espèce humaine. Mais, si l'on
écarte par exemple le penchant au crime, le vertige physique ou moral, on verra que d'ailleurs cette aptitude de
l'imagination à conserver et à reproduire la représentation
de certains mouvements, à solliciter de l'organisme la
reproduction des mouvements imaginés est essentiellement
du ressort de la vie animale. Rien de plus étranger, rien
de plus contraire à la libre réflexion que le penchant à
imiter. Rien qui nous livre plus à la tyrannie des organes
que l'habitude d'agir selon les fantaisies tristes ou gaies,
farouches ou aimables, excitantes ou décourageantes dont
notre imagination se trouve remplie, sans que nous sachions
souvent d'où elles viennent [1]. Or souvenons-nous que les
circonstances dans lesquelles un animal a satisfait un appétit peuvent toujours, par des associations, réveiller cet
appétit, lequel à son tour éveille l'image des mouvements
destinés à le satisfaire; souvenons-nous, d'autre part, que,
sous l'empire du besoin, l'imagination tend irrésistiblement
à se représenter les circonstances où le besoin fut satisfait,
puis les efforts et les mouvements que ces circonstances
provoquèrent ou permirent; nous comprendrons que, pour
peu qu'un animal vive et agisse, des stimulants nouveaux
viennent tous les jours l'émouvoir et le diriger.

Mais il ne suffit pas de montrer en bloc l'action des
trois facteurs du mouvement animal dans les résultats
saillants où ils aboutissent. Rappelons comment ces facteurs opèrent peu à peu, comment leur action se multiplie
pour ainsi dire et s'étend de proche en proche à chaque
partie de l'existence animale.

Il y a d'abord, on l'a vu, spontanéité dans chaque organe

1. Exemple : le retour périodique des heures, du jour, des
saisons de l'année, des accidents de température, puis les lieux,
le voisinage ou le concours d'autres animaux, etc.

pris à part. De plus, chaque organe peut, une excitation lui étant communiquée, y répondre par un mouvement. Dans les animaux supérieurs où les appareils sont plus nombreux, où les organes principaux se subdivisent eux-mêmes en différentes parties qui se partagent le travail et concourent chacun de leur côté à l'accomplissement des fonctions de la vie [1], ce phénomène est ainsi décomposé : un nerf dit sensitif reçoit l'excitation qu'il conduit jusqu'au centre dans lequel il a sa racine, soit une portion du système de la moelle épinière, soit un ganglion du grand sympathique : de là l'excitation se réfléchit en un mouvement, lequel part de ce même centre, chemine le long d'un nerf dit moteur qui en émerge, et va finalement mouvoir le muscle auquel ce dernier nerf aboutit. C'est là ce qu'on appelle l'action réflexe [2]. Une excitation faible fait

1. Le muscle n'a-t-il pas en lui-même une irritabilité propre et indépendante ? C'est parmi les physiologistes une question souvent débattue. L'opinion la plus répandue et, ce semble, la mieux établie, c'est que, dans le système d'ajustements qui fait la forme actuelle de la vie des animaux supérieurs, le muscle n'est que l'un des éléments d'un tout dont les diverses parties agissent ensemble et sont reliées par une solidarité étroite et nécessaire.

2. D'après cette description, qui est la même dans tous les ouvrages de physiologie, devons-nous penser que, contrairement à ce que l'analyse psychologique nous porte à croire, la sensation et le mouvement sont deux propriétés distinctes et séparées ? Il ne semble pas que cela soit. Les deux espèces de nerfs ont des fonctions, mais non des natures différentes. L'organe reçoit une excitation et réagit contre elle. Il y a dans ce phénomène au moins deux phases : d'abord l'excitation qui va dans un sens centrifuge, puis la réaction qui va dans un sens centripète, et refoule pour ainsi dire en dedans l'énergie vitale, tendant à reprendre le cours de ses fonctions et cherchant soit à se soustraire à l'excitation, soit même à la repousser. Voilà pourquoi les nerfs qui vont de la périphérie au centre sont appelés sensitifs, et ceux qui vont du centre à la périphérie sont appelés moteurs ; mais, s'ils ont des fonctions différentes, la raison en est dans la diversité des connexions qui les rattachent soit avec les parties centrales, soit avec les parties périphériques, non dans la diversité de leurs propriétés physiologiques : mainte expérience porte à croire que ces propriétés

ordinairement que l'organe directement excité est seul à
agir. Mais il y a toujours tendance à propager l'excitation
jusqu'à ce que l'organe excité parvienne à réagir contre
elle. C'est pourquoi plus l'excitation est forte, plus les
mouvements réflexes qu'elle provoque se multiplient et
s'étendent dans les diverses parties de l'organisme qui
communiquent avec la partie d'abord attaquée. Ainsi une
excitation produite sur un seul membre peut amener des
mouvements dans les quatre membres et dans le corps tout
entier.

On arrive ainsi à constater que des groupes d'organes
sont solidaires entre eux en gardant pour ainsi dire leur
autonomie et l'indépendance de leur action. Mais telle est
l'appropriation des différentes parties de l'organisme, que
chacune d'elles, en agissant pour son propre compte, concourt généralement à la défense d'une région étendue du
corps et l'on peut dire en conséquence à la conservation du
corps tout entier. Par exemple, qu'est-ce que l'éternuement?
Ce mouvement si complexe, qui nécessite la mise en jeu
d'un grand nombre de muscles, qui se compose d'une
respiration prolongée, suivie d'une respiration nasale brus-
que, soudaine, qui se répète plus ou moins souvent, et
cela sous l'influence d'une irritation de la membrane pitui-
taire, ce mouvement n'est-il pas une sorte de réaction ten-

___

sont les mêmes. On peut donc dire qu'en somme le phénomène total est un, quoiqu'il se subdivise en plusieurs actions
qui, ayant chacune un théâtre particulier, un agent distinct,
prennent nécessairement avec des caractères divers plus de
relief et plus de saillie.

On oppose, il est vrai, d'autres expériences. Le curare paraît
abolir isolément la propriété physiologique des fibres motrices
et respecter celle des fibres sensitives. Est-il démontré par là
que la propriété des fibres motrices est différente de la propriété des fibres sensitives? Non; on fait une confusion entre
la fonction et la propriété des fibres nerveuses. Sous l'influence
du curare, c'est la fonction, l'action physiologique des fibres
nerveuses motrices qui est empêchée, leur propriété physiologique reste intacte.... Les fibres nerveuses ne diffèrent que par
leurs fonctions, lesquelles dépendent des conditions centrales
et périphériques des diverses fibres.

dant à expulser la cause d'irritation qui agit sur cette membrane? Qu'est-ce que la toux plus ou moins répétée? Qu'est-ce que le vomissement? N'est-ce pas une suite de mouvements réflexes dont le résultat est de débarrasser les voies respiratoires ou l'estomac des corps qui les irritent, en un mot, de défendre ces parties? Enfin le cri, acte réflexe lui-même en bien des cas, n'est-il pas en quelque sorte un mouvement de conservation?

Que l'intégrité du corps entier ne soit pas toujours nécessaire à ces mouvements auxquels peut être apte chaque organe, c'est ce qui n'est pas moins avéré. On a remarqué sur beaucoup d'animaux que la décapitation augmentait la vivacité des mouvements réflexes. On connaît enfin l'expérience de Dugès. Il prenait un insecte auquel il enlevait successivement ses ganglions nerveux, et il constatait que le ganglion survivant n'en continuait pas moins à gouverner dans leurs parties respectives les mouvements accoutumés. Enlevait-il la tête et le prothorax : le tronc postérieur, resté appuyé sur ses pattes, résistait aux impressions par lesquelles on cherchait à le renverser, se relevait et reprenait son équilibre. Si l'on forçait cette résistance, on le sentait tressaillir de colère, il semblait le témoigner par la trépidation de ses ailes et de ses élytres. Sur le tronçon antérieur enlevait-on la tête, laissant dans ce tronçon le ganglion qui envoie des nerfs aux bras, aux pattes antérieures armées de puissants crochets : ce segment isolé vivait plus d'une heure, agitait ses pattes et enfonçait ses crochets dans les doigts de l'expérimentateur.

Mais nous savons que ce ne sont pas seulement les excitations actuelles qui provoquent ainsi des mouvements dans les organes ou les groupes d'organes. Les sensations qui se renouvellent spontanément peuvent elles-mêmes le faire, quoique avec moins d'énergie. Une peur imaginaire ou le vif souvenir d'un péril passé nous fait trembler d'effroi et même reculer, comme si un péril imminent nous menaçait en réalité. L'estomac, les intestins, les organes de la génération, peuvent réfléchir en mouvements les images aussi

bien que les sensations. Or nous savons qu'une des images
provocatrices peut être elle-même évoquée : 1° par une autre
image; 2° par une sensation; 3° par un mouvement [1]. Nous
comprenons dès lors combien doivent être multiples et
variées les impulsions que subit l'animal, quand son organisme et ses fonctions se sont déjà développés. Aux excitations qui provoquent ce mouvement dans l'organe même
qu'elles ont affecté, nous ajoutons d'abord celles qui de
proche en proche font mouvoir d'autres organes. A celles-
ci enfin succèdent les excitations qui naissent d'un état
général de l'individu, de l'ensemble des sensations, des
imaginations et des tendances entretenues ou renouvelées
par la vie de l'organisme tout entier. Mais ce dernier mode
d'action enveloppe les deux autres. Cette sympathie universelle des organes, cette promptitude avec laquelle tous
réunissent leurs efforts pour satisfaire les besoins sentis et
concourent à exécuter les mouvements imaginés, tout cela
n'est possible que si déjà ce mécanisme des mouvements
réflexes fonctionne régulièrement en chacun d'eux. C'est
par mouvement réflexe que la plupart des muscles se maintiennent constamment dans cet état de contraction qu'on
nomme le tonus. Or, « quand, sous l'influence de la volonté
ou par suite d'une irritation excito-motrice, ils entraînent
leurs points d'insertion les uns vers les autres, ils ne font
qu'*augmenter leur action normale*, de façon à triompher
des résistances que leur offrent, par des causes diverses,
les parties auxquelles ils s'insèrent ». On sait enfin que de
pareils mécanismes assurent l'attitude propre à chaque
espèce, la station, la locomotion, le vol chez les oiseaux, la
nage chez les poissons, sans parler des innombrables industries auxquelles tant d'espèces sont destinées par l'outillage
particulier que leur fournit l'agencement de leurs organes.
Aussi, quand l'animal, tourmenté par quelque désir, se

1. Cette apparente variété des causes qui peuvent par association évoquer une image n'a rien qui doive maintenant nous
étonner; nous savons que le mouvement et la sensation viennent d'une origine commune.

prépare à le satisfaire, cet état général est-il accompagné d'un certain nombre de besoins qui tendent à le pousser vers un même but. Les organes qui éprouvent ces besoins travaillent pour leur compte; et les sensations obscures qu'entretient chacune de ces actions se confondent dans le sentiment général de plaisir ou de douleur, de colère ou d'allégresse qui excitent les appétits de l'animal, doublent sa force et l'entraînent visiblement là où l'appelle l'image des plaisirs passés.

Ainsi se préparent, ainsi s'exécutent les mouvements de la vie animale proprement dite. Mais ces mouvements peuvent encore présenter plusieurs caractères dont nous sommes obligés de dire quelques mots.

1° Il faut distinguer les mouvements dont l'exécution est invariable : ce sont ceux qui dépendent de mécanismes invariables eux-mêmes. Tels sont les mouvements associés des muscles congénères et des muscles antagonistes, les mouvements de la succion, de la déglutition, des excrétions de l'intestin ou de la vessie, les mouvements respiratoires, les mouvements qui produisent l'éternuement, le vomissement et la toux, et enfin bon nombre de mouvements expressifs. Ces mouvements attestent des aptitudes qui, résultant immédiatement de l'organisation, n'ont pas, pour ainsi dire, deux manières de s'exercer.

2° D'autres mouvements, tout à fait semblables d'ailleurs, sont d'une exécution variable : ce sont ceux qui répondent à des excitations variables. Ainsi les mouvements par lesquels un organe ou l'organisme entier s'efforce soit de repousser, soit de fuir un danger soudain; ainsi les mouvements d'imitation; ainsi certains mouvements expressifs particuliers, propres à tel ou tel individu, ou se déployant accidentellement dans un concours de circonstances qui peut-être ne se reproduira pas; ainsi enfin, les mouvements imprévus de l'animal poussé par des besoins que des circonstances toujours changeantes éveillent en lui à des degrés nécessairement inégaux, dans des endroits, à des heures, dans des conditions qui jamais ne se retrouveront absolument les mêmes.

3° Mais des mouvements accidentels et variables peuvent en se répétant créer une habitude. Ce dernier phénomène a été trop étudié, trop décrit, trop expliqué pour que nous nous y arrêtions utilement. Montrons seulement en quelques mots comment il se rattache à tous les phénomènes précédemment étudiés. Ici, est-il besoin de le dire? nous n'entendons point par habitudes les actes que tout animal est nécessairement amené à exécuter, en vertu de son organisation et du milieu constant où il vit : nous voulons parler des actes auxquels tel ou tel animal devient apte par occasion et qu'il aurait parfaitement pu ne jamais connaître. Or ces aptitudes acquises exigent, disons-nous, une répétition plus ou moins fréquente des mêmes actes. Mais ceci a besoin d'explications.

L'habitude n'est pas un état nettement tranché. Il y a des degrés insensibles qui y conduisent. Certaines habitudes se contractent très vite, d'autres au contraire sont presque impossibles à établir : tel individu aura beau répéter cent fois une même action, il y restera toujours comme réfractaire. D'où cela vient-il? Dans le premier cas, ou bien l'acte devenu si promptement familier, après avoir été répété une fois ou deux, se rapprochait des actes nécessaires à la vie, communs à tous les individus de la même espèce, invariables chez eux tous : mais alors c'est à peine une habitude ; ou bien cet acte était comme préparé par des habitudes analogues qui s'étaient elles-mêmes fortifiées par de fréquentes répétitions, et alors c'est moins une habitude nouvelle qui s'établit qu'une habitude antérieure qui se continue avec de légères différences. Dans le second cas, l'acte inutilement répété est, sans nul doute, trop hostile à la nature de l'être, ou bien il se heurte à d'autres habitudes qui sont trop fortes et trop résistantes parce qu'elles sont trop invétérées. On sait que la mémoire est envisagée aujourd'hui comme une sorte d'habitude; or il est des choses que nous apprenons et retenons d'autant plus vite qu'elles rentrent plus aisément dans les catégories des connaissances qui nous sont devenues familières :

nous oublions très vite tout ce qui est sorti des habitudes de notre esprit, parce qu'alors notre mémoire, ramenée toujours vers ses objets accoutumés, se détourne par cela même insensiblement de ce qui n'est pas eux. En résumé, s'habituer à un acte en le répétant, c'est ce qui est tantôt inutile, tantôt très difficile ou même impossible à l'animal, parce que l'organisation de tout animal a, par cela seul qu'elle est organisation, des aptitudes natives parfaitement déterminées. Les actes qui s'en rapprochent le plus sont les plus faciles à exécuter pour l'animal, ceux auxquels il s'habitue le plus promptement. Ceux qui s'en éloignent un peu plus exigent un peu plus d'efforts, autrement dit, veulent plus souvent être répétés. Il y a donc incontestablement des degrés et des transitions insensibles entre la première nature et la seconde. Mais, quant aux habitudes proprement dites, il semble bien que ce soit la répétition des mêmes actes qui les établisse et les fortifie, si les habitudes antérieures qui rendent une habitude analogue plus aisée à contracter ont été elles-mêmes le résultat de répétitions.

Cette explication consacrée sera complètement vraie, croyons-nous, si nous ajoutons que nous pouvons souvent abréger la répétition, quand dans chacun des actes répétés nous sommes à même de dépenser plus de force et d'énergie et surtout de jouir nous-mêmes de cette énergie déployée. Plus nous faisons attention à ce que nous lisons, moins nous avons besoin de le relire pour être certains de le retenir, c'est-à-dire d'habituer notre mémoire à le retrouver. La répétition matérielle, cela va sans dire, ne signifie rien par elle-même. Autrement les machines et les corps inorganiques pourraient contracter des habitudes. Les répétitions ne valent qu'autant qu'elles multiplient pour l'activité spontanée de l'individu les occasions de s'exercer et de se sentir. Aussi l'être qui se sent plus clairement par la conscience réfléchie est-il à même de contracter très vite une habitude, une fois qu'il s'est rendu compte du surplus de perfection personnelle qu'elle lui apporte, et qu'il a déjà senti, pour ainsi dire, cette perfection naissante s'ébaucher en lui.

Mais tout ceci n'est-il pas l'équivalent de ce que nous avons déjà dit sous des formes différentes: plus une énergie s'exerce, plus elle se sent; et plus elle se sent, plus elle tend à s'exercer?

Il n'est pas besoin d'autre chose pour expliquer la *qualité* de nos habitudes et la divergence des vocations qui ne sont que des habitudes particulières plus aisément contractées et destinées par cela même à persévérer plus longtemps. L'activité d'un enfant ou d'un jeune homme prendra telle direction déterminée pour deux raisons : 1° son organisme, ou son organisme total ou son organisme sensoriel, le poussera à ce à quoi il le fait naturellement plus apte ; 2° le milieu, l'éducation, des exemples prolongés ou une sympathie soudainement éprouvée dans une circonstance qui contribue elle-même à la fixer, lui révèlent un mode d'activité comme plus facile et plus fécond en jouissances. Dans certaines années du collège, un bon maître détermine ainsi notre vocation, parce que, dans la science qu'il nous enseigne mieux que les autres, il nous fait voir plus de choses avec moins de peine; et l'espoir de continuer la jouissance qu'il nous a ainsi fait goûter nous entraîne quelquefois pour tout le reste de notre vie.

A ces lois objectera-t-on que, si la répétition augmente l'activité, elle émousse et affaiblit la sensibilité? Ici encore, une explication est nécessaire : il sera du reste aisé de voir que cette prétendue difficulté n'en est pas une.

La diversité des effets produits par la répétition sur la sensibilité et l'activité n'est qu'apparente. Si une force ne s'exerce pas, elle ne se sent pas, cela est tout clair; si elle s'exerce énergiquement, facilement, elle a plaisir à se sentir, elle jouit d'elle-même. De là une première phase dans laquelle le plaisir et l'activité vont croissant de concert l'un avec l'autre. Les premiers mouvements si gauches et si maladroits par lesquels nous débutons dans l'escrime, dans la danse et dans la musique nous sont pénibles : quand ils réussissent et que nous nous apercevons de nos progrès, il est incontestable que nous jouissons. Mais bientôt vient une seconde phase. Nous sentant peu à peu capables de faire plus et de faire mieux, nous tendons à faire plus et à faire mieux. Le plaisir de tout à l'heure ne peut plus être le terme de nos efforts, pas plus que le degré de force ou d'adresse où nous étions arrivés, car c'est tout un. Aspirant à de nouveaux progrès et à de nouvelles jouissances, nous ne nous contentons plus de ce qui nous suffisait précédemment. Nous y devenons même indifférents et insensibles. Ce n'est pas notre sensibilité générale qui est émoussée, c'est un plaisir particulier, déterminé, qui devient insuffisant. La sensibilité ne serait réellement affaiblie que si, d'efforts en efforts, nous en étions arrivés à surmener notre organisme et à l'épuiser en lui demandant sans merci trop de plaisir avec trop d'action.

Comment la répétition affaiblit-elle la douleur? De deux manières : ou parce que les actions deviennent moins pénibles, ou parce que, la difficulté continuant ou même augmentant, l'organisme devient de plus en plus incapable de la vaincre ; il cesse donc peu à peu de tendre à ces actions, il cesse de les désirer, il cesse de les imaginer, il y devient indifférent, insensible. Il n'y a donc en définitive rien à opposer à ce fait universel, que, dans les actes habituels comme dans tous les autres, le mouvement et la sensibilité sont solidaires, mais que la sensibilité est dépendante du mouvement plus que le mouvement ne dépend d'elle.

Les habitudes qui commencent sont particulières à l'individu qui les contracte. Mais c'est un fait des mieux constatés que les aptitudes développées par elles peuvent se transmettre par la génération, d'individu en individu. Si ce n'est qu'elles peuvent mieux dans certaines conditions s'affaiblir et disparaître, elles se confondent avec les autres aptitudes, elles étendent, augmentent et diversifient insensiblement la nature première; et ainsi s'accumulent d'âge en âge, dans les espèces vivantes, des besoins nouveaux, des tendances et aptitudes nouvelles, qui néanmoins obéissent toujours aux mêmes lois et reproduisent manifestement les mêmes caractères.

7

DEUXIÈME PARTIE

DE LA VIE ANIMALE DANS SES DÉTERMINATIONS PARTICULIÈRES

I

L'INSTINCT, SYNTHÈSE DES PHÉNOMÈNES ÉTUDIÉS

Tous les savants, physiologistes et philosophes, sont en quelque sorte convenus d'appeler du nom d'instinct un principe d'action sur la nature duquel ils ne sont en vérité guère d'accord, mais dont ils reconnaissent néanmoins l'existence dans tous les animaux proprement dits. Nous voulons écarter soigneusement toute question de mots, c'est-à-dire éviter de nous contenter d'expressions plus ou moins vagues pour expliquer les faits; nous chercherons au contraire à nous servir de l'examen et de la connaissance des faits pour expliquer les mots. Par conséquent, nous réduirons provisoirement le sens du mot instinct à son minimum : nous lui donnerons la signification que tout le monde sans exception peut s'accorder à lui donner. Nous dirons d'abord : l'instinct, c'est ce qui pousse l'animal à faire ce qui lui est nécessaire pour vivre. Une pareille proposition n'engage à rien, elle laisse intacte toute question prêtant à la controverse, et elle est, croyons-nous, entièrement conforme à la manière dont la langue et les usages entendent le mot.

Ceci posé, n'est-il pas évident que les phénomènes dont nous venons de donner la description font tout au moins partie de ce qui pousse l'animal à accomplir ce qui lui est nécessaire pour vivre? Chercher le plaisir, fuir la douleur, satisfaire ses besoins et ses désirs en se laissant émouvoir non seulement par le plaisir et la douleur, mais par toute image qui recommence la sensation agréable ou doulou-reuse et la laisse plus ou moins inachevée; se complaire dans la continuité ou la reprise des mouvements par les-quels la vie de chaque organe s'entretient, s'affermit, se renouvelle et se sent; agir enfin d'autant plus qu'on se sent davantage, et répéter de plus en plus les mouvements où une cause quelconque a fait que la sensation pouvait s'ac-croître avec la facilité du mouvement : qu'on y réfléchisse, n'est-ce pas là ce que doit véritablement rechercher tout animal? N'est-ce pas là ce qui doit le pousser à agir? Tout cela n'est-il pas compris dans l'instinct? Ce mot peut donc légitimement nous servir à exprimer la synthèse de ces diverses propriétés ou facultés de l'être vivant, et cette synthèse n'a rien de forcé, rien d'artificiel, puisque nous avons reconnu qu'il y avait là autant d'éléments insépara-bles les uns des autres.

Ainsi l'instinct n'est pas pour nous un principe mysté-rieux, une cause occulte, un phénomène irréductible. Sous le nom d'instinct, nous entendons l'ensemble des besoins et des désirs qui, par les sensations et les images dont ils sont inséparables, imposent à tout animal des mouvements, les uns constants et invariables, les autres accidentels, les autres enfin habituels, suivant les exigences de son orga-nisme et les facilités que lui procurent les circonstances de toute sorte au milieu desquelles s'accomplit son existence. Qu'avons-nous à faire maintenant pour expliquer la prodi-gieuse diversité des actions des animaux? Nous avons à nous demander comment varie chacun de ces éléments. Nous étudierons ainsi la vie animale dans ses détermina-tions particulières.

II

LES INSTINCTS, LEURS CONDITIONS

Après avoir indiqué ce qui constitue l'instinct en général, nous devons voir comment se forment les instincts particuliers et spéciaux. Les résultats auxquels pourra aboutir cette nouvelle étude seront à la fois la suite et la confirmation de ce que nous pensons avoir établi jusqu'ici.

Nous savons qu'étant donnée la nature d'un organe on a par là même la nature du mouvement qui lui est propre, mouvement dont la continuation constitue sa vie. Ce mode de mouvement, c'est là son besoin, c'est là son désir périodiquement renouvelé, c'est là sa tendance constante; c'est là ce qui le fait jouir ou souffrir; c'est là le mode de plaisir et d'activité qu'il recherche quand il en est momentanément privé; c'est là ce que facilitent ou contrarient particulièrement en lui les influences extérieures auxquelles il est accessible; c'est là enfin l'énergie qui, capable de varier ses manifestations et de la proportionner aux circonstances, peut lui faire contracter insensiblement des habitudes.

Or les divers organes qui composent le corps d'un animal doivent nécessairement s'accorder et concourir à la satisfaction mutuelle de ces besoins, de ces désirs,... autrement il est clair que la vie du tout serait impossible. L'instinct d'un animal doit donc être la résultante des instincts propres à chacun des organes, car chacun des organes concourt avec tous les autres à faciliter la vie de l'organisation entière. Cette proposition peut être déduite immédiatement de ce qui nous a semblé acquis sur la nature de la sensation et du mouvement animal. Mais l'observation des animaux peut en fournir une éclatante confirmation.

Qu'on nous permette de rappeler qu'une thèse de doctorat sur l'instinct, soutenue le 10 décembre 1869, en Sor-

bonne [1], s'appliquait à établir par des exemples comment
se subdivisaient les causes déterminantes des instincts.

Elle cherchait à montrer comment les organes d'action,
les organes sensoriels, les organes de la vie végétative présentent d'un bout à l'autre du règne animal des accommodations spéciales, s'accordant presque toujours très visiblement avec le genre de vie propre à l'espèce et à la nature
de son industrie. Elle indiquait ensuite comment la nature
du milieu dans lequel se passe la vie de l'animal fait coïn-
cider avec ces impulsions de l'organisme toute une série
d'excitations merveilleusement appropriées; et comment
même, à la périodicité des besoins nés du jeu intérieur
de la vie, répond la périodicité des influences extérieures :
cela est particulièrement visible dans les phénomènes qui
se rapportent au rapprochement des deux sexes, aux mi-
grations des poissons et des oiseaux.

Par exemple, prenant pour terme de comparaison la
main de l'homme, organe en quelque sorte géométrique,
débile outil pour la seule force physique, admirable instrument pour une intelligence cultivée, l'auteur de cette thèse
essayait d'en suivre les formes variées dans les espèces animales : chez le singe arboricole, crochet préhenseur ; chez
les poissons, nageoires ; chez les oiseaux, ailes et pattes,
celles-ci variant d'ailleurs à l'infini, tantôt grêles et longues, comme chez les échassiers qui marchent à gué dans
les ruisseaux, tantôt palmées, comme chez les oiseaux aquatiques, qui s'en servent en guise de nageoires, tantôt robustes
et tout armées d'ongles crochus ; chez la taupe, pelle à
fouir ; chez les castors, truelle; chez les insectes, organe à
six parties qui se décomposent elles-mêmes en fragments
offrant toute une variété de brosses, de houppes, de tire-
bourre, de pelotes élastiques, de ventouses, de serres, de
pinces et de corbeilles, chacune de ces différentes espèces
étant toujours adaptée aux occupations qui remplissent

---

1. *L'Instinct, ses rapports avec la vie et avec l'intelligence,* par
Henri Joly. 2ᵉ édition, 1873, 1 v. in-8.

la vie de l'animal. Semblable travail peut être poursuivi sur les autres organes de locomotion ou de préhension des animaux, notamment sur les becs, y compris la largeur des dents et même des queues, les trompes, les mandibules, les tentacules; dans chaque espèce, l'organisation montre un mécanisme agencé pour des fins déterminées. Et si l'on compare des animaux assez voisins les uns des autres, on voit qu'étant donnés des animaux d'un même groupe et doués d'une organisation commune, il suffit à la nature d'une addition ou d'une modification quelquefois imperceptible pour approprier l'ensemble des organes à des industries toutes nouvelles, à des travaux tout différents.

Qu'on examine maintenant la nature des organes sensoriels qui servent à diriger l'emploi de ces organes d'action, on remarquera que les sensations procurées à l'animal par des organes d'une extrême complication dépassent incomparablement les nôtres, soit en vivacité, soit en étendue, soit en délicatesse, et souvent même en diffèrent non pas seulement en degré, mais en nature. L'organisation, la position d'un même sens et ses rapports avec les autres organes et ses fonctions varient avec les espèces et les instincts. Il y a toujours chez tout animal un sens qui prédomine : la vue chez les oiseaux, l'odorat chez les carnassiers, la sensibilité tactile chez certaines familles; et c'est toujours le sens qui peut le mieux favoriser l'usage des organes locomoteurs et préhenseurs. Enfin, un sens, quel qu'il soit, donne toujours à l'animal les sensations qui lui sont utiles : il le laisse étranger à toutes les autres.

Ainsi tout animal a des moyens d'action particuliers : il est accessible à des sensations qu'on peut dire spéciales; les besoins périodiquement renaissants de son organisme tout entier le forcent à employer les premiers et à se laisser guider, repousser ou attirer par les autres. Ajoutez à cela les sollicitations variables que les circonstances du dehors peuvent exercer sur lui et auxquelles il est prêt à céder docilement quand son organisme s'en accommode aussitôt ou peut s'y plier par d'insensibles habitudes, on sera bien près d'avoir toutes les causes déterminantes des instincts des animaux.

Mais toutes ces actions dont l'accomplissement implique et des besoins intérieurs et des sensations externes senties par l'individu, toutes ces actions entretiennent un certain nombre de manières d'être, qu'on peut appeler par analogie affections, sentiments, passions : ces manières d'être de la sensibilité sont nécessairement d'accord avec les actions qu'elles accompagnent, et les développements en sont liés aux mêmes conditions organiques.

Telles étaient les principales propositions que s'efforçait de démontrer l'auteur du livre de l'*Instinct*, empruntant aux naturalistes de l'autorité la plus incontestable les faits qui lui semblaient capables de les prouver. Dans un article de la *Revue des Deux Mondes* du 1er mars 1870, intitulé *Les conditions de la vie chez les êtres organisés*, M. Blanchard, professeur au Muséum et membre de l'Académie des Sciences, soutenait à peu près la même thèse et l'appuyait de faits nouveaux.

Il y a en Afrique un animal qui semble tenir à la fois de l'écureuil, du sanglier et du makis : on l'appelle l'aye-aye. « Les deux pieds de devant, qui ressemblent un peu à la main des singes, ont des doigts assez épais et garnis de poils; un seul de ces doigts, celui du milieu, nu, grêle, est doué de la faculté de se relever et d'agir d'une manière indépendante des autres. Cet animal se nourrit d'insectes vivant dans les arbres. Souvent les arbres sont fissurés, et il est possible d'atteindre les larves qui les rongent et de les arracher à leurs retraites; mais les fissures étant étroites ne donnent passage qu'à un instrument bien mince. Pour l'aye-aye, l'instrument est son doigt grêle..... » Qu'est-ce qui apprendra à l'animal à se servir avec succès d'un tel instrument? Le savant académicien nous le dit : « L'aye-aye a des yeux dont la pupille, extrêmement dilatable, donne largement accès à la pâle lumière du crépuscule ou de la lune et lui permet d'errer la nuit au milieu des forêts sans la moindre difficulté. Il a des oreilles qui dénotent une grande finesse de l'ouïe, et, à n'en pas douter, il distingue le bruit léger d'une larve occupée à ronger le bois. Doué d'un odorat subtil, il peut s'assurer de la qualité de ses aliments », etc. Cet exemple peut passer pour caractéristique, parce qu'il s'agit là, on le voit, d'un animal en quelque sorte paradoxal, qui tient de plusieurs espèces différentes et dont l'organisation semble, au premier abord, dénuée d'homogénéité. On voit cependant combien d'organes et de fonctions viennent concourir à l'utile emploi de la pièce maitresse de l'organisme, c'est-à-dire du doigt qui sert à l'animal à trouver sa nourriture.

Comme l'auteur de la thèse précitée, M. Blanchard croit que les moindres modifications des organes des animaux ont une conséquence directe sur leurs instincts. « Une des choses les plus admirables de la nature, dit-il, c'est l'extrême diversité obtenue d'un fond commun. Les espèces d'une infinité de groupes naturels, offrant des dissemblances plus ou moins grandes dans leur genre de vie, se font remarquer par des particularités très apparentes, mais d'ordre secondaire, qui leur donnent des aptitudes nécessaires à des conditions d'existence déterminées. Des espèces de groupes tout à fait distincts peuvent donc se ressembler par des traits superficiels, signes certains d'appropriations, soit à un régime, soit à des habitudes analogues. Ainsi on trouve chez un insecte des particularités de conformation, des habitudes, des instincts si analogues à ceux de la taupe, que cet insecte, d'après le sentiment populaire, a été appelé la taupe-grillon. Il a un corps presque cylindrique, des pattes antérieures refoulées vers la tête, avec les jambes prodigieusement larges et garnies de fortes dentelures, de façon à prendre une sorte de ressemblance avec les pieds de la taupe. Les jambes de la taupe-grillon et les pieds de la taupe sont des organes d'une nature absolument différente, ayant reçu une appropriation absolument identique. »

Plus récemment enfin, M. Ch. Lévêque, dans des vues supérieures de métaphysique, passait en revue les *Harmonies providentielles*. Deux chapitres de son livre sont

consacrés à faire ressortir ces harmonies de l'organisme
animal : harmonie des organes de mouvement avec le milieu,
soit avec le milieu absolu, soit avec le milieu relatif ou
secondaire; harmonie des mêmes organes avec le genre de
nourriture de l'animal, avec les conditions dans lesquelles
naît et se développe sa famille; harmonie des organes
des sens avec la locomotion et le lieu où elle s'exécute.
L'abondance des détails, le choix heureux des exemples,
l'élégante précision du style, enfin la vérité et la vivacité
des peintures ont fait de ces pages un tableau achevé et
une démonstration définitive. Aussi croyons-nous inutile
de revenir sur ces vérités; elles sont acquises à la science.
Les développer avec de nouveaux exemples et de nouvelles réflexions serait désormais bien difficile.

Ajoutons cependant quelques observations générales.

Cette tendance des organismes animaux à produire des
formes indéfiniment variées et à douer chacune d'elles de
moyens spéciaux d'existence paraît bien être une nécessité
de la nature. La concurrence vitale ou lutte pour l'existence
peut certainement ne pas produire dans l'univers tous les
effets que lui attribue Darwin : elle n'en est pas moins
un fait incontestable, et l'homme lui-même y est soumis.
Mais comment l'homme en danger en affaiblit-il les incon-
vénients? Par la science et surtout par l'association. Il faut
même remarquer ce signe caractéristique de la supériorité
de notre espèce. Plus les hommes des différentes parties du
globe atténuent les diversités qui les séparent et développent les facultés par lesquelles ils se ressemblent, plus ils
augmentent mutuellement leurs forces productives et tout
au moins la quantité des choses utiles à la vie. Par l'isolement, par l'exagération de leurs caractères, les peuples
s'appauvrissent : ils s'enrichissent par la fréquence des rapprochements et la multiplicité des échanges. On en comprend la raison : ces rapprochements et ces échanges ne
stimulent pas seulement l'énergie individuelle, ils activent
prodigieusement le développement de la science, dont la
puissance est en quelque sorte infinie.

Chez les animaux proprement dits, c'est une loi exactement inverse qui assure la vie des espèces. Parmi eux, la concurrence vitale est d'autant mieux supportée qu'ils ont des besoins et des goûts plus distincts, et que, par exemple, ils ne recherchent pas les mêmes subsistances. Il est sans doute des espèces qui vivent en société : ce sont celles qui sont sûres de trouver toujours une nourriture abondante et facile à recueillir ; car c'est ici une loi dont l'importance, en sociologie comparée, est capitale : les animaux ne s'associent uniquement que pour consommer, tandis que les hommes s'associent pour produire. Aussi, en général, les espèces sont-elles d'autant plus assurées de l'avenir qu'elles divergent davantage. Parmi les oiseaux, les uns se nourrissent de bêtes vivantes, les autres de bêtes mortes, ceux-ci d'insectes, ceux-là de poissons : les mêmes graines ne plaisent pas à tous, chaque espèce de plantes nourrit un insecte particulier. Nous ne voyons pas, au premier abord, qu'il puisse y avoir beaucoup de différences entre les chenilles ; et cependant on sait qu'elles peuvent se ranger en un certain nombre de groupes, vivant chacun sur une plante ou sur un arbre où ils ne rencontrent point la concurrence des autres. Ainsi le chou, l'ortie, le rosier, le mûrier, le peuplier, le chêne, le saule ont chacun leur espèce à eux, qu'ils logent et nourrissent à leurs dépens. Mais ces diversités dans les besoins, dans les goûts, dans le mode de nourriture, entraînent forcément des divergences plus ou moins grandes dans les organes, et par là encore nous revenons à cette double vérité, que tout organisme animal a des aptitudes spéciales, et que l'ensemble entier de l'organisme concourt par d'harmonieuses adaptations à consolider ces aptitudes.

Le chef de la théorie transformiste a su tirer parti de ces faits, et il a essayé fort habilement de les faire servir au succès de sa théorie. Il a cru pouvoir s'appuyer sur eux pour formuler les lois suivantes :

« Les espèces les plus nombreuses en individus et les espèces les plus répandues dans leurs contrées natales sont celles qui donnent le plus souvent naissance à des variétés qui sont comme des espèces naissantes;... car plus les êtres organisés diffèrent par leur structure, leur constitution, leurs habitudes, plus est grand le nombre de ceux qui peuvent vivre dans la même région,... plus les descendants d'une même espèce se diversifieront, plus ils auront chance de l'emporter sur leurs rivaux dans la bataille de la vie. » (*Origine des espèces*, chap. IV.) En d'autres termes, la plus grande diversification possible d'organisation permet la plus grande somme de vie possible. Et c'est là d'ailleurs une loi commune à tous les organismes, aux végétaux comme aux animaux. Les plantes qui vivent dans un espace de terre donné y vivront d'autant plus longtemps et d'autant mieux qu'elles différeront davantage.

Comment cette variation commence-t-elle, selon Darwin et son école? Par le développement d'un caractère utile, autrement dit d'une particularité organique quelconque, donnant à l'animal une arme de plus pour nuire à ses rivaux ou pour accaparer à leur détriment la proie devenue trop rare. Mais, en second lieu, si l'on augmente une particularité quelconque de l'organisation d'un animal, il en résultera nécessairement qu'on modifiera d'autres parties de l'organisme.

« L'organisation tout entière forme un tout dont les parties sont en relations mutuelles si étroites pendant leurs diverses phases de croissance et de développement que, lorsque des variations légères affectent accidentellement un organe quelconque et s'accumulent par sélection naturelle, d'autres organes se modifient peu à peu, par une conséquence nécessaire. C'est cette loi de variations simultanées que j'entends exprimer par les termes de *corrélation de croissance*. »

Ainsi, cette adaptation nécessaire de toutes les parties de l'organisme que Cuvier avait établie dans sa fameuse loi des conditions d'existence, Darwin la reconnaît sous un nom très peu différent. « Les conditions d'existence, dit-il, sur lesquelles a tant insisté l'illustre Cuvier, sont pleinement comprises dans la loi de sélection naturelle, puisque cette loi agit toujours, soit par des adaptations actuelles des parties variables de chaque être à ses conditions de vie organique ou inorganique, soit par des adaptations depuis long-temps effectuées pendant quelqu'une des longues périodes géologiques écoulées. Il suit de là qu'en fait la loi des conditions d'existence est la loi suprême, et qu'elle comprend, au moyen de l'hérédité des adaptations antérieures, celle d'*unité de type* [1]. »

Il n'est pas difficile de séparer ici la théorie encore hypothétique et les faits, faits sur lesquels Darwin et Cuvier sont d'accord.

La diversité des organismes a-t-elle été établie une fois pour toutes, ou n'est-elle que le résultat de perpétuels changements qui ébranlent à chaque instant le règne végétal et le règne animal? De même, les adaptations mutuelles des différentes parties de l'organisme correspondent-elles à un plan éternel, réalisé d'un seul coup, ou bien sont-ce vraiment des corrélations de croissance et de variation qui les établissent? On voit, soit dit en passant, que cette alternative n'a rien de bien redoutable pour la philosophie spiritualiste. Dans tous les cas, nous pouvons poser comme des nécessités de la nature, comme des lois, que les espèces animales vivent et se développent :

1° Par la divergence des caractères et la spécialité des aptitudes;

2° Par la convergence, dans chacune d'elles, de toutes les parties de l'organisme vers un but commun, contribuant toutes ainsi à rendre plus sûr et plus facile le genre de vie propre à l'animal.

Mais il ne suffit pas de poser ces lois, il faut en saisir les conséquences dans les déterminations de la vie animale. Ces conséquences, nous chercherons à les montrer : 1° dans ce qu'on peut appeler le caractère ou le naturel des animaux; 2° dans leur industrie et spécialement dans l'architecture de leurs abris.

---

1. Darwin, *Origine des espèces*, ch. VI.

III

DU NATUREL DES ANIMAUX

Nous ne nous arrêterons pas à expliquer en quoi diffère le naturel des animaux à sang chaud de celui des animaux à sang froid, celui des carnivores et celui des herbivores. Mais ce qui est beaucoup plus intéressant, quoique moins connu peut-être, c'est l'influence qu'exerce sur le caractère des animaux la prédominance d'un sens particulier. Ajoutons d'ailleurs que cette prédominance est toujours en harmonie avec l'ensemble de l'organisation de l'espèce. Ainsi les animaux dont la vue est très développée sont généralement ceux qui sont rapides à la poursuite; ceux qui ont l'ouïe meilleure que la vue sont plutôt prompts à la fuite et peureux [1].

La timidité du lièvre est aussi proverbiale que la longueur de ses oreilles. Nul rongeur n'a l'ouïe aussi parfaite; son odorat est faible et sa vue médiocre, et nul animal n'est plus peureux.

Les muriformes ou cténomidés ont bonne ouïe et mauvaise vue, ce sont des animaux « craintifs et lâches » pour la plupart.

Parmi les rongeurs, les cavidés et particulièrement les agoutis sont encore dénommés « peureux » par les naturalistes, et chez eux l'ouïe est plus développée que la vue. C'est là aussi, en général, le cas des ruminants : « Les ruminants sont timides à l'excès et presque tous farouches... Ils sont protégés par la perfection de l'ouïe et la rapidité de leurs mouvements. » Dans les ruminants, le

---

1. Chacune des assertions qu'on trouvera dans ce chapitre s'appuie sur l'autorité de Brehm, qui n'a observé et n'a parlé qu'en naturaliste et sans le moindre parti pris; nous avons reproduit le plus souvent ses propres expressions. (Brehm, *la Vie des Animaux*, J.-B. Baillière.)

cerf, qui a l'odorat très délicat et l'ouïe très fine, a la vue faible : on nous dit qu'il fuit au moindre bruit, ou dès qu'il sent la piste d'un homme. Chez les pachydermes, le tapir a de petits yeux, la vue très imparfaite : on nous décrit sa marche lente et prudente, ses oreilles sans cesse en mouvement : il s'arrête aussitôt que son ouïe, son odorat, qui sont les plus développés de ses sens, lui font soupçonner le moindre danger. Ainsi en est-il des suidés, dont les yeux ont une faible portée et dont la plupart sont craintifs.

Chez plusieurs animaux faibles, la vue, si elle est bonne, atténue la tendance à la timidité que pourrait leur imprimer la finesse de leur ouïe; évidemment le danger les surprend moins. Ainsi le chevreuil, si voisin du cerf et qui a tant d'habitudes semblables aux siennes, a meilleure vue que lui, tout en ayant l'ouïe et l'odorat aussi parfaits. On peut en dire autant d'une autre bête, peu différente de l'une et de l'autre : le rusa à crinière. Or, pour ces derniers animaux, les épithètes changent. On les qualifie de « prudents et de viligants » ou bien de « méfiants et de rusés ».

Le capricorne saga et la gazelle font l'un et l'autre partie des antilopidés; mais le premier a l'ouïe et l'odorat très fins et la vue mauvaise : il est très peureux et prompt à s'enfuir. Quant à la seconde, « tous ses sens, l'ouïe, la vue, l'odorat, sont très développés »; or les observateurs ont constaté qu'elle est « prudente, rusée même.... : on ne peut dire qu'elle soit timide; elle est plutôt prudente et évite ce qui pourrait lui être dangereux ».

Les oiseaux, en général, ont bonne vue; c'est une faculté nécessairement liée à la puissance du vol : l'une est toujours en proportion de l'autre. Ils sont donc généralement prudents et se laissent difficilement prendre. L'autruche, un des animaux les plus stupides qui existent, a une vue dont la portée s'étend à près de deux lieues. La seule qualité que les observateurs les plus compétents lui aient reconnue, c'est la méfiance, quoique l'imperfection de son odorat et surtout de son goût lui fasse avaler indifféremment tout ce qui brille. Les hiboux, qui ont une ouïe très délicate, sont craintifs; mais ils ne voient bien que la nuit et à une courte distance. Aussi dit-on qu'ils manquent de prudence. Les pies-grièches, les rossignols, les grives, ont à la fois bon œil et bonne ouïe. Ils sont déclarés « prudents ».

On a vu plus haut combien la faiblesse de la vue rend timides la plus grande partie des rongeurs. Mais voici parmi eux les muridés, qui ont tous les sens assez développés; et chez eux l'ouïe et l'odorat atteignent un certain degré de perfection; la queue même est, à son extrémité, garnie de poils dont la sensibilité paraît être aussi fine que celle des barbes ou tentacules de bon nombre d'autres espèces animales. De plus, ils sont lestes et agiles; ils courent, sautent, grimpent et même nagent à merveille; ils passent par les ouvertures les plus étroites, se frayent un passage avec leurs dents, et enfin leurs habitudes nocturnes les mettent à l'abri des poursuites auxquelles les rongeurs diurnes sont exposés. Ils seront donc « prudents ». La délicatesse de leur ouïe, de leur odorat, les avertit de trop loin pour qu'ils ne sachent pas pressentir à temps le danger. Mais, grâce à leurs ressources de toute espèce, ils seront, à l'inverse des rongeurs les plus voisins, « hardis, imprudents, rusés et courageux ».

Par une loi de compensation tout à fait analogue, quand un animal est très fort, une mauvaise vue ne le rend pas précisément peureux, mais elle le rend furieux et rageur. C'est ce que les naturalistes nous disent des buffles et des bisons d'Amérique, que les poils épais dont leur tête est couverte empêchent de voir; des obèses, et particulièrement du rhinocéros. Si cependant la force de l'animal est telle, qu'il craigne peu d'ennemis, ce penchant à la colère fait de nouveau place à la prudence et à la vigilance. Tel est le cas de l'éléphant, dont les sens en général sont très subtils, l'ouïe surtout, mais dont la vue est faible; c'est aussi celui du sanglier, qui, moins fort sans doute, est cependant bien connu pour sa vigueur et son impétuosité. Il entend et flaire très bien, mais voit mal. C'est une bête

« prudente et vigilante ». Le pécari, proche parent du sanglier, a la vue également mauvaise et ne possède pas les
mêmes armes; d'ailleurs ses sens, en général, paraissent
peu développés. Aussi est-il toujours furieux et s'élance-
t-il avec impétuosité au-devant du danger, non qu'il le
brave avec courage, mais parce que ses sens ne lui donnent
pas ces avertissements préventifs qui alarment en temps
voulu l'imagination de tant d'autres espèces.

Nous voyons déjà dans la loi de distribution des sens de
l'animal l'origine d'un certain nombre de défauts et de qualités : audace ou timidité, prudence ou imprudence, dou-
ceur ou colère, défiance, ruse, etc. Qu'est-ce qu'un animal
rusé? C'est un animal que ses sens avertissent à temps, qui
s'arrête donc aussitôt que le danger se fait sentir, avant
que ce danger, au jugement même de l'homme, soit devenu menaçant et imminent, qui s'avance quand la sensation désagréable s'affaiblit, recule quand elle augmente de
nouveau, et ainsi de suite. Si la délicatesse du sens est
assez grande, le système nerveux centralisateur assez riche,
la vie de l'animal assez active pour que les sensations
varient et persistent, s'associent entre elles et tendent promptement à reparaître à la moindre excitation, la ruse peut
alors être portée à son comble.

Sans vouloir entamer prématurément aucune discussion
sur les facultés des animaux, qu'appelle-t-on le plus souvent intelligence quand il s'agit d'eux? N'est-ce pas précisément la présence ou l'absence de cette ruse qui leur permet de surprendre leur proie et de n'être pas eux-mêmes
surpris par leur ennemi? Eh bien, cherchons encore chez
les naturalistes qui ont observé sans parti pris. Voyons
quels sont ceux qu'ils se plaisent à nommer intelligents ou
stupides, et quels sont les sens les plus développés chez
les uns et chez les autres.

On sait que, dans la nature humaine, les sens les plus
intelligents ou ceux qui fournissent le plus de matériaux à
la vie intellectuelle sont la vue et le toucher. Les fonctions
du tact paraissent exiger chez l'homme un véritable travail

de l'esprit : l'homme, d'ailleurs, ne touche et ne connaît avec la main qu'autant qu'il le veut : les mouvements de la main supposent autant d'interrogations que l'homme se pose à lui-même pour s'expliquer la nature des objets sur lesquels elle se promène. Chez l'idiot, nul sens n'est plus altéré que celui-là : les yeux eux-mêmes ne révèlent pas l'imbécillité plus que l'attitude de la main. Chez l'animal, nous avons déjà vu que la main devient un organe de locomotion ou de préhension brutale, une arme ou un outil ; quant aux organes particuliers du toucher qu'on attribue à beaucoup d'espèces, antennes, barbes, tentacules, il est connu que les sensations qu'ils procurent sont analogues aux sensations indécomposables et confuses de notre toucher passif : en bien des cas même, les physiologistes discutent pour savoir si ces organes ne sont pas des organes d'odorat, ou plutôt encore s'ils ne sont pas faits pour éprouver des impressions toutes spéciales dont nos sens ne peuvent nous donner une idée. Tout cela nous prépare bien à comprendre comment des animaux auxquels on attribue un toucher délicat et une vue excellente sont cependant déclarés stupides. Qu'on parcoure, comme nous l'avons fait, les descriptions des naturalistes, et l'on verra que le sens dont la présence ou l'absence, le développement ou l'imperfection attirent le plus généralement les épithètes d'intelligents ou de stupides, c'est l'odorat.

Les cétacés sont tous de puissants animaux ; mais c'est à peine si l'odorat existe chez eux, puisqu'on ne leur a pas encore trouvé de nerfs olfactifs : et l'on s'accorde à les déclarer stupides. Prenons en particulier les baleines. « Si elles étaient, dit un savant, aussi intelligentes qu'elles sont fortes et grandes, pas un canot, pas un navire ne pourrait leur résister ; elles seraient les véritables reines de l'Océan. » Elles ont la vue assez développée, dans l'eau du moins ; leur toucher l'est encore davantage. Quand le temps est tranquille, un léger ébranlement de l'eau les rend attentives et leur fait prendre la fuite. Elles pressentent les changements de temps, se montrent très inquiètes à l'approche de l'orage et frappent fortement les flots. Mais l'odorat leur manque. Voyons maintenant leurs facultés psychologiques. « Quant à leur intelligence, elle est à peu près nulle.... Ce sont des animaux stupides et lâches. » Observons en passant qu'ils n'éprouvent aucune · difficulté pour se nourrir; qu'il leur suffit, en quelque sorte, d'ouvrir la bouche pour engloutir, avec des masses d'eau, poissons, crustacés, mollusques et annélides.

Voici un autre animal qui a, dit-on, le toucher assez délicat, l'ouïe relativement très développée, mais la vue moins bonne et enfin surtout l'odorat mauvais. C'est le chameau. Or, nous dit le même naturaliste, qui paraît l'avoir beaucoup fréquenté, beaucoup étudié, il faut le considérer comme un animal stupide. Rien, ajoute Brehm, ne vient témoigner en faveur de son intelligence. « Bêtise, méchanceté, paresse, stupidité, mauvaise humeur continuelle, entêtement et obstination, répugnance à toute chose raisonnable, haine ou indifférence envers son gardien et son bienfaiteur, et mille autres défauts encore qu'on leur remarque, tous portés à leur maximum. » Voilà le lot du chameau, pour un savant voyageur qui affirme en avoir étudié des milliers. La seule qualité qu'on lui reconnaisse est la sobriété; il mange peu, il mange le fourrage le plus mauvais, les plantes les plus desséchées, les épines les plus hérissées, il reste très longtemps sans boire. Ce serait triste à dire, s'il ne s'agissait pas d'un animal : mais cette unique *qualité* est précisément chez lui la cause de tous ses défauts, car l'homme n'a aucun moyen de se l'attacher, dépourvu qu'il est de toute action sur ses appétits; d'autre part, on conçoit qu'un animal aussi sobre soit dépourvu de goût et d'odorat, d'où son indifférence pour ce qui l'entoure. Pour des raisons différentes, les cétacés et les chameaux se nourrissent très aisément. Cette faculté entraîne, on le voit, des conséquences identiques chez les uns et chez les autres.

C'est en conséquence des mêmes lois que les animaux de proie sont déclarés intelligents. Prenons au contraire les hirondinés; on connaît leur vol léger, rapide, aisé, sou-

tenu, gracieux ; leur vue est très perçante, leur goût et leur
odorat presque nuls. Ils sont très voraces, mangent également les insectes, les baies et les fruits, mais ils prennent
aisément leur proie. Or leur intelligence est dite « médiocre » ; « quelques-uns sont prudents, la plupart sont à
ranger parmi les animaux les plus stupides ».

Montons à des espèces mieux douées, par exemple aux
chevaux à demi sauvages qui vivent dans l'Amérique du
Sud. « Leur ouïe est très fine ; la nuit, les mouvements de
leurs oreilles montrent qu'ils perçoivent le moindre bruit
qui échappe complètement au cavalier. Leur vue est assez
faible, comme celle de tous les chevaux ; mais leur vie en
liberté les habitue à reconnaître les objets de loin. Leur odorat leur fait distinguer ce qui les entoure. Ils flairent tout
ce qui leur paraît étranger. C'est par l'odorat qu'ils reconnaissent leur cavalier, qu'ils savent discerner les endroits
secs dans les marais, qu'au milieu de la nuit et du brouil-
lard ils retrouvent leur chemin. Lorsque quelque chose les
effraye, on les calme en les faisant flairer ; leur odorat, à
vrai dire, ne peut s'exercer à une très grande distance ; j'ai
rarement vu un cheval sentir un jaguar à cinquante pas,
même moins encore ; aussi au Paraguay sont-ils souvent la
proie de ce carnassier. » Il y a donc, dans les sens de cet
animal, comme un mélange de qualités et de défauts, auxquels correspondent assez exactement des avantages et des
imperfections de naturel ; mais, si l'on ajoute que cet animal a une mémoire surprenante (car il en est qui font seuls
jusqu'à quatre-vingts lieues pour retrouver leur pâturage
accoutumé), c'est-à-dire que les impressions des sens persistent chez lui fort longtemps ou se renouvellent avec aisance
et promptitude, on devinera sans peine le parti que l'homme peut en tirer par l'éducation. On voit aussi ce que peut
donner le sens de l'odorat quand il est plus parfait encore,
comme chez les carnassiers, particulièrement chez les
chiens.

D'autres circonstances encore paraissent influer sur le
plus ou moins de ruse, de prudence et, pour employer le

mot consacré, d'intelligence chez les bêtes : ce sont les
habitudes diurnes ou nocturnes. L'animal nocturne a la vie
plus facile, il rencontre moins de dangers. Ses sensations
se renouvellent donc beaucoup moins, et son imagination
travaille peu. Les fouisseurs, pas plus que les autres éden-
tés, ne passent pour des animaux intelligents. Parmi eux
cependant, les tatous et les fourmiliers, qui sont nocturnes,
sont beaucoup plus stupides que les tamanoirs, qui sont
diurnes. Demandons un exemple analogue aux oiseaux.
« Les engoulevents, dit Brehm, plus lents et plus lourds
que les hirondelles, sont aussi moins intelligents qu'elles.
Ils sont par rapport à celles-ci ce que sont les hiboux par
rapport aux faucons. Il est vrai, ajoute le même naturaliste, que dans leur vie nocturne les occasions de développer
leur intelligence leur font défaut et qu'ils trouvent très
rarement à l'exercer à l'égard de l'homme, l'ennemi-né de
tous les animaux. » Mais ceci n'est-il pas un exemple, un
cas particulier d'une loi générale qui gouverne toutes les
manifestations du naturel des animaux ? Les défauts du chameau, disions-nous, tiennent tous à cette qualité si éminente
chez lui, la sobriété. Les animaux qui se nourrissent peu ou
qui se nourrissent trop aisément sont lourds, stupides et
sans affection. Les raisons que nous avons données à l'occasion du chameau valent pour tous les animaux sans exception. On suppose communément aux animaux carnassiers
un caractère moins affectueux, moins traitable qu'aux animaux herbivores. L'observation montre au contraire que
tous les herbivores, surtout les mâles, sont des animaux
grossiers, farouches, qu'aucun bienfait ne captive, reconnaissant à peine celui qui les nourrit, ne s'attachant pas à
lui et toujours prêts à le frapper dès qu'il cesse de les inti-
mider. Qui ne sait que les lions sont au contraire sensibles aux bienfaits ? Ils reconnaissent celui qui les soigne, ils
s'attachent à lui d'une affection sûre... Les animaux herbivores, quand ils en ont la force, sont donc, au fond, d'une
nature plus intraitable que les carnivores.

Mais pourquoi les carnassiers sont-ils moins intraitables,

encore une fois? Parce que nous avons sur eux beaucoup plus de prise; nous agissons sur leur appétit et nous agissons en même temps sur leurs sens, puisque le rapport entre les uns et les autres est si étroit. Et l'on sait même que c'est en multipliant les appétits factices et en nous réservant le pouvoir de les irriter et de les satisfaire tour à tour, que nous venons le mieux à bout d'apprivoiser les animaux. Ainsi la prétendue intelligence, la prétendue bonté des bêtes tiennent exactement aux mêmes causes. « Ce n'est pas seulement, dit G. Leroy, à la finesse de leurs sens que les carnassiers doivent la source de leur intelligence. Ce sont les intérêts vifs, comme les difficultés à vaincre et les périls à éviter, qui tiennent sans cesse en exercice la faculté de sentir et impriment dans la mémoire de l'animal des faits multipliés…. Ainsi, dans les lieux éloignés de toute habitation et où en même temps le gibier est abondant, la vie des bêtes carnassières est bornée à un petit nombre d'actes simples et assez uniformes. Elles passent successivement d'une rapine aisée au sommeil. Mais, lorsque la concurrence de l'homme met des obstacles à la satisfaction de leurs appétits, lorsque cette rivalité de proie prépare des précipices sous les pas des animaux, sème leur route d'embûches de toute espèce, et les tient éveillés par une crainte continuelle : alors un intérêt puissant les force à l'attention, la mémoire se charge de tous les faits relatifs à ces objets, et les circonstances analogues ne se présentent pas sans les rappeler vivement. »

Souvenons-nous enfin que l'odorat est le sens par excellence des carnassiers, qu'il atteint chez eux un degré extrême de délicatesse, qu'il excite, dirige tous leurs appétits, qu'il résume, pour ainsi dire, toutes leurs aptitudes. C'est par lui que l'animal trouve également sa proie, son bienfaiteur et son maître, et des *chiens*, d'après des expériences positives, des chiens à qui l'on mutile dans leur jeune âge les organes olfactifs, ne montrent plus, quand ils sont devenus grands, non seulement aucune disposition pour la chasse, mais aucun attachement pour l'homme : il y a plus, on a pu dire qu'ils étaient frappés d'un inévitable idiotisme, leur instinct même ayant à peu de chose près disparu. Qu'on en juge.

Le professeur Schiff, ayant sectionné le nerf olfactif sur quatre petits chiens nouveau-nés, observa leur développement durant plusieurs mois. D'abord ils ne savaient pas trouver la mamelle de leur mère; il fallait leur introduire le mamelon dans la gueule, et alors, affamés qu'ils étaient, ils suçaient avec une telle violence, qu'ils se détachaient de la mère et recommençaient à chercher çà et là, essayant de téter les oreilles et les pattes maternelles; aussi se nourrissaient-ils mal, et le professeur fut-il obligé de les allaiter artificiellement. Plus tard, ayant appris à boire tout seuls du lait dans un vase *blanc*, quand on leur présentait ce vase vide et à côté un vase de couleur *sombre* contenant du lait, ils couraient au vase blanc, y plongeaient le museau, cherchaient, gémissaient, mais sans s'approcher du vase de couleur obscure. Ils préférèrent le lait à toute autre nourriture beaucoup plus longtemps qu'il n'est de règle. Il fallut leur enseigner peu à peu, au moyen de bouillies de plus en plus consistantes, à manger du pain et de la viande. Jamais ils ne mangeaient les aliments froids et secs, et leur prédilection pour les corps humides et tièdes était telle, qu'ils léchaient et mangeaient leur urine et leurs excréments, quand par hasard ils se retournaient en temps opportun. Après avoir donné beaucoup de détails intéressants, le professeur termine ainsi sa description : « Pour montrer l'importance de l'odorat dans l'économie du chien, je dirai encore que le quatrième petit chien, celui que je gardai le plus longtemps, suivait volontiers l'homme en général, sans pourtant me montrer aucune préférence, quoique toujours je l'eusse nourri moi-même. »

Ce dernier exemple nous montre déjà bien éloquemment à quoi peut tenir la bonté des bêtes. On me permettra d'y ajouter quelques simples observations.

La poule et ses poussins, voilà une image ravissante de l'amour maternel. Rien de plus charmant que de voir les petits poulets, plusieurs jours de suite après leur naissance, venir se placer l'un après l'autre sous les ailes de leur mère, qui se fait aussi large que possible : ils s'enfoncent jusqu'à occuper à peu près tous les endroits où furent couvés les œufs dont ils sont sortis ; ils reviennent ainsi là où ils étaient quand ils brisèrent leurs coquilles. Là seulement ils peuvent retrouver la chaleur des premiers moments de la vie : il est donc tout naturel qu'ils en reprennent aisément le chemin. De son côté, la poule, qu'un besoin physiologique très connu et qui peut être artificiellement provoqué amène sur ses œufs, s'est habituée à s'intéresser aux petits qu'elle a vus sortir de dessous elle ; elle reprend donc avec plaisir la position qu'elle avait en couvant. Quand ses petits courent à ses côtés, elle et eux forment pour ainsi dire un tout ; jusqu'à ce qu'ils se suffisent et la méconnaissent, elle les considère comme des parties à demi détachées d'elle-même. Ce sentiment, qui s'est formé graduellement, disparaît aussi graduellement. Il m'est arrivé néanmoins de le voir cesser avec brusquerie.

Je remarque un jour que mes petits poulets ne grossissent pas. Je les observe dans leur basse-cour (où ils étaient à part avec leur mère) ; je m'aperçois que leur mère leur dispute leur nourriture, les éloigne d'elle et les frappe. Ils étaient loin encore d'avoir atteint l'âge où d'habitude ils s'émancipent. La poule, qui avait jusque-là rempli les devoirs de sa maternité avec tout le zèle ordinaire, n'avait pu reprendre les habitudes du poulailler. Le fait était donc surprenant. Mais, en l'examinant de plus près, je vis qu'elle avait recommencé à pondre. Là était sans nul doute l'explication de sa dureté. Le retour de ces fonctions faisait revenir les associations et imaginations d'autrefois ; le courant des imaginations maternelles était rompu. Séparée de sa progéniture, elle ne tarda pas à *redemander à couver* et manifesta plus tard à une nouvelle couvée une sollicitude irréprochable.

IV

DE L'ARCHITECTURE DES ANIMAUX

Essayons maintenant de trouver si dans la construction des abris, travail où, de l'aveu de tous, les instincts des animaux se manifestent de la façon la plus remarquable, nous retrouverons les mêmes lois. Il s'agit de voir si, dans la construction des nids par exemple, chaque espèce d'oiseaux n'obéit pas à une série d'impulsions toutes dépendantes de leur organisation, de leurs aptitudes et de leurs besoins. A en croire M. G. Pouchet [1], aucun oiseau ne serait spécialement disposé par son organisation à construire une forme de nid plutôt qu'une autre. « Tous les oiseaux, dit-il, qu'ils soient maçons comme l'hirondelle et le fournier, tisserands comme la fauvette, charpentiers comme la corneille, terrassiers comme le mégapode tumulaire, ont le même bec, les mêmes ongles et des formes presque pareilles. » Tous les naturalistes qui voudront se placer en dehors de l'esprit de système trouveront d'abord cette assertion fort exagérée. Il n'est certes pas indifférent pour les mœurs, les habitudes et les talents d'un oiseau, qu'il ait le bec long ou court, droit ou croisé, épais ou pointu, fort ou faible, qu'il ait les pattes garnies ou non d'ongles acérés et robustes, etc. Or qui niera que sous ces rapports les pattes et les becs des oiseaux les plus semblables en apparence varient presque à l'infini? Mais ce n'est pas tout. Nous avons expliqué comment nous entendons, quant à nous, l'influence de cette organisation toujours si spéciale dans son ensemble, si harmonieuse dans l'appropriation de toutes ses parties les unes aux autres.

L'organisation d'un animal décide bien évidemment de la nature de son alimentation, de son régime, par conséquent

1. G. Pouchet, *Revue des Deux Mondes* du 1er février 1870.

du choix des lieux où il sera obligé de vivre pour trouver sa nourriture. Ainsi telle espèce vivra sur le rivage de la mer, telle autre auprès des cours d'eau, telle sur les marais, telle dans les jardins et les vergers, telle dans les forêts, telle dans les plaines. C'est aussi l'organisation qui donne à chaque espèce les moyens de voler plus ou moins haut. C'est elle qui l'obligera de s'accoupler à une époque ou à une autre, qui lui fera pondre un nombre d'œufs plus ou moins grand, et ainsi de suite.

Or reprenons maintenant chacun de ces groupes d'oiseaux dont parle M. G. Pouchet.

Le mégapode tumulaire est terrassier, c'est-à-dire qu'il dépose ses nids dans un trou profond creusé sur le rivage de la mer, au milieu du sable et des coquillages. Mais il y a de bonnes raisons pour que cet oiseau ne soit pas tenté de nicher au milieu des arbres. Son vol est lourd, il ne vole jamais loin, d'une seule traite, ne s'aventure jamais loin dans l'intérieur des terres. Il prend sa nourriture sur le sol, vit de graines, d'insectes, de grands coléoptères et de racines qu'il déterre aisément à l'aide de ses longues pattes et de ses ongles vigoureux. Le sable du rivage est donc pour ainsi dire son élément. Habitué à le creuser à tout instant avec facilité et en même temps avec profit, quoi d'étonnant qu'il y dépose ses œufs?

Corbeaux et corneilles sont des oiseaux charpentiers. Le dehors de leur nid est formé de branches sèches d'inégale grosseur, et le dedans en est tapissé d'écorce, de brins d'herbe, de lichen ou de poils d'animaux. Or nous voyons que ces oiseaux fréquentent généralement les forêts, qu'ils sont omnivores, c'est-à-dire qu'ils ont un grand nombre de concurrents, d'ennemis, mais que, servis par des sens excellents, il leur est possible de prévoir les attaques et de les fuir, qu'ils sont donc extrêmement méfiants, et que par suite ils placent leurs nids aussi haut que possible sur les arbres. Ils s'accouplent en janvier et construisent leur nid en février, pour pondre en mars. Les arbres sont alors dégarnis de feuilles. Besoin leur est d'entrelacer des branches, ce que leur permet d'ailleurs la forme de leurs pattes, la vigueur de leur bec épais et recourbé.

Les fauvettes sont des animaux petits, svelte, au bec pointu, aux doigts courts. Couchés sur le sol, ils se glissent avec vivacité dans les haies les plus fournies, dans les branches les plus entrelacées, où la forme de leurs pattes fortement fléchies leur fait tenir une position presque horizontale. Mais, volant mal, ils évitent les hauteurs, habitent les bois et les buissons. Ils se nourrissent de baies et aussi d'insectes, qu'ils ne chassent pas au vol, mais prennent dans les branches et dans les feuilles. Peu difficiles à prendre eux-mêmes, ils s'habituent aisément à la captivité. Ils nichent plusieurs fois dans l'année. Avec de telles habitudes, on ne doit pas s'attendre à leur voir faire leurs nids dans les lieux élevés et écartés. Ils les placent presque toujours sur des buissons bas, à peine fixés sur la branche ; ils les fabriquent légers et les composent d'herbes sèches lâchement entrelacées avec le duvet de quelques plantes, avec des toiles de chenilles ou d'araignées.

Les hirondelles ont, comme tous les fissirostres dont elles font partie, le vol rapide et prolongé ; leurs pattes sont courtes et ordinairement si faibles qu'elles peuvent à peine s'en servir ; mais leur large bec sécrète une salive abondante, dont elles usent pour cimenter et agglutiner les matériaux de leurs nids. Chez certaines espèces même, le nid est entièrement formé par cette salive visqueuse et durcissante. Or n'est-ce pas là déjà maçonner ? L'hirondelle rustique, particulièrement, ne demeure pas volontiers sur le sol ; pour se reposer, elle choisit de préférence les endroits saillants qu'elle peut facilement aborder et d'où il lui est aisé de prendre son essor. Enfin, par suite d'habitudes héréditaires dont l'origine nous est nécessairement inconnue, elle est très attachée à l'homme : elle recherche donc nos habitations, où elle trouve des appuis et des recoins qui la préservent de la pluie et du froid, ses ennemis. Donc, ici encore, nous saisissons un ensemble d'impulsions qui convergent dans une direction identique et imposent à l'animal une architecture distincte de celle des autres espèces.

Feuilletons au hasard les descriptions des naturalistes, et à chaque pas nous trouverons la confirmation de cette loi. Les passéridés vivent au milieu des jardins, des vergers et des plaines de céréales. Ils nichent donc ou à terre ou sur des arbustes peu élevés. Lourds et maladroits dans leurs sautillements, ils n'apportent aucun art dans la construction de leurs nids : « Ce sont des amas informes de divers matériaux choisis au hasard et réunis sans ordre ».

Les humicolidés (qui comprennent par exemple les rossignols) se nourrissent d'insectes, de vers terrestres et aquatiques et de baies. Ils ramassent leur nourriture à la surface du sol, la cherchent en écartant les feuilles et en grattant légèrement la terre. Où donc construisent-ils leurs nids? Naturellement sur le sol ou à une faible hauteur, et dans ce dernier cas c'est sur un tronc, au milieu des racines, sur une souche ou dans un buisson.

Les monticolidés, qui, comme les précédents, font partie des oiseaux chanteurs, préfèrent pour la plupart les endroits rocailleux. Plus une localité est rocheuse, plus une montagne est ravinée, plus on est certain de les y trouver en nombre. Ils aiment donc mieux se percher sur des pierres et des saillies de rochers que sur des arbres; et enfin on devine où ils établissent presque toujours leur nid : c'est dans une crevasse de rocher, exceptionnellement dans un tronc d'arbre creux ou dans une fente de mur.

Le cincle aquatique mange de petits poissons et des insectes aquatiques. Il établit son nid tout près de l'eau, sur un rocher, dans le creux d'un tronc d'arbre, sous un pont, sur une digue, dans les murs des canaux et quelquefois même dans les auges des roues de moulin, quand elles ne fonctionnent plus depuis quelque temps.

Quand des oiseaux n'ont aucune habitation bien fixe, aucun genre de vie bien spécial, leur nid varie suivant les localités, mais sans jamais présenter aucun travail remarquable. « Il est plus facile, écrit Brehm, de dire les endroits où l'on ne trouve pas le hochequeue, que d'énumérer ceux où on le rencontre. » A part les hautes forêts et les montagnes, il est partout, « toujours en mouvement..... et paraissant aimer l'homme;..... il construit son nid partout où il trouve un trou convenable, dans une crevasse de rocher, dans une fente de mur, dans un trou creusé en terre, sous les chevrons d'un toit, dans des fagots, dans un tronc d'arbre..... ».

Voici au contraire un oiseau, le martinet nain, qui ne vit que dans l'intérieur de l'Afrique, dans les forêts vierges, et, par suite peut-être de la concurrence, il se réfugie habituellement sur les palmiers. Mais, la feuille de palmier étant trop lourde pour son pétiole, elle se recourbe et pend verticalement; en outre, la limite de la feuille forme une sorte de petite gouttière, que le martinet nain choisit pour établir son nid, formé de fibres de coton agglutinées avec de la salive et collées contre la feuille.

Nous avions terminé ces recherches personnelles, provoquées par les assertions de M. Georges Pouchet, quand la lecture du livre de M. Wallace est venue nous apporter une confirmation de ces vues.

Ce n'est pas que nous devions accepter toutes les théories de M. Wallace; mais nous essayerons de lui emprunter surtout des faits, et des faits tendant à prouver toujours que la divergence première des organisations est en quelque sorte continuée par la divergence de toutes les conditions d'existence. « Chaque espèce d'oiseau, dit le savant anglais, emploie les matériaux qui sont le plus à sa portée et choisit les situations les plus conformes à ses habitudes. Le troglodyte, par exemple, vivant dans les haies et les bosquets bas, fait en général son nid avec de la mousse, qu'il trouve toujours là où il vit et qui lui fournit probablement beaucoup d'insectes pour sa nourriture [1]...... » Bref, les matériaux dont les oiseaux font leurs nids sont ceux qui sont le plus à leur portée. Mais d'où vient ce voisinage, sinon du genre d'alimentation, lequel vient lui-même de

----

1. Wallace, *la Sélection naturelle*, trad. par de Candolle.

goûts spéciaux, accusant chez l'animal une différence dans son organisation interne ou externe?

« Mais, poursuit M. Wallace, on dira surtout que ce sont la forme et la structure des nids, plus encore que leurs matériaux, qui nous frappent par leur variété et sont si merveilleusement adaptées aux besoins, aux habitudes de chaque espèce; je réponds que nous en trouvons l'explication en partie dans les habitudes générales de l'espèce, dans la nature des outils qui lui sont donnés et les matériaux qu'elle emploie.... » La délicatesse et la perfection du nid seront proportionnées à la grandeur de l'oiseau, à sa conformation, à ses habitudes. Celui du troglodyte ou du colibri n'est peut-être relativement ni plus parfait ni plus beau que celui du merle, de la pie ou de la corneille. Le troglodyte, avec son bec mince, ses longues jambes et sa grande agilité, peut très facilement former un nid bien tressé des matériaux les plus fins, et il les place dans les arbustes et les haies qu'il fréquente et où il trouve sa nourriture. On pourra lire les mêmes faits, les mêmes considérations, au sujet de la mésange, du perroquet et d'une foule d'autres oiseaux.

« La force, la rapidité du vol, dont dépend la distance jusqu'à laquelle l'oiseau ira chercher ses matériaux, la faculté de se tenir immobile en l'air qui peut déterminer la place où le nid sera construit, la force et la puissance préhensive de la patte, la longueur, la finesse du bec, la mobilité du cou, la sécrétion salivaire; — ce sont *là autant de particularités qui sont, après tout, le résultat de l'organisme et déterminent le plus souvent la nature et le choix des matériaux* aussi bien que *leur combinaison, la forme et la position* de l'édifice. »

Plus loin enfin, résumant tous ces faits, M. Wallace en tire cette conclusion très légitime : « On voit que le mode de nidification spécial à chaque espèce d'oiseau est probablement le résultat d'une réunion de causes qui l'ont sans cesse modifiée en harmonie avec les conditions physiques ou organiques. Les plus importantes de ces causes parais-

sent être d'abord la structure de l'espèce, et en second lieu
le milieu où elle vit, où sont ses conditions d'existence. »

Ce n'est pas seulement aux oiseaux que s'appliquent
ces conclusions; c'est à tous les animaux chez qui le choix
de l'habitation, la manière de la construire et de l'aménager
répondent à un enchainement de nécessités biologiques.
Plus faciles encore à observer que les oiseaux, les insectes
ont laissé voir que leurs habitudes sont soumises à un déterminisme analogue. Chez eux, en effet, comme chez les
oiseaux, il suffit d'une différence peu considérable en apparence dans les conditions de la chasse, dans la nature de
la proie, pour amener toute une suite de différences de plus
en plus saillantes dans le genre de vie et dans les mœurs.

« Une proie n'excédant pas l'effort du vol fait du sphex à
ailes fauves une espèce semi-sociale, recherchant la compagnie des siens; une proie lourde, impossible à trans-
porter par les airs, fait du sphex languedocien une espèce
vouée aux travaux solitaires, une sorte de sauvage dédai-
gneux des satisfactions que donne le voisinage entre pareils.
Le poids plus petit ou plus grand du gibier adopté décide
ici du caractère fondamental [1]. » En effet, « qu'importe au
premier d'aller giboyer à des distances considérables? sa
capture faite, il rentre chez lui d'un rapide essor, pour
lequel le rapproché et l'éloigné sont indifférents. Il adopte
donc de préférence pour ses terriers les lieux où il est né
lui-même et où ses prédécesseurs ont vécu. Il y hérite de
longues galeries, travail accumulé des générations anté-

1. J.-H. Fabre, *Souvenirs entomologiques, études sur l'instinct
et les mœurs des insectes*, Paris, Delagrave, 1879. Cet ouvrage et
les *Nouveaux souvenirs*, auxquels nous ferons aussi quelques
emprunts, ont paru depuis la première édition de notre livre. Nous
sommes heureux d'y trouver, avec des expérimentations aussi
exactes qu'ingénieuses, des confirmations décisives de la plupart de nos vues. Darwin, quoique trouvant dans M. J.-H.
Fabre un adversaire de ses théories philosophiques, l'appré-
ciait hautement : il lui écrivit plus d'une fois pour lui demander
des renseignements ou lui suggérer le plan de quelque expérience. Il le qualifiait d' « inimitable observateur ».

rieures. » Mais ses pareils font comme lui, ils retournent à l'emplacement natal, et de ce rendez-vous résulte une agglomération qui produit comme une émulation pour le travail. « Ce premier pas vers la vie sociale est la conséquence des voyages faciles » ; une perfection relative dans les arrangements du domicile en est une autre conséquence.

Le sphex languedocien n'est pas moins bien organisé pour le vol ; mais il a pour proie une lourde éphippigère, proie unique, représentant à elle seule la somme de vivres que les autres ravisseurs amassent en plusieurs voyages, insecte par insecte. Pour amener ce fardeau gênant en lieu sûr, il faut donc un voyage pénible et lent, et, sauf de très courtes volées, le charroi se fait à pied. Par cela seul, l'emplacement du terrier est subordonné aux hasards de la chasse : la proie d'abord, et le domicile ensuite ; domicile rudimentaire et sauvage où l'insecte enfouit au plus vite le produit de sa chasse.

Que de telles habitudes imposées par la nécessité se transmettent héréditairement, qu'elles amènent ainsi des divergences d'aptitudes entre les espèces ou tout au moins entre des races ou des variétés d'une organisation d'abord toute semblable, c'est ce qui paraît bien établi. On peut concéder aussi que souvent certaines de ces habitudes héréditaires persistent, quoiqu'elles n'aient ou ne semblent avoir que très peu de rapports avec les nécessités de la vie de l'animal et avec l'ensemble de ses conditions d'existence. De là sans doute ces manières d'être bizarres, et ces agissements inexplicables de certaines bêtes dont quelques variations climatiques, l'émigration forcée ou la domestication récente a troublé le régime ; mais, dans la généralité des cas, l'harmonie s'établit nécessairement entre les anciennes habitudes et les nouvelles, entre ces habitudes anciennes ou nouvelles et l'organisation, laquelle en somme reste le premier point de départ, la première cause de toutes les aptitudes ou industries de l'animal.

V

Telle est, croyons-nous, la synthèse dans laquelle on peut résumer exactement ce que nous avons appelé les déterminations particulières de la vie animale. Autant il y a de systèmes différents d'organisation chez les animaux, autant il y a, pouvons-nous dire, de systèmes de se sations, d'images, de besoins, de désirs et de tendances, de mouvements spontanés et d'habitudes capables d'être transmises par hérédité aux générations subséquentes.

Tout animal est donc vraiment soumis dès sa naissance à des *impulsions* parfaitement précises, tout à fait particulières à son espèce. Celles mêmes qui sont communes à un grand nombre d'animaux, sinon à tous, reçoivent cependant, avec la nature propre de chacun d'eux, des déterminations toutes spéciales; chacune de ces déterminations, pour peu qu'elle ait d'importance dans l'organisation et par suite dans la vie de l'animal, devient comme un centre vers lequel convergent harmonieusement tous les caractères secondaires.

Demandons-nous maintenant de quelle manière l'animal cède à ses impulsions? Peut-il s'y soustraire? Ou du moins peut-il y céder à volonté, tantôt d'une manière, tantôt d'une autre? Et surtout les connaît-il? Peut-on dire qu'il en a l'*intelligence* (*intus-legit*), qu'il les voit intérieurement, c'est-à-dire qu'il les comprend dans le rapport de causalité et de finalité qu'elles peuvent avoir avec sa nature, dont il sait retrouver l'unité, et non pas seulement qu'il les voit en dehors de lui, sous forme soit de sensations, soit d'images, toujours amené d'attraits en attraits à des actions dont il ne saisit ni le but ni la cause?

Allons, comme le veut Descartes, du plus simple au plus

composé, du plus connu au moins connu. Il est clair que d'abord tous les animaux exécutent une série d'actions dont il est impossible de leur attribuer la connaissance réfléchie, et sur ce point tous les philosophes, tous les savants semblent d'accord.

S'agit-il seulement des actions réflexes? Non, mais il faut d'abord commencer par elles. Des discussions intéressantes se sont élevées à ce sujet : les uns, Gratiolet, Carpenter, Vulpian, ont considéré ces mouvements comme absolument mécaniques ou automatiques; d'autres, comme M. Durand de Gros, voulaient y voir des actes spontanés et choisis d'autant de centres psychiques indépendants, d'âmes spéciales, pour employer l'expression de M. Durand, enfin de *moi* distincts et possédant à part eux toutes les facultés que manifeste le jeu du cerveau. Mais on peut dire à ce dernier savant que si chacune de ces *âmes*, chacun de ces *moi*, obéit à des impulsions senties [1], du moins l'être total, le *moi* général, l'*âme* qui gouverne l'ensemble n'en sait rien et n'y participe guère. Lorsque, en effet, elle entre en action, chacun sait que les mouvements changent de caractère, de même que, si le sentiment de l'existence totale est aboli, comme il l'est par la décapitation, la violence de ces mouvements réflexes peut n'en être que redoublée.

Quant à ceux qui professent l'automatisme parfait de ces mouvements, on peut à coup sûr leur objecter que l'automatisme d'un être vivant implique toujours quelque chose de plus que le mécanisme des corps bruts. Nous l'avons établi plus haut, chaque portion de l'organisme peut donner lieu à une sensation, parce que chacune d'elles peut agir. Dans l'état régulier, elle le fait avec le concours des autres parties de l'organisme. C'est l'union de tous les membres et leur mutuelle sympathie qui établit comme un courant continu de sensations et de mouvements où chaque organe trouve à chaque instant les stimulants nécessaires à

1. On va jusqu'à dire conscientes.

son activité; cette activité néanmoins est toujours prête et disponible : car, si chaque organe n'avait à part lui l'aptitude à se mouvoir, comment l'ensemble l'aurait-il? Quand la vie de l'ensemble est arrêtée, ainsi que dans les exemples favoris des expérimentateurs (Dugès, Vulpian, etc.), c'est une excitation artificielle qui vient provoquer la réaction de l'organe; mais dans cette réaction apparaît une partie tout au moins des signes habituels de la douleur, et nous devons croire, par conséquent, qu'il se manifeste encore ici même quelque sensibilité. Incitation, irritation, sensibilité proprement dite, voilà, nous l'avons vu, les trois phases d'un même phénomène et souvent ses trois degrés. Il nous sera donc permis d'envisager les mouvements réflexes comme les manifestations d'une activité qui se sent imparfaitement : la réaction de l'organe contre le stimulant se produit là dans une sphère restreinte; elle n'agite pas, elle n'intéresse pas assez l'être tout entier, elle ne réveille pas un nombre suffisant de sensations et d'images, pour que l'obscure sensation locale qu'elle enveloppe soit, grâce à ces réduplications, fortement et clairement sentie. Pour la même raison, ces images concomitantes n'étant ni assez nombreuses, ni assez variées, la sensation rudimentaire ou isolée demeure uniforme. Le mouvement auquel elle est liée reste uniforme lui-même, aucune image imprévue ne vient nourrir les sensations et modifier par là même les réactions qui les prolongent ou qui les repoussent.

Voilà donc comment ces actions ont pu paraître automatiques : elles sont, dans le sens vulgaire du mot, *machinales*, sans être cependant *mécaniques*. On comprend qu'il y ait une insensible gradation de ces actions à d'autres un peu plus compliquées, et c'est ce que reconnaissent les savants les plus disposés à attribuer aux animaux des facultés intellectuelles.

Après avoir parlé des actions nerveuses réflexes, M. Milne Edwards, dans son savant rapport sur les progrès de la zoologie, ajoute : « Ce qu'on appelle l'instinct semble une faculté de ce genre ». De même que l'impression sur l'organe du goût se réfléchit sur les glandes salivaires, de même les sensations du dehors ou du dedans déterminent des actions combinées, enroulement du fil du ver à soie, amoncellement ou enchevêtrement des brindilles pour nid d'oiseau, etc.

Mais quelles sont les actions dont nous pouvons dire *sûrement* et sans plus ample informé qu'elles sont, quoique plus compliquées, de la nature 'des dernières? Il semble que cela soit difficile à déterminer. On peut le faire néanmoins par une méthode indirecte en examinant les caractères bien nets et bien saillants de beaucoup d'actions animales, et en se demandant si ces caractères ne sont pas contradictoires à ceux que revêtent nécessairement les actions intelligentes, consenties, raisonnées, réfléchies. Or, ici, point de place, pour ainsi dire, à la controverse. « Sans avoir appris, dit M. G. Pouchet, l'animal sait; il sait de naissance, et sait si bien qu'il ne se trompe pas, même dans des actes d'une complication extrême, dont il semble apporter avec lui le secret au monde. » Quant aux exemples, chacun les a sous la main. « Les petits canards couvés par une poule s'en vont' droit à la flaque d'eau voisine et se lancent hardiment à la nage, malgré les cris et les angoisses de leur mère adoptive. L'écureuil fait sa provision de noisettes et d'avelines avant de commencer l'hiver. L'oiseau né dans une cage, élevé en captivité, s'il est rendu à lui-même, se construira un nid comme celui qu'ont fait ses parents, sur le même arbre, de mêmes matériaux, avec la même forme. L'araignée, chose plus étonnante, tisse sans apprentissage le réseau géométrique de sa toile, l'abeille fait son rayon. » Le cocon de la chenille, la cabane du castor, les galeries de la fourmi, le nid de la guêpe, en un mot ce qu'il y a de plus admirable dans les œuvres des animaux (on peut citer de nombreux passages de Darwin dans le même sens), tout cela est attribué à cette même science innée et infaillible. Mais, comme nous ne savons que trop à quelles conditions notre science à nous s'acquiert et se développe, il saute aux yeux que de pareils actes ne proviennent point d'une intelligence pareille à la nôtre. Faut-il citer encore l'exemple des insectes qui n'ont jamais connu leurs parents, qui ne connaissent jamais leur progéniture, qui pondent leurs œufs dans un état qui ne sera pas celui dans lequel ces œufs pourront éclore et donner naissance à leurs petits, puisque ces animaux, carnivores à l'état de larves, deviennent herbivores quand ils sont adultes? Donc, quelle éducation, quelle expérience a pu apprendre à ces animaux à déposer leurs œufs sur des chairs en putréfaction? Aucune évidemment. Aussi les raisons qui nous empêchent d'attribuer de tels actes à l'expérience et au raisonnement sont-elles péremptoires. D'abord, l'animal n'a pas eu le temps d'apprendre, donc il ne sait pas. Donc il cède à une impulsion dont il ne connaît ni le but ni la cause. Or céder à une impulsion, sans intelligence, c'est ce que tout le monde appelle agir instinctivement.

Une autre raison est celle-ci : si l'animal opérait tous ses mouvements et exécutait toutes ses actions en connaissance de cause, il aurait incontestablement une raison supérieure à celle de l'homme, il agirait bien plus que lui par les principes de la pure raison. Mais, cela, personne ne l'a jamais soutenu ni ne pourrait le soutenir : car il est certain que la raison peut indéfiniment servir à mille fins différentes; or manifester une parfaite raison sur un point unique et d'une manière uniforme, c'est ce qui est absolument impossible, contradictoire. Si donc nous nous posons avec le programme de l'Institut cette double question : quels sont les phénomènes psychologiques que l'on peut consulter avec le plus de certitude chez les animaux? quels sont les lois de ces phénomènes et leurs rapports avec les fonctions de la vie organique? il nous sera peut-être permis d'espérer que nous avons déjà répondu à l'une et à l'autre.

Premièrement, les phénomènes que l'on peut consulter avec le plus de certitude chez les animaux sont évidemment ces actions que l'animal sait exécuter sans les avoir jamais apprises, qu'il exécute avec perfection et sans erreur, quand nulle circonstance accidentelle ne vient déranger le milieu et changer momentanément les conditions ; ces actions enfin qui révèlent des aptitudes spéciales, et qui ne varient que quand les conditions dont nous allons parler tout à l'heure, et qui n'ont rien à voir avec l'intelligence, varient elles-mêmes.

En second lieu, si les organes des animaux, organes d'action, organes sensoriels, organes internes, revêtent dans chaque espèce et dans chaque race des caractères particuliers ; si, par suite, les fonctions organiques diffèrent également, si la diversité des fonctions entraîne différentes manières d'être affecté par le milieu, nous sommes bien près d'avoir la loi de ces actions spéciales à chaque espèce et qui s'exécutent avec aisance aussitôt que l'organisme est en possession de toutes ses forces.

Qu'est-ce qui explique notre faculté de locomotion, notre aptitude à articuler les sons, notre habitude de porter les mains en avant pour nous préserver d'un danger quelconque ? C'est d'abord, cela va sans dire, la continuelle tendance à l'action qui est commune à toute parcelle de vivant ; mais, s'il s'agit de la détermination spéciale que cette tendance prend dans tel ou tel organe donné, c'est bien alors la structure de nos jambes, celle de notre gosier, la position de nos bras et de nos mains qui, en cherchant à se mouvoir et à agir, se trouvent tout naturellement servir d'arme offensive et défensive à notre corps. Eh bien, n'est-ce pas exactement la même cause qui expliquera comment l'aye-aye se sert de son doigt grêle pour fouiller dans les troncs des arbres, comment la taupe emploie ses pattes à creuser des galeries, comment les divers oiseaux construisent leur nid, et ainsi de suite ?

Cependant, pour l'explication de ces actes eux-mêmes, ne rencontrons-nous pas ici l'opposition de l'école transformiste ? n'avons-nous pas avec elle un démêlé grave et où notre explication peut succomber ? Il le semble au premier abord. Mais nous ne désespérons pas de montrer que, loin de là, l'école transformiste, dont nous n'adoptons pas d'ailleurs toutes les idées, a beaucoup fait pour fortifier et propager une manière de voir identique à celle que nous soutenons. Nous allons examiner la théorie dans l'un de ses prédécesseurs, M. Wallace, dans son plus illustre représentant, Darwin, et enfin dans l'un de ses plus ingénieux adeptes, M. Georges Pouchet.

M. Wallace, si on le prend au pied de la lettre, paraît nier l'existence même de l'instinct. Mais il est aisé de voir, en y regardant d'un peu près, qu'il a en vue l'instinct tel qu'on le définissait ou tel qu'on le comprenait un peu vaguement dans les écoles il y a peu d'années, une sorte d'inspiration absolument infaillible et absolument immuable, complètement indépendante des circonstances et incapable de s'y plier et de contracter des habitudes. Mais rien ne nous oblige à comprendre l'instinct de cette façon. S'il est vrai, par exemple, que l'instinct de l'animal soit généralement infaillible, il est certain qu'il est souvent trompé, comme la thèse sur l'Instinct en a donné d'assez nombreux exemples; or, dit l'auteur de ce dernier livre, « si cette infaillibilité provenait d'une sorte d'intuition ou de science infuse départie on ne sait comment à l'intelligence de l'animal, il semble qu'elle ne devrait jamais être mise en défaut. Si, au contraire, elle n'a pour cause que la perfection même de l'organisme, on conçoit que celle-ci, dans un petit nombre de circonstances, puisse égarer l'animal, quand une cause accidentelle est venue le troubler ou l'altérer, ou quand une ressemblance exceptionnelle et fortuite est venue déranger la coïncidence ordinaire des sensations et des besoins. » Sur ce terrain il serait possible de s'entendre avec M. Wallace et même de l'avoir comme auxiliaire.

Il faudrait, à la vérité, commencer par redresser l'une de ses assertions qui est évidemment exagérée et peu d'accord avec quelques-uns des faits qu'il cite lui-même. On ne pourra, dit-il, parler d' « instinct aveugle » tant qu'on ne pourra pas montrer un animal soustrait au contact de ses pareils et de ses parents exécuter le même travail qu'eux. Mais ce doute émis par un tel savant semble étrange. Les livres d'histoire naturelle fourmillent, au contraire, de ces faits et de ces expériences que réclame M. Wallace. J'en

prends un entre mille. On se rappelle le genre de nidification du mégapode tumulaire, oiseau terrassier qui enfouit
ses œufs sous le sable du rivage.

Or, voici une observation rapportée par Brehm. « Ni
Gilbert ni ***, dit-il, ne furent témoins de l'éclosion des
petits (du mégapode); mais le premier trouva un jeune dans
une cavité de 60 centimètres de profondeur; il était sur
une couche de feuilles sèches et ne paraissait âgé que de
quelques jours. Gilbert se donna toutes les peines possibles
pour l'élever et le mit dans une assez grande cage, en
partie remplie de sable.... Tant qu'il était dans la caisse,
il grattait le sable continuellement, en amassant des tas
dans les coins de sa cage. Il le faisait avec une vitesse surprenante et une force réellement extraordinaire. Pour
cela il ne se servait que d'une patte : il saisissait avec elle
une certaine quantité de sable et la rejetait derrière lui,
sans aucun effort apparent. Ce besoin de travailler semblait
accuser une inquiétude naturelle et instinctive : il agissait ainsi plutôt pour donner de l'occupation à ses pattes
vigoureuses, que pour chercher de la nourriture. » Que
sera-ce quand un tel animal, vivant en liberté, habitué à
faire du sable de la mer son élément et à y trouver sa
pâture, sentira le besoin irrésistible de pondre et de couver
ses œufs? N'y a-t-il pas là une série d'impulsions vraiment
aveugles? Et comment en serait-il autrement? Comment la
taupe, qui ne peut se mouvoir à la surface du sol, qui ne
peut voir en plein jour, qui se nourrit des animalcules vivant
dans l'intérieur de la terre, et enfin dont les pattes, le bou-
toir, le corps entier et jusqu'aux poils sont si admirablement adaptés aux exigences de son travail souterrain, comment la taupe aurait-elle besoin pour exécuter ce travail
d'autre chose que de se sentir vivante et désireuse de se
nourrir et de se mouvoir conformément à sa nature?...

Ceci posé, nous pouvons recueillir à notre profit les
explications de M. Wallace et les faits dont il les appuie.
Il se refuse à attribuer l'architecture des oiseaux soit à la
raison, soit à l'instinct infaillible, tel qu'on l'entend dans

les écoles. De quelles causes la fait-il donc dépendre? Il nous semble que, en recueillant çà et là ses différentes explications, on peut en trouver trois, que voici :

1° Rappelons-nous les nombreux passages que nous lui avons empruntés sur la construction des nids d'oiseaux, la structure de chaque espèce, la nature de son bec, de son cou, de ses pattes ; si l'on joint la nature de l'instinct, qui est lui-même imposé par le mode de l'alimentation et en définitive par l'organisme, tout cela donne à l'animal certains moyens de construction, lui en refuse d'autres, lui en fait trouver jusque dans les débris de ses aliments, le contraint enfin d'user de ceux qu'il a.... « Il ne faut point s'exagérer le degré de connaissance ou d'habileté acquise (d'autres diraient d'instinct) que doit posséder un oiseau pour construire un nid qui nous semble délicatement et artistement fabriqué. N'oublions pas que ce nid a été formé branche par branche, fibre par fibre, grossièrement d'abord ; puis les fentes et les irrégularités, qui doivent paraître des brèches et des trous énormes aux petits architectes, sont bouchées avec des bouts de branche ou des rejetons introduits au moyen de leur bec mince et de leurs pattes souples ; brin par brin ils déposent les poils, les plumes, le crin.... » Et, pour montrer que bien peu d'art peut produire une construction très parfaite, l'auteur cite, d'après Levaillant, un petit oiseau d'Afrique qui, comprimant avec son corps les matériaux qu'il a réunis, et se retournant en tous sens, finit par les ajuster tous, modèle son nid avec une élégance qui ne fait que reproduire exactement celle de son propre corps. Il eût pu citer le procédé tout à fait identique de l'hirondelle de rivage et maint autre oiseau qui fait ainsi de sa maison comme la continuation de sa personne.

2° Mais M. Wallace tient beaucoup à prouver que chacun des caractères organiques, chacune des conditions d'existence qui influent sur la forme des nids peut varier, et il se fait fort d'établir que les nids varient en conséquence. Toutes réserves faites sur l'étendue possible des variations, le fait est incontestable ; mais, que l'animal obéisse aux

impulsions nouvelles que lui impriment sa nouvelle structure et la présence ou l'absence de certains matériaux particuliers, en quoi en agit-il moins aveuglément que lorsqu'il cédait aux impulsions primitives de son organisation
telle qu'elle pouvait être antérieurement?

Nous sommes d'autant plus autorisés à en douter que
« ces facteurs » des variations des espèces agissent, nous fait
remarquer M. Wallace, avec une extrême lenteur. Les transitions sont donc insensiblement ménagées.... Elles se prolongent et s'accentuent graduellement à travers des générations qui se succèdent sans se connaître. L'individu qui ne
voit que le présent doit donc céder sans réflexion et sans résistance aux impulsions, quelles qu'elles soient ; il s'accommode
de ses conditions d'existence ; qu'elles soient anciennes ou
nouvelles, peu lui importe, il n'en sait pas l'histoire ; le mode
de formation lui en demeure nécessairement caché.

3º Enfin, ce qui aide les animaux à suivre ces transitions
et à employer peu à peu leur organisme aux travaux pour
lesquels ils se sentent aptes et préparés, c'est, nous dit le
savant anglais, l'imitation.

Il estime que, quand les circonstances extérieures ont
amené peu à peu une espèce à construire un nid qui lui
convient, l'exemple des parents est nécessaire aux jeunes.
Souvent, dit-il, un oiseau élevé en cage ne fera aucun nid,
mais entassera grossièrement les matériaux qu'on aura mis
à sa disposition. — Si cela est arrivé, c'est une preuve que
l'habitude est de formation récente et n'a pas pris dans la
vie de l'espèce une importance bien grande. Mais il ne
faudrait pas chercher dans ce fait autre chose qu'une exception ; car on trouverait alors devant soi l'opposition de beaucoup de darwinistes anglais qui ont combattu cette théorie
de M. Wallace et lui ont opposé des faits décisifs, analogues à celui du mégapode que nous avons cité tout à l'heure [1].

1. Nous trouvons dans Romanes, *de l'Évolution mentale des
animaux*, trad. en français (Paris, Reinwald, 1884, p. 225), le
passage suivant :

« Parmi les manuscrits de Darwin se trouve une lettre de

Acceptons cependant que l'imitation peut jouer un rôle, qu'un oiseau peut apprendre à chanter comme certains oiseaux plus nombreux dont il a fait la rencontre. En de telles circonstances, l'animal a d'autant plus de facilité et de penchant à imiter un acte, que cet acte apporte plus de satisfaction à un instinct préexistant. Darwin croit, par exemple, qu'un chien qui chasse avec une meute plus exercée peut apprendre à donner un certain coup de dent au gibier qu'il poursuit. « Mais je ne puis guère douter, ajoute-t-il, que la manière d'attaquer du bouledogue anglais ne soit instinctive. » On comprend en·effet que de telles adaptations s'établissent promptement quand la proie sollicite avec autant de vivacité des appétits si bien servis par des organes vigoureux et fortement armés. Que ces adaptations se complètent ensuite sous l'influence d'une imitation contagieuse, voilà ce que renferme de

M. Weir qui semble donner une solution définitive à toute question de ce genre (sur la portée de l'imitation dans la formation des instincts). Écrivant en mai 1868, M. Weir dit à propos des résultats obtenus par lui à la suite de longues expériences sur des oiseaux en volière : « Plus je réfléchis à « la théorie de M. Wallace, d'après laquelle les oiseaux appren- « nent à faire leur nid parce qu'eux-mêmes ont été élevés dans « un nid, moins je me sens disposé à partager cette opinion ». Il cite le fait suivant, qui semble tout à fait contraire à cette théorie.

« Il est habituel, chez beaucoup d'éleveurs de serins, de sortir le nid construit par les parents, de le remplacer par un nid en feutre; puis, quand les petits sont éclos et qu'ils sont assez âgés pour pouvoir être pris à la main, d'enlever ce nid de feutre et de le remplacer par un second nid propre, de même sorte : ceci a pour but d'éviter les acariens. Mais je ne sache pas que des canaris ainsi élevés aient jamais manqué de faire un nid lorsque l'époque de la reproduction est venue. D'autre part, je me suis souvent étonné de voir comme leur nid ressemble à celui d'un oiseau sauvage. D'habitude on leur fournit une petite collection de matériaux, mousse et crin par exemple; ils utilisent la mousse pour le gros œuvre et le crin pour doubler la mousse à l'intérieur, absolument comme le ferait un bouvreuil sauvage; et pourtant, le nid étant fait dans une boîte, le crin seul suffirait. Je suis convaincu que la nidification est un instinct véritable. »

vrai la théorie de M. Wallace. Il dépasse la mesure quand il conclut que « les facultés qui se manifestent dans la construction des nids d'oiseaux sont essentiellement l'imitation unie à une adaptation partielle et lente aux conditions nouvelles qui s'imposent » ; mais enfin il remarque lui-même justement que l'imitation n'implique ni science ni art. Nous pouvons dire à notre tour : il n'y a rien là qui contredise la théorie de l'instinct, aveugle et irréfléchi sans doute, mais cependant modifiable, accidentellement faillible, tel que nous sommes en voie de le caractériser.

Nous n'avons pas besoin de dire que, dans ces explications, l'hérédité joue son rôle, bien que M. Wallace n'insiste que fort peu sur ce point. Il observe néanmoins que les habitudes simples sont héréditaires.

Et c'est ici que nous allons rencontrer Darwin insistant, comme chacun sait, sur les résultats que peut fournir la lente accumulation d'habitudes, causes ou effets de modifications soit organiques, soit simplement fonctionnelles. Mais ni les propositions de Darwin, ni surtout les faits qu'il avance ne nous obligent à voir dans ces habitudes si insensiblement acquises autre chose qu'un prolongement de l'instinct primitif; ce sont les mêmes facultés qui agissent sous l'empire de conditions qui ne diffèrent que par le temps dans lequel elles se réalisent.

On ne saurait, dit Darwin, trouver aucune différence entre ces divers actes héréditaires et ceux qu'accomplit le pur instinct à l'état sauvage. « *Chacun d'eux est accompli sans le secours de l'expérience, par les jeunes individus comme par les vieux, à peu près par tous de la même manière* et par tous avec passion. Bien plus, tous paraissent les accomplir *sans avoir l'intelligence de leur fin*, car le jeune chien ne sait pas plus qu'il arrête pour aider son maître, que le papillon blanc ne sait pourquoi il dépose ses œufs sur des feuilles de chou. De tels actes sont donc bien évidemment instinctifs. »

On dira que, si l'on prend l'ensemble de la doctrine darwinienne et que l'on en tire toutes les conséquences, il

faut supprimer cette différence entre les purs instincts et
les aptitudes héréditaires : il n'y a rien d'éternel dans la
nature, rien de primitif; tout y a son origine : la moralité,
la pensée, comme l'instinct et comme l'organisation elle-
même. Dans cet ordre d'idées, un instinct n'est qu'une habitude héréditaire qui s'est lentement formée et qui s'impose
dès la naissance aux êtres qui la reçoivent, pour ainsi dire
toute faite, avec la vie.

A priori, ceci n'est pas impossible; mais, au point de
vue psychologique où nous sommes placés, nous n'avons
ni à réfuter ni à confirmer cette théorie.

Nous venons de chercher à établir que chaque animal trouve
dans son organisation tout un ensemble de besoins précis,
puis d'armes ou d'outils appropriés, et que de là résulte
un ensemble de sensations, d'images et de mouvements
spontanés qui, s'associant, se rappelant les uns les autres,
le conduisent sûrement à ses fins. Qu'importe à notre explication que cet organisme soit le résultat de modifications
lentes et insensibles dont l'individu ne peut absolument
rien connaître? Mais, encore une fois, admettons que cette
dernière hypothèse soit vraie. Deux restrictions considérables me paraissent ici nécessaires.

D'abord est-il vraiment possible de ne pas admettre, au
milieu de ces changements incessants, un commencement
si faible qu'il soit? Que toute organisation dérive d'une
monade primitive, encore cette monade devrait-elle tendre
à vivre et à se développer. Ajoutons que, pour la plupart
des savants de nos jours, cette monade primitive existe
encore, multipliée et associée à d'autres, dans chaque cellule de notre organisation. Or les tendances les plus
variables d'où résultent les habitudes les plus capables de
changer ne supposent-elles pas dans tout organisme un
fond commun et toujours identique de tendances obscures
qui se retrouvent (si l'on se rappelle nos premiers chapitres)
sous les manifestations les plus diverses? Que tels ou tels
animaux mangent telle ou telle proie, par suite d'une habitude héréditaire, cela est possible; mais peut-on dire que

l'instinct qui les porte tous à se nourrir soit le résulta
d'une habitude héréditaire, et ainsi de suite?

Enfin, du moment que l'on sait que l'instinct n'est pa
un principe irréductible et une force indépendante, mai
un ensemble d'impulsions essentiellement dépendantes d
l'organisme, pourquoi opposerait-on l'habitude à l'instinct
On nous permettra de le répéter ici : l'habitude n'est pa
un principe d'action distinct; l'habitude n'est que l
manière dont l'un des principes d'action, comme l'intelli
gence réfléchie, l'activité vitale ou organique et enfin l'in
stinct, s'étend peu à peu, s'assouplit et se modifie [1].

Ce serait donc une vraie pétition de principe que d
définir l'instinct une habitude héréditaire. Il faut expliqu
comment se contractent ces habitudes [2]. Est-ce à la faço
d'une simple modification dans les tissus, comme celle qu
se produit quand les pieds nus de l'enfant pauvre ou d
sauvage ont longtemps marché sur le sol dur et pierreux e
n'en sentent même plus les aspérités ni la rudesse? O
encore quand la plante, recevant de moins en moins d'eau
en arrive à vivre cependant dans un état de sécheress
relative qui l'aurait fait périr antérieurement? Est-ce pa
une accumulation d'efforts personnels et volontaires, comm
il arrive chez l'homme vertueux qui, à force de résister à l
pensée du mal, y devient indifférent et fait désormais san
hésiter le sacrifice de ses passions? Est-ce même à la faço
dont procède l'enfant quand il apprend à marcher, à parler
à deviner l'expression de la physionomie des autre
hommes? Non, évidemment, pour les actions tout au moin

1. *L'Instinct*, 2e édition, introduction.
2. M. Romanes, dans son ouvrage cité plus haut, *de l'Évolu
tion mentale des animaux*, définit l'instinct une *mémoire héré
ditaire*. Or il voit de la mémoire jusque dans les habitudes de
tissus vivants et dans les actes les plus obscurs de la vie. I
faudrait donc placer l'instinct partout, dans les adaptation
héréditaires de la plante et dans ses exigences acquises, pui
dans les aptitudes héréditaires de l'homme, depuis la foli
jusqu'au génie. Le mot cesserait alors d'avoir un sens déter
miné.

du genre de celles que nous avons citées avec M. Pouchet et Darwin.

Reste donc qu'elles soient contractées sous l'empire des besoins qu'impose à tout animal le système d'organisation lentement modifié si l'on veut, mais toujours assez harmonieusement agencé pour imposer à l'animal des tendances précises; et, d'après les exemples cités plus haut, nous sommes autorisés à dire que l'animal ne connaît ni l'origine ni le but de ces tendances, qu'il y cède aveuglément, sans pouvoir par sa propre initiative les diriger, par conséquent sans les connaître.

Ainsi les actes des animaux que nous avons rappelés, qu'ils soient habituels ou non, sont instinctifs; car, relation fatale des actions et des habitudes avec l'organisme et les influences du milieu, c'est là la loi de l'instinct.

Arrivons maintenant à l'un des disciples français les plus brillants et les plus savants de Darwin, M. G. Pouchet. J'ose dire que, malgré la plupart de ses assertions, il nous fournira de nouveaux arguments. En effet, n'est-il pas infiniment plus facile de comprendre que les actes les plus compliqués des animaux soient aveugles, quand on vient nous exposer que les raisons de ces actions se perdent toujours, pour ainsi dire, dans un passé nécessairement inconnu de chaque génération, quand on nous enseigne que ces actions peuvent se décomposer en un certain nombre d'actes élémentaires, simples, auxquels les générations se sont successivement habituées et qui ont ainsi accumulé une à une des prédispositions et des tendances? On dit à la vérité que l'hérédité est un principe mystérieux, comme l'habitude. Mais, si mystérieuse que soit l'hérédité, c'est bien un fait que toutes les qualités qui proviennent d'elle sont des qualités organiques. L'hérédité, c'est la génération, et la génération est-elle autre chose qu'un fait vital ou physiologique?

Cette explication, on sait que M. G. Pouchet [1], comme

1. G. Pouchet, *Revue des Deux Mondes*, 1er février 1870.

Darwin, l'étend aux actes les plus merveilleux; c'est
même pour ces actes que leur explication paraît en vérité
la plus triomphante. « Le problème d'expliquer par des
conditions naturelles l'architecture des abeilles, dit M. Pouchet, semblait *défier toute tentative. Cependant Darwin
y a réussi.* » — « La grande explication de l'instinct, c'est
le temps, c'est l'incommensurable durée des époques géologiques. » — « L'instinct le plus compliqué n'est qu'une
accumulation héréditaire d'habitudes très simples. »

« Aidé des expériences de son compatriote, M. Water-
house, Darwin montre que ce travail, digne du géomètre le
plus exercé, peut être ramené en fin de compte à un certain nombre d'habitudes très simples, prises successivement,
de sorte que, par un enchaînement de faits hypothétiques,
il est vrai, on arrive à trouver *dans les lois biologiques
déjà connues* l'explication naturelle de cet instinct qui
semblait tenir du miracle.... » Chacun connaît l'explication mécanique que Buffon avait déjà donnée des ruches
d'abeilles. Or, on nous le déclare, dans la comparaison de
Buffon, tout n'est pas mauvais. « Il avait compris que chaque
alvéole, avec ses pans coupés à angles réguliers, n'était pas
une œuvre individuelle, ni l'exécution directe d'un plan ori-
ginal, que c'était une espèce de résultante amenée par le
voisinage forcé, l'entassement et la gêne mutuelle de constructions conçues sur un modèle plus simple et plus commun chez les insectes, la loge cylindrique.... »

Reste à savoir cependant quel est le principe des premiers
actes simples dont l'accumulation produit des habitudes
héréditaires. A cette question Darwin nous répondrait :
« C'est l'organisation mentale », expression aussi peu claire
que possible. M. G. Pouchet dit : « C'est l'intelligence
spontanée de l'individu ». Mais si on lit les vagues commen-
taires que le savant naturaliste donne de cette définition,
on est en vérité aussi embarrassé qu'en face de l'explication
de Darwin. « L'intelligence est, comme l'hérédité, une
des qualités propres aux êtres vivants, dont on peut constater l'existence, mais dont le principe se dérobe à nos

recherches de la manière la plus absolue. » Pour ces savants il n'y a aucune différence entre sensation, imagination, mémoire, association d'images d'une part, et d'autre part intelligence.

Tantôt M. Pouchet distingue l'instinct de l'intelligence : « L'homme, dit-il, a aussi l'instinct, comme les animaux, seulement il faut chez lui le chercher avec soin pour le découvrir ». — « La construction de la fourmilière relève de l'instinct; le choix et l'arrangement des matériaux relèvent de l'intelligence. » Mais, quelques pages plus loin, le même auteur se demandera si l'instinct n'est pas au contraire « un produit de l'intelligence ». Et malheureusement ce qui suit n'est pas fait pour nous donner plus de clarté. « Dans cette dernière hypothèse, lisons-nous (c'est-à-dire « l'instinct produit par l'intelligence »), l'instinct cesserait d'être une de ces propriétés essentielles des êtres vivants qui échappent absolument à toute compréhension, telles que la pensée du cerveau, la contraction des muscles, l'électricité de la torpille ou les lueurs du phosphore. » Mais, *si l'instinct est un produit de l'intelligence*, comment devient-il distinct de la *pensée du cerveau?* C'est ce que nous ne nous chargeons pas d'expliquer pour notre part.

Ainsi, le mot d'intelligence tel qu'il nous est expliqué là ne nous présente aucun sens plus clair que celui d'organisation mentale de Darwin, pour nous surtout à qui, bien entendu, ni la sensation, ni l'imagination qui ne fait que la renouveler, ni l'association des images, ni la mémoire qui en résulte, ne suffisent pour constituer l'intelligence. Laissons donc de côté cette psychologie obscure et tâtonnante, et retenons les faits qu'on nous donne.

Nous pouvons conclure, en employant même les propres expressions de Darwin ou de ses plus vaillants auxiliaires : « Il est des actes que les animaux savent accomplir sans les avoir appris; ils les savent de naissance et si bien, dit M. G. Pouchet, qu'ils ne se trompent pas ». Ces actes sont accomplis sans le secours de l'expérience, à peu près par tous les individus de la même espèce, de la même ma-

nière, cela sans intelligence de la fin qui doit être atteinte.
Cette aptitude innée, généralement infaillible et uniforme,
c'est l'instinct. Peut-être nous est-il interdit de connaître
les origines premières des divers instincts. Mais, en tout cas,
nous pouvons en suivre les développements, et de la nature
de ces derniers conclure la nature du principe. Si, en effet,
il est vrai que ces instincts s'enrichissent et se modifient
exclusivement par des habitudes que transmet et accumule
l'hérédité, ce fait seul nous autorise à croire qu'ils tiennent
à des aptitudes de l'organisme. Or on a vu que chaque
organisme est, dans le règne animal, un tout harmonieux
et en même temps spécial. Quant à la manière dont ces
modes divers de la vie émeuvent et conduisent l'être vivant,
c'est un point que nous avons assez amplement développé
pour n'avoir plus besoin d'y revenir.

Après avoir donné ainsi, par l'explication de ce qu'est
l'instinct, la synthèse des facultés de la vie animale antérieurement analysées, voici, ce semble, ce que nous avons
maintenant à nous demander. Qu'est-ce que cet ensemble
de facultés nous permet d'expliquer dans la vie des animaux? Est-ce seulement les actions réflexes et les actions
qui leur ressemblent de près? Ou bien pouvons-nous rapporter au jeu de ces seules facultés toutes les actions des
différentes espèces animales? Si oui, un autre ordre de
questions s'offrirait à nous : ces facultés renferment-elles
aussi de quoi expliquer l'intelligence et la raison telles
qu'elles se manifestent dans l'homme? En contiennent-
elles toutes les conditions? Les réalisent-elles déjà dans
l'animal à quelque degré?

L'opinion la plus répandue établit dans les actions des
animaux un partage très équitable et très plausible en
apparence. Tout ce qui apparaît comme uniforme, immédiatement parfait, immuable, on l'attribue à l'instinct; dès
qu'on aperçoit quelques différences, quelques variations individuelles et momentanées, on les rapporte à l'intelligence.
Ainsi, l'instinct et l'intelligence agissent de concert et simultanément dans la vie des animaux. « Je l'ai déjà dit, écrit

Flourens : tout ce que l'animal fait par pur instinct, il le fait sans l'avoir appris.

« Qui apprend au ver à soie à faire son cocon? Il n'a point vu ses parents, une génération ne connaît pas l'autre. Qui apprend à l'araignée à tisser sa toile? Pourquoi fait-elle toujours bien? Pourquoi ne peut-elle faire mal?

« Tout le monde connaît l'araignée des jardins, dont la toile est le modèle des rayons qui partent d'un centre. Je l'ai vue bien souvent, à peine éclose, commencer à tisser sa toile : ici l'instinct agit seul.

« Mais si je déchire sa toile, l'araignée la répare ; elle répare l'endroit déchiré; elle ne touche point au reste; et cet endroit déchiré elle le répare aussi souvent que je le déchire.

« Il y a dans l'araignée l'instinct machinal qui fait la toile et l'intelligence (l'espèce d'intelligence qu'il peut y avoir dans une araignée) qui l'avertit de l'endroit déchiré, de l'endroit où il faut que l'instinct agisse. »

M. G. Pouchet ne dit pas autre chose. « La construction de la fourmilière, dit-il, est un acte d'instinct, le choix et l'arrangement des matériaux sont un acte d'intelligence. »

Partout, affirme de son côté M. Blanchard, partout « l'intelligence se montre unie à l'instinct : pas d'instinct possible sans une intelligence pour le diriger et le dominer. »

Tout ceci, je l'avoue, me paraît bien peu clair. Ce mélange d'ignorance et d'intelligence, venant successivement au secours l'une de l'autre pour l'accomplissement des mêmes actions, cette intelligence avertissant l'ignorance d'agir et de mettre en jeu des facultés qu'elle, intelligence, ne possède pas, cette ignorance précédant partout l'action de l'intelligence, produisant des actes plus parfaits qu'elle, et néanmoins ayant besoin d'être dirigée par elle, mais ne se laissant diriger que quand elle a fait précisément le plus difficile, tout cela n'est-il pas bien scolastique?

Qu'une intelligence dirige et répare un mécanisme après l'avoir parfaitement compris, d'accord; ainsi l'homme peut gouverner et redresser les œuvres de la nature, quoique la

création d'œuvres pareilles surpasse sa puissance. Mais que
le même principe travaille à la même œuvre avec une industrie tour à tour aveugle et éclairée, c'est ce qui ne paraît
pas en vérité aussi facile à entendre.

Supposons qu'une montre soit un être vivant se mouvant
de lui-même et organisant son propre mécanisme : dans ce
cas on dirait que, quand elle marche avec une régularité parfaite et uniforme, elle agit aveuglément, et que, du jour
où, en présence de certaines circonstances, elle avance ou
retarde ses aiguilles, elle agit avec intelligence.

Mais la première partie de l'œuvre n'est-elle pas de beaucoup la plus difficile, et le principe qui y suffit ne doit-il
pas également suffire à la deuxième?

Les tiges des plantes ont une tendance naturelle à s'élever
vers le ciel, et leurs racines une tendance naturelle à descendre verticalement vers le centre de la terre. Quelle est
l'origine physiologique de ces tendances, c'est ce qui peut
être plus ou moins bien connu et ce que nous n'avons pas
à expliquer. Mais ce qui est bien positif, c'est que, quand
les racines ou radicules trouvent certains obstacles, les con-
tournent pour aller chercher la terre qui leur est nécessaire, et que, suivant les circonstances, elles se portent
tantôt sur un point, tantôt sur un autre, aucun physiologiste sérieux n'attribuera ces accidents secondaires à autre
chose qu'à la force même de la tendance primitive, refoulée
ici, développée là par les circonstances extérieures, lesquelles
jouent déjà un rôle nécessaire dans le développement normal et régulier. Les tendances de la plante n'aboutissent
pas sans le concours d'une certaine quantité de chaleur,
d'un certain degré de sécheresse ou d'humidité dans l'air
et dans le sol. Que cette chaleur ou cette humidité augmentent ou varient, les tendances du végétal produiront des
phénomènes quelquefois fort curieux parce qu'ils sont inac-
coutumés : aucune faculté nouvelle cependant n'entre en
jeu.

On a cru pendant longtemps qu'il y avait dans le corps
animal une force ou vertu médicatrice, distincte de l'acti-

vité physiologique normale, de même qu'on croyait à l'existence de toutes sortes de vertus morbifiques.

Comment, disait-on, la même force pourrait-elle tantôt faire circuler le sang ou construire des os suivant des lois et un plan toujours le même, tantôt renverser toutes ces lois et troubler les proportions de ce plan? Comment un même principe peut-il à la fois produire le mal et le réparer? Et cependant, c'est là une vérité acquise à la science et sur laquelle il est inutile, je crois, d'insister : la force médicatrice n'est autre que la force physiologique qui persiste à agir dans les maladies aussi bien que dans l'état de santé, mais qui produit des effets divers, opposés même, quand les conditions sans lesquelles elle ne produirait jamais rien, ni de bon ni de mauvais, sont altérées ou renversées. Et en effet, pour peu qu'on y réfléchisse, réparer un os, est-ce une chose que ne puisse faire l'activité — quelle qu'elle soit — qui l'a bâti? Quand l'os complet avait atteint les dimensions au delà desquelles il eût gêné le travail des parties voisines, son propre travail s'était arrêté naturellement, et parmi les matériaux propres à l'ossification, que le sang lui apportait, il ne s'était plus assimilé que les parties nécessaires à son entretien. Du jour où un déficit notable se produit, il y a de nouveau place pour une plus grande quantité de matériaux; cette quantité supérieure est donc assimilée par une activité qui, quant à elle, reste la même.

Revenons aux instincts des animaux. « La construction de la fourmilière, nous dit-on, relève de l'instinct; le choix et l'arrangement relèvent de l'intelligence. » Mais qu'est-ce donc que construire, sinon choisir et arranger des matériaux, et réciproquement? Si c'est l'intelligence qui choisit et arrange des matériaux, comment pourrait-elle être étrangère à la construction? Si l'ignorance n'empêche pas de faire une merveille comme ce réseau complet, modèle des rayons qui partent d'un centre, comment cette ignorance aurait-elle besoin d'être dissipée, comment l'animal aurait-il besoin d'être instruit pour faire beaucoup moins bien?

Comment l'activité qui a fait le tout ne pourrait-elle pas faire une des parties, et ainsi de suite? C'est l'intelligence qui a tout fait, ou c'est l'instinct qui a tout fait. Or vous avez d'excellentes raisons pour dire que ce n'est point l'intelligence qui a pu tout faire; car une intelligence qui n'a point appris, c'est un non-sens, à moins qu'il ne s'agisse d'une intelligence très supérieure à la nôtre et d'une nature toute différente. Mais, si l'instinct, quoique ignorant et irréfléchi, peut bâtir une porte, comment ne pourrait-il pas la rebâtir quand elle est détruite, ou l'élargir quand elle est trop petite, pour satisfaire le besoin qui l'a poussé?

Les comparaisons que nous établissons ici nous paraissent d'autant mieux fondées que l'instinct de l'animal n'est à aucun moment indépendant ni de l'organisation, ni, par conséquent, des circonstances qui agissent sur elle et sur les fonctions de la vie, de même qu'à aucun moment les tendances de la plante ne sont indépendantes de la chaleur et de l'humidité. Il est certain que la première manifestation de l'instinct, c'est le fonctionnement des organes; et comme chaque organe a dans toute espèce animale une nature particulière, une fin précise, des moyens d'action spéciaux, il n'est pas plus difficile d'expliquer pourquoi l'araignée fait sa toile et pourquoi la taupe creuse la terre, que d'expliquer pourquoi l'enfant est amené à crier, à gesticuler et à marcher dès qu'il le peut. Mais, si l'animal trouve dans le jeu aussi simple que possible de ses organes une première satisfaction, comment les circonstances qui l'augmentent ou qui la rendent plus fréquente ne les rendraient-elles pas aussi attrayantes? et comment l'animal ne serait-il pas amené à les rechercher? Comment les circonstances qui empêchent ou diminuent ce premier plaisir ne feraient-elles pas fuir la bête? Comment ne provoqueraient-elles pas des efforts qui, entretenus par l'imagination, par le désir, s'accoutument à se porter régulièrement contre l'obstacle et peuvent très souvent parvenir à le vaincre? Ainsi s'accumulent dans l'imagination de l'animal des attraits, des craintes, des désirs, qui se groupent en quelque sorte autour des instincts premiers, sont entretenus et ramenés par eux, et contribuent eux-mêmes à leur assurer des satisfactions plus fréquentes et plus variées.

Je dirai plus : non seulement la superposition de l'un des deux principes à l'autre me paraît de trop, l'instinct devant pouvoir faire le moins difficile après avoir fait le plus difficile, mais cette action simultanée de deux principes si opposés n'est-elle pas incompatible? L'instinct provoque chez tous les animaux d'une même espèce des actions uniformes, non pas absolument et universellement identiques, mais enfin généralement semblables. Qu'on ne dise pas que la limite des différences et des ressemblances est insaisissable. Où trouvera-t-on dans les travaux des hommes une uniformité comparable, même de loin, à celle des cellules hexagonales des abeilles, des galeries souterraines de la taupe, etc., et même de la façon de chasser du lion, du loup, du renard et du chien? Or admettons que l'intelligence intervienne pour agencer les détails de ces constructions. Qui dit intelligence, ne l'oublions pas, dit attention personnelle, initiative voulue, par conséquent intermittente, inégale, et d'une inégalité qui va croissant avec l'accumulation des efforts plus ou moins énergiques et soutenus des uns et des autres. Or on peut dire qu'avec l'intervention d'un tel principe, c'en serait bientôt fait de l'uniformité.

Cette uniformité serait d'autant plus gravement compromise que les animaux, et c'est l'école darwinienne qui nous fournira ici le plus d'arguments, sont beaucoup plus soumis que nous aux effets de la concurrence vitale, et que le meilleur moyen qu'ils ont de s'y soustraire, c'est de diverger les uns des autres. M. Wallace et Darwin prétendent bien que ces nécessités de la lutte les amènent en effet à revêtir des caractères de plus en plus différents. Mais dans cette divergence des espèces ou variétés l'intelligence n'a rien à voir. Qu'un animal survive à ses congénères parce qu'il avait un plumage plus coloré ou d'une teinte qui, plus semblable à celle du milieu, était par cela même plus protectrice, qu'il propage ainsi une race différente, destinée à triompher dans la bataille de la vie, il n'y a évidemment là rien qui mette en jeu la réflexion ni la liberté, et ces changements, très lents d'ailleurs, ne font que substituer à des instincts uniformes d'autres instincts non moins uniformes eux-mêmes. Eh bien, si l'animal pouvait prendre réellement l'initiative de certaines modifications dans sa manière de vivre et d'agir, étant donné le grand intérêt qu'il aurait à le faire, je le demande, que deviendrait cette uniformité, très réelle, quoi qu'on en dise, des talents et des travaux des bêtes? Quelles proportions ne prendraient pas aussitôt les divergences!

Différence étrange en apparence, mais qui n'est qu'un effet d'une raison suprême, toujours harmonieuse et partout logique! A mesure que la civilisation, multipliant les ressources de tous, met chacun de nous mieux à même de développer librement ses facultés, l'initiative individuelle s'affranchit de plus en plus, les talents se diversifient, et, grâce à la division du travail, les aptitudes les plus menues ont leur emploi. En même temps néanmoins, l'unité morale du genre humain s'accuse davantage; les hommes les plus éloignés tendent de jour en jour à mieux se comprendre, et les diversités d'opinions sur les droits et sur les devoirs s'atténuent devant les progrès toujours croissants de la morale universelle. C'est que plus l'homme développe sa libre énergie par l'effort et par la réflexion personnelle, plus il se rend compte de l'universalité de cette intelligence qui, malgré la diversité infinie de ses manifestations, est une et identique chez tous les hommes, attestant chez tous les hommes même origine, même loi, même destinée.

Dans le règne animal, on nous affirme, au contraire, que le progrès s'accuse par la diversité des goûts, des mœurs et surtout des organisations. Mais ce progrès, quelque opinion qu'on ait d'ailleurs sur les limites dans lesquelles il est renfermé, c'est la nature qui l'accomplit. La bête n'en soupçonne rien, et c'est ce qui fait que, si dans le règne animal les races tendent à différer autant que dans

le règne humain, elles tendent à se ressembler, tous les
animaux qui composent un même groupe vivent, chassent,
construisent... exactement les uns comme les autres.

Ainsi ce concours de l'instinct et de l'intelligence paraît
impossible. Une intelligence qui ne serait que le produit de
l'instinct et sa manifestation ne serait pas une intelligence.
Un instinct qui, suivant les expressions de M. Blanchard,
serait « dirigé et dominé par l'intelligence », ne serait pas
un instinct. Autrement les mots n'auraient plus de sens.

Mais évitons jusqu'à l'apparence des questions de mots
et cherchons de nouveaux faits [1]. Les *Souvenirs entomologiques* de M. J.-H. Fabre nous en fournissent de bien
significatifs. Voici le sphex languedocien qui possède une
science dont notre imagination est confondue : il paralyse
sa proie sans la tuer, et il la garde ainsi vivante, pour
la larve à laquelle elle est destinée; car il faudra à cette
larve, quand elle sera née, une nourriture fraîche encore,
mais incapable de résistance. Comment le sphex obtient-il
cet étonnant résultat? Par des moyens plus étonnants
encore, « par le procédé connu dans les laboratoires de
physiologie expérimentale : la compression du cerveau. Il
agit comme M. Flourens, qui, mettant à nu le cerveau d'un
animal, et pesant sur la masse cérébrale, abolit du coup
intelligence, vouloir, sensibilité, mouvement. » A califour-
chon sur sa proie, il fait largement bâiller l'articulation du
cou avec ses mandibules et fouille aussi avant que possible
sous le crâne, mais sans blessure extérieure aucune, pour
saisir, mâcher et remâcher les ganglions cervicaux. Cette
opération faite, la victime est totalement immobile, et elle
reste à l'état de viande fraîche, sans déperdition de substance,
pendant dix-huit jours.

De l'aveu de tous, voilà bien l'instinct. Où sera l'intelligence qui le dirige et le domine? M. J.-H. Fabre a cher-

---

1. Tous les exemples qui vont venir nous étaient inconnus
lors de notre première édition, puisque l'ouvrage de M. Fabre
est de 1879; mais on peut remarquer à quel point ils sont
d'accord avec les idées que nous soutenions.

ché scrupuleusement cette intelligence là où il fallait la
chercher, c'est-à-dire dans les agissements de l'animal en
présence de circonstances accidentelles et anormales. Il n'y
a trouvé que stupidité. Ainsi ce sphex, pour entraîner sa
proie, s'attelle à ses antennes : c'est là son mode habituel de
traction. M. Fabre coupe une partie de ces antennes, mais
en laisse subsister un petit bout : le sphex peut encore s'y
cramponner; il se remet donc à son charroi, et il continue
de traîner sa victime pour l'amener à son terrier. Mais, si
l'expérimentateur rase complètement les antennes, alors le
grand chirurgien de tout à l'heure est dérouté. Il fait une
tentative absurde : il essaye de happer sur place le crâne
de l'éphippigère qu'il traînait; mais ses mandibules sont
incomparablement trop courtes, et il échoue. N'essayera-
t-il pas de saisir sa proie par quelque autre point? Il n'en
manque pas de favorables, puisqu'il y reste les six pattes et
l'oviscapte, tous organes assez menus pour être happés en
plein et servir de cordons de traction. Eh bien, le sphex n'en
a pas l'idée. « Il part, abandonnant tout, domicile et gibier,
lorsque, pour utiliser l'un et l'autre, il n'avait qu'à saisir
sa proie par une patte. Ainsi cet émule des Flourens, qui
tantôt nous effrayait de sa science lorsqu'il comprimait le
cerveau pour obtenir la léthargie, est d'une incroyable
ineptie pour le fait le plus simple en dehors de ses habitudes. Lui qui sait si bien atteindre de son dard les ganglions thoraciques de sa victime, et de ses mandibules les
ganglions cervicaux; lui qui fait une différence si judicieuse
entre une piqûre empoisonnée abolissant pour toujours
l'influence vitale des nerfs et une compression n'amenant
qu'une torpeur momentanée, il ne sait plus saisir sa proie
par ici s'il est dans l'impossibilité de la saisir par là. Prendre une patte au lieu d'une antenne est pour lui une insur-
montable difficulté d'entendement. Il lui faut l'antenne ou
un autre filament de la tête, un palpe. Faute de ces cordons, sa race périrait, inhabile à résoudre l'insignifiante
difficulté. »

Autre expérience. Ce sphex, qui a si bien endormi sa

proie, l'amène dans son terrier; là il pond un œuf, puis
enferme l'œuf et sa future nourriture, l'insecte endormi,
après avoir déployé dans la construction du petit logis la
prestesse la plus admirable. L'expérimentateur intervient
encore au milieu de ce travail : pendant une courte absence
du constructeur, il réussit à enlever de la cellule l'œuf et la
proie. Le sphex, qui avait été momentanément éloigné,
revient. S'aperçoit-il alors que son domicile a été dévalisé,
que la proie volumineuse qui encombrait la cellule n'y est
plus et que tout le travail est désormais inutile? En aucune
façon! Il achève consciencieusement un édifice qui ne doit
plus servir à rien; suivant l'inflexible règle de son instinct, il complète son œuvre en bouchant le logis, tout vide
qu'il est.

M. Fabre a renouvelé, étendu, varié ces curieuses expériences. Il a observé des chalidocomes et des bombyx qui
ont pour retrouver leur demeure un sens d'orientation, une
précision de direction, une mémoire topographique, une
faculté de reconnaissance que rien ne déconcerte, bref un
instinct merveilleux. Mais, si le nid a été déplacé légèrement, *transporté à un mètre* du point primitif, l'insecte
a beau retrouver sa propre maçonnerie, sa propre salive,
la pâtée qu'il a lui-même amassée : il ne reconnaît plus
rien et il abandonne cette demeure. Une lieue de distance
et mille obstacles accumulés n'ont pu tromper son instinct :
un mètre de déplacement a dérouté sa prétendue intelligence. Une autre fois, on laisse intact l'ensemble du terrier,
on y respecte tout : larve et provisions; mais on met le logis
à découvert en enlevant la toiture. La mère revient : elle
voit là sa larve qui se grille aux rayons du soleil, mais
l'entrée habituelle du logis lui fait défaut; le souci du
passage connu la tourmente, elle va, vient, s'agite, incapable de reconnaître sa progéniture, indifférente à son sort
et ne songeant même pas à réparer l'œuvre détruite, ce
qu'elle ferait pourtant en un clin d'œil, si seulement l'idée
lui en venait.

Réaumur avait déjà observé que des abeilles maçonnes,

qui viennent aisément à bout d'un mortier dur comme de
la pierre, n'essayaient même pas de percer une fine gaze
au bout d'un entonnoir en verre où l'on avait renfermé
leur nid : elles mouraient d'inanition. M. Fabre a substitué
à cette observation une expérience encore plus concluante.
Il s'agissait de savoir si les abeilles n'avaient pas été arrêtées par une impossibilité matérielle, la pioche d'un terrassier pouvant échouer là où il faudrait les ciseaux d'une
couturière. Le successeur de Réaumur enferme des chalidocomes dans de la terre pétrie de ses mains ou dans du
bois : ils en sortent aisément. Il enferme deux autres
groupes d'hyménoptères dans des cellules enveloppées les
unes et les autres de l'enceinte terreuse qu'elles sont habituées à percer. Mais l'une de ces enceintes est recouverte
à son tour d'un papier gris qui, bien appliqué sur le mortier, y adhère solidement; pour l'autre cellule on laisse
un intervalle vide entre la paroi de terre et la paroi de
papier. Qu'arrive-t-il? Les insectes de la première cellule
percent leur enceinte, et le papier ne les arrête pas : le
papier, pas plus que le bois, n'est donc pas un obstacle
auquel soient impropres leurs outils. Et cependant leurs
pareils, quand ils ont percé le premier dôme et qu'ils se
sont retrouvés dans un espace vide fermé par un second
dôme de papier, leurs pareils, disons-nous, se sont arrêtés;
ils n'ont même pas essayé de percer ce fragile rempart
dont ils seraient venus à bout, si la feuille eût été appliquée
sur le nid même et si elle eût fait corps avec le rempart
familier. Sans tentative de libération, ils meurent sous le
couvert.

« Ce fait, dit avec grande raison M. J.-H. Fabre, me paraît
riche en conséquences. Comment! voilà de robustes insectes, pour qui forcer un tuf est un jeu, pour qui tampon
de bois tendre et diaphragme de papier sont parois si
faciles à trouer malgré la nouveauté de la matière, et ces
vigoureux démolisseurs se laissent sottement périr dans la
prison d'un cornet qu'ils éventreraient en un seul coup de
mandibules? Cet éventrement, ils le peuvent, mais ils n'y

songent pas. Le motif de leur stupide inaction ne saurait être que celui-ci. L'insecte est excellemment doué en outils et en facultés instinctives pour accomplir l'acte final de ses métamorphoses, l'issue du cocon et de la cellule. Il a dans ses mandibules ciseaux, lime, pic, levier, pour couper, ronger, abattre tant son cocon et sa muraille de mortier que toute autre enceinte, pas trop tenace, substituée à la paroi naturelle du nid. De plus, condition majeure sans laquelle l'outillage resterait inutile, il y a, je ne dirai pas la volonté de se servir de ces outils, mais bien un stimulant intime qui les invite à les employer. L'heure de la sortie venue, ce stimulant s'éveille et l'insecte se met au travail du forage.

« Peu lui importe alors que la matière à trouer soit le mortier naturel, la moelle de sorgho, le papier : le couvercle qui l'emprisonne ne lui résiste pas longtemps. Peu lui importe même qu'un supplément d'épaisseur s'ajoute à l'obstacle et qu'à l'enceinte de terre se superpose une enceinte de papier : les deux barrières, non séparées par un intervalle, n'en font qu'une pour l'hyménoptère, qui s'y fait jour, parce que l'acte de la délivrance se maintient dans son unité. Avec le dôme de papier, dont la paroi reste un peu à distance, les conditions changent, bien que l'enceinte totale, au fond, soit la même. Une fois sorti de sa demeure de terre, l'insecte a fait tout ce qu'il était destiné à faire pour se libérer ; circuler librement sur le dôme de mortier est pour lui la fin de la délivrance, la fin de l'acte où il faut trouer. Autour du nid, une autre barrière se présente, la paroi du cornet ; mais, pour la percer, il faudrait renouveler l'acte qui vient d'être accompli, cet acte auquel l'insecte ne doit se livrer qu'une fois dans sa vie ; il faudrait enfin doubler ce qui de sa nature est un, et l'animal ne le peut, uniquement parce qu'il n'en a pas le vouloir. L'abeille maçonne périt faute de la moindre lueur d'intelligence. Et dans ce singulier intellect il est de mode aujourd'hui de voir un rudiment de la raison humaine [1] ! »

1. Ouvrage cité, p. 298.

Reprenons quant à nous les termes mêmes du problème, tel que le posaient Flourens, M. G. Pouchet et Blanchard. Là où l'intelligence devrait intervenir pour sauver l'animal, en étendant légèrement les effets de l'instinct, mais en l'appliquant à des circonstances nouvelles, c'est précisément là que nous trouvons stupidité et impuissance. Il est expérimentalement établi que l'instinct présente invariablement cette antithèse et cette espèce de contradiction, d'être d'une habileté prodigieuse là où il ne peut avoir rien appris, là où nul ne songe à retrouver des procédés analogues à ceux de notre intelligence, puis d'être obtus et borné là où il n'aurait qu'à tirer parti de l'expérience que l'exercice même de son instinct eût dû lui donner.

La limite est donc plus facile à tracer qu'il ne semble : d'une part, un instinct qui peut s'assouplir et varier ses mouvements tant qu'il travaille à son œuvre propre, dans un rayon nettement circonscrit par la loi de ses aveugles impulsions; d'autre part, des mouvements inutiles, une agitation stérile, ou plus souvent encore une torpeur hébétée, une abstention stupide, c'est-à-dire rien. C'est cet assouplissement de l'instinct, je le sais, qu'on tient à appeler intelligence, non pas seulement pour y voir quelque chose de psychologique et de mental qui s'oppose au pur mécanisme, mais pour y retrouver comme en nous-mêmes le raisonnement, la délibération réfléchie et même la liberté. Or, qu'on le remarque bien, si cet assouplissement de l'instinct était autre chose qu'une accommodation facile à des conditions restées semblables pour les sens aux conditions normales et habituelles, autrement dit si c'était de l'intelligence, pourquoi cette intelligence s'arrêterait-elle si vite? Pourquoi serait-elle incapable de sauver un animal, si étonnant ailleurs dans ses actes, d'un péril si peu au-dessus de ses forces réelles? Quand est-ce donc qu'elle viendra diriger l'instinct, si ce n'est là? On la suppose là où il est évident qu'elle est inutile et superflue : là où elle serait nécessaire, il est impossible de la trouver. Quels sont donc ceux qui se payent de mots?

Mais on nous fait ici une objection à laquelle nous devons nous arrêter. On nous fait observer que, dans la nature humaine, l'instinct, l'habitude, l'intelligence, agissent tour à tour et qu'il y a par conséquent contradiction à déclarer ce mélange impossible dans la vie psychologique de l'animal. Nous n'avons pas dit seulement que ce mélange semblait impossible, nous avons montré expérimentalement qu'il ne se produisait pas! Mais examinons de plus près l'objection, non pas du tout pour instituer une polémique et varier un plaidoyer, mais pour mieux comprendre les véritables différences qui séparent l'homme et l'animal, ce qui est l'objet même de nos recherches et de nos réflexions.

L'homme a-t-il des instincts comparables à ceux des animaux? C'est là un point délicat. Assurément l'instinct est représenté dans notre nature : il a sa place dans la vie humaine; il ne faut pas songer à le contester. Nous trouvons d'abord en nous-mêmes un grand nombre de ces mouvements ou actions élémentaires que, chez l'animal, l'instinct coordonne sous l'influence d'une impulsion prédominante. L'instinct, en effet, n'est pas pour nous un acte réflexe, c'est un ensemble, une suite, un groupement d'actes réflexes avec lesquels se mêlent et s'organisent d'autres mouvements d'un ordre un peu plus élevé, mouvements d'accommodation, mouvements dirigés par une imagination rudimentaire, mouvements sympathiques, mouvements répétés et tournés insensiblement en habitudes, à la suite du plaisir qu'ils ont une fois procuré. Tous ces éléments de l'instinct, nous les trouvons en nous et abondamment. Voyons-nous que chez aucun de nos semblables ils soient jamais mis au service d'une industrie native, rendue facile et nécessaire par quelque appropriation organique? Non. Nous les voyons souvent à l'état d'incohérence et d'isolement, souvent même à l'état de divergence ou de mutuelle hostilité : de là tant d'habitudes insignifiantes ou stupides, contraires sans doute à la raison, mais non moins contraires à l'instinct, tel que nous l'observons dans l'animal. Quand ils se rallient et se concertent pour former un ensemble bien lié, c'est sous l'influence d'une imagination plus vive que les autres, mais qui demeure étrangère à toute recherche utile, tant qu'elle n'est pas guidée par une volonté réfléchie et persévérante. Voilà les ressemblances et voilà les différences. Parce que nous retrouvons dans les actes des animaux et dans les nôtres les mêmes mouvements élémentaires, sommes-nous obligés de croire, malgré l'évidence, qu'ils y sont groupés et conduits de la même façon et par le même travail? Ce serait, sous prétexte d'analogie, tout confondre : il faudrait alors assimiler complètement l'homme endormi, la somnambule à l'homme éveillé, l'homme aliéné à l'homme sain d'esprit, sous prétexte que l'un nous aide, par certaines analogies, à comprendre l'autre.

Mais on insistera. On dira que ce ne sont pas seulement les éléments de l'instinct que nous rencontrons dans notre propre nature, autrement groupés qu'ils ne le sont dans l'instinct de la bête. On dira qu'il y a dans l'homme des instincts complets, des ensembles de mouvements réflexes et actions élémentaires qui spontanément conspirent vers un but sensible, de la même manière que chez les animaux proprement dits. On ajoutera que ce sont d'abord ces instincts-là que nous comprenons et qui nous aident ensuite à comprendre ceux des êtres inférieurs. On nous demandera si ces impulsions ne sont pas chez nous ressaisies, remaniées, perfectionnées par l'intelligence. Pourquoi donc enfin, conclura-t-on, l'instinct ne pourrait-il être aussi perfectionné intelligemment par la bête, comme il l'est en nous et par nous?

Reprenons cette suite de questions. La liste des instincts propres à l'espèce humaine n'est pas longue à faire. Les instincts de déglutition, de respiration, de locomotion sont à peine dignes de ce nom : ils sont trop semblables à des réflexes. L'instinct de la génération n'a pu être étudié dans des conditions suffisantes d'isolement et en dehors de toute excitation sociale. Le plus incontestable et le plus remarquable de tous est certainement l'instinct de succion dans l'enfant nouveau-né : il a tout ce qu'il faut pour nous servir de terme de comparaison et d'exemple décisif. Or, quand la volonté intelligente de l'homme arrive à se posséder et à se régler, est-ce qu'elle s'applique à perfectionner l'instinct de succion? Il s'en faut de beaucoup : elle le supprime! et si la succion ou quelque chose d'analogue reparaît quelquefois dans l'âge adulte avec ses caractères de tendance irréfléchie, d'art aveugle et parfait, c'est uniquement dans la vie de certains idiots. L'intelligence supprime-t-elle aussi la faculté de déglutition et de respiration? Non, à coup sûr. Mais, en supposant qu'il y ait dans ces actes autre chose que des mouvements réflexes, on ne peut dire que l'homme y applique jamais ni son raisonnement ni son art. On ne voit pas non plus ce qu'il perfectionnerait dans les instincts de reproduction. L'instinct, si instinct il y a, reste là toujours indépendant dans sa sphère, toujours étranger à la raison, qui peut sans doute l'étudier comme un mécanisme extérieur, mais qui généralement ne lui emprunte pas plus qu'elle ne lui donne. Quand elle perfectionne un mode d'activité auquel elle est directement et intimement mêlée, c'est à la condition de l'avoir tout d'abord commencé, ébauché, travaillé elle-même peu à peu par les procédés qui lui sont propres. Ainsi nous ne faisons aucune difficulté de reconnaître que « les coureurs, les plongeurs, les chanteurs modifient leur respiration et la règlent d'une manière méthodique » ; mais ce ne sont pas là des instincts : ce sont des arts, autrement dit des habitudes intelligentes; et dans ces habitudes qu'est-ce que l'intelligence règle et perfectionne? un mécanisme, beaucoup plus que telle ou telle impulsion instinctive intermédiaire entre le mécanisme même et la raison.

Mais, à vrai dire, l'intelligence est toujours présente dans l'homme à un degré quelconque. Elle n'est jamais complètement absente ni des habitudes ni des prétendus instincts qui le font agir. Elle préside à la formation des unes, il n'est donc pas étonnant qu'elle puisse toujours les replacer sous son empire; c'est elle qui s'essaye et s'ébauche, pour ainsi dire, dans la formation des autres. Mais, en réalité, y a-t-il *dans l'homme adulte*, des instincts, au vrai sens du mot, c'est-à-dire des impulsions coordonnées et persistantes qui le dirigent et le fassent aboutir sûrement à une fin déterminée et utile, sans qu'il y mette de lui-même aucun libre effort? Non. Il y a seulement certains besoins qui se font sentir plus fréquemment que les autres; ceux-là produisent, par leur répétition, une conscience plus sourde, des tendances [1] habituelles plus obscures qui sollicitent l'individu et le mettent en demeure d'agir. La comparaison n'est donc pas recevable....

Pourquoi donc des esprits si distingués ont-ils recours à cette hypothèse qui nous paraît compliquée, peu scientifique et même contradictoire? Cela tient à trois raisons :

La première, c'est qu'ils se font une fausse idée de l'intelligence. Ils entendent le mot d'une façon vague, lui enlevant d'autant plus de compréhension qu'ils lui donnent une extension plus démesurée et prennent pour facultés intellectuelles des facultés qui n'appartiennent qu'à la sensation.

La deuxième, c'est qu'ils ne se font pas, croyons-nous, une juste idée de l'instinct, voyant toujours plus ou moins derrière ce mot la science infuse, l'inspiration mystérieuse, la propriété irréductible.

La troisième, c'est que, sous l'empire de cette double erreur, ils s'exagèrent singulièrement le sens et la portée de beaucoup d'actions des animaux.

Nous croyons avoir établi déjà les deux premiers points; essayons quant à présent de discuter de près le troisième.

Commençons par quelques-uns des exemples cités plus haut à l'appui de l'hypothèse dont nous venons de parler. L'araignée répare-t-elle toujours sa toile, toutes les fois qu'elle est déchirée, ainsi que l'affirme M. Flourens? Il faut s'entendre.

Rappelons d'abord ce fait, l'un des plus caractéristiques

1. Par a· alogie on appelle ces tendances du nom d'instincts; mais il ne faut pas abuser de cette analogie.

qu'on puisse trouver, à notre avis, dans la psychologie des
animaux : qu'on prenne une chenille ayant commencé son
hamac et qu'on la place dans un hamac déjà fort avancé
par une autre chenille, elle ne fera jamais que continuer
son travail à elle sans chercher à compléter simplement
l'œuvre qu'elle trouve à peu près achevée. Avait-elle fait
les deux tiers de son travail : le hamac nouveau a beau
n'être encore qu'au premier tiers, elle ajoute un tiers de
plus, pas davantage. Si, au contraire, on l'enlève à un
réseau filé jusqu'au premier tiers seulement, pour la
placer dans un autre achevé jusqu'aux deux tiers, de sorte
qu'une partie de son ouvrage se trouve toute faite par
avance : loin d'évaluer à bénéfice cette économie de travail,
elle paraîtra fort embarrassée. Pour compléter le réseau
d'emprunt, elle semblera ne pouvoir partir que du premier
tiers où elle a laissé le sien, et elle s'essayera en vain à
refaire l'ouvrage déjà terminé.

Le chalidocome, que nous avons examiné tout à l'heure
avec M. Fabre, nous offrira autant d'exemples que nous vou-
drons d'une semblable inconséquence. Il a deux tâches différentes : maçonner un logis et l'approvisionner. Or on aura
beau lui donner une demeure toute faite et toute préparée,
entièrement semblable à celle qu'il doit se construire lui-
même, il la tiendra pour non avenue. Il devait maçonner :
il maçonne quand même. Renversez l'expérience. A celui
qui approvisionne donnez un nid avec une cellule mal
ébauchée et visiblement insuffisante. L'achèvera-t-il avec
quelques minutes de ce travail qu'il sait si bien conduire en d'autres circonstances? Non. Il approvisionnait : il
approvisionnera quand même; il le fera dans les conditions
et par les voies les plus absurdes, habile à faire le travail
que son instinct lui impose, inhabile à reconnaître qu'un
changement survenu dans les conditions habituelles de son
travail le fait opérer à contresens. Ainsi encore le sphex
qui doit boucher son terrier après y avoir déposé sa proie,
le bouche consciencieusement, alors même qu'on l'a vidé
sous ses yeux : c'est ce que nous constations tout à l'heure.

Ainsi, quel que soit l'accord qui s'établisse très souvent entre les dispositions intérieures de l'organisme et les circonstances extérieures qui viennent solliciter l'animal, c'est aux premières que l'animal est le plus fortement subordonné. Il faut avant tout qu'il satisfasse le besoin qui le tourmente; apprécier que cette satisfaction est, pour le moment, superflue, c'est ce dont il est incapable.

Pour que l'animal, sentant son propre travail endommagé, songe à le réparer, il faut donc qu'il en soit au moment marqué par son instinct; ou bien encore il faut qu'il s'agisse d'une œuvre en quelque sorte permanente ou tout au moins quotidienne. Ici, en effet, c'est le besoin même, le besoin aveugle et irrésistible, qui est combattu, surexcité par conséquent : on comprend que l'instinct puisse de nouveau entrer en jeu. La difficulté pour l'animal n'est plus la même. Or c'est là précisément le cas de l'araignée réparant sa toile. Mais, à en croire un auteur ingénieux et qui paraît avoir très bien observé [1], l'araignée ne répare pas complètement sa toile toutes les fois qu'elle est déchirée. Le réseau proprement dit, destiné à être successivement déchiré à mesure qu'une mouche nouvelle est prise, n'est jamais réparé, quel que soit l'accident qui l'endommage. Ce sont seulement les fils qui servent à tendre le réseau qui sont renoués ou remplacés, lorsqu'une cause ou une autre vient à les rompre. L'animal, placé au centre de la toile, et opérant une sorte de traction avec ses huit pattes dans toutes les directions, est instantanément averti, par la cessation de la résistance, de l'accident qui vient de s'y produire. Il éprouve alors tout naturellement par cette détente une sensation, et cette sensation provoque des mouvements déjà tout préparés dans les organes et dans les instincts de l'araignée. Quand le dégât est considérable, l'araignée ne prend pas la peine d'une restauration au-dessus de son habileté, elle dévore la vieille toile et s'en fait une nouvelle.

Le même auteur rapporte sur d'autres insectes un fait

1. P.-J. de Bonniot, *la Bête, question actuelle.*

qui peut jeter quelque jour de plus sur cette question. Il
est des ichneumons qui déposent leurs œufs sous l'épiderme
d'une chenille. Celle-ci s'enferme dans son cocon avec le
perfide dépôt. A peine est-elle chrysalide, que les œufs
éclosent et donnent naissance à des larves qui la dévorent.
Cette œuvre achevée, les larves se construisent à elles-
mêmes, dans le grand cocon de la chenille, des miniatures
de cocons. Or, si, prenant un de ces petits cocons, on enlève
une partie de l'une de ses parois, on peut être sûr que le
trou sera refermé le lendemain. La bestiole, qui a conservé
toute sa vivacité dans sa prison, s'est empressée de réparer
le désordre. Si l'on ouvre une seconde et une troisième fois,
la fenêtre à la fin reste béante, mais l'insecte meurt. Le
contact de l'air extérieur serait donc une cause de malaise
pour le petit animal : c'est ce malaise qui met en œuvre
son instinct de filateur, et, quand la soie vient à manquer, il
finit par amener la mort. C'est à une excitation analogue
qu'obéit l'araignée lorsqu'elle répare sa toile : elle l'avait
fabriquée d'abord sous une impulsion de même nature.

Cette subordination si complète et si absolue des actions
de l'animal à son instinct, c'est-à-dire aux impulsions intérieures de son organisme, se manifeste encore par d'autres faits. Beaucoup d'animaux ont dans leurs organes
mêmes des instruments admirables; ils peuvent arriver à
en tirer un excellent parti : jamais ils ne pourront en fabri-
quer un, jamais ils n'arriveront à se servir de ceux que
nous laisserons à leur portée, ni même à imiter l'homme
d'une manière utile. Ils imitent bien leurs parents, parce
que leur nature est identique et qu'ils sentent déjà l'attrait
qui a longtemps soutenu et développé chez les vieux les
aptitudes que les jeunes ont en germe quand ils naissent.
Mais le singe, par exemple, aura beau reproduire machinalement près d'un menuisier le mouvement de la scie et du
rabot, il ne lui viendra pas à l'idée de se servir de ces outils
pour se donner la liberté.

Quand nous élevons ou domptons des animaux, nous
pouvons obtenir d'eux d'apparents miracles, si, nous adres-

sant à leur instinct particulier, nous surexcitons cet instinct
progressivement, lui donnant et lui refusant tour à tour les
satisfactions qu'il réclame : nous multiplions ainsi une à
une les associations d'images et de mouvements; mais les
facultés générales de l'individu n'ont absolument rien gagné :
car, en dehors de ces exercices, nous ne les trouverions que
plus stupides. Exercez un chien à un genre de chasse, il
s'habituera peu à peu aux habitudes de son gibier, ainsi
qu'à nos propres exigences; mais, si vous essayez de le
mettre sur la piste d'un autre gibier, il ne montrera plus
la moindre ressource. Voici des fourmis amazones, hautes
sur leurs jambes, aux mandibules minces et arquées;
vous les voyez armées d'un aiguillon : ce sont des fourmis
guerrières dont toutes les aptitudes sont tournées du côté
du combat. A côté d'elles vivent des fourmis noir cendré,
leurs auxiliaires, dépourvues d'aiguillon, mais munies de
mandibules grandes, larges, épaisses; elles restent dans
l'habitation qu'elles ont construite et où elles soignent les
larves de fourmis.

« Or, dit Pierre Hubert, j'enfermai un jour trente fourmis
légionnaires (amazones) et une vingtaine de nymphes noir
cendré dans une boîte vitrée, dont le fond était recouvert
d'une épaisse couche de terre; je versai un peu de miel
dans un coin de leur prison et j'eus soin de ne point leur
associer de fourmis auxiliaires. Elles parurent d'abord faire
quelque attention à ces larves; elles les emportèrent çà et
là, mais les reposèrent bientôt. La plupart d'entre elles
moururent de faim au bout de deux jours. Elles n'avaient
pas cherché à se construire une loge dans la terre; le peu
de fourmis qui restaient encore en vie étaient languissantes
et sans force. J'en eus pitié, et je leur donnai une de
leurs compagnes noir cendré. Celle-ci, toute seule, rétablit
l'ordre, fit une case en terre, y rassembla les larves,
développa plusieurs jeunes fourmis des deux espèces qui
étaient prêtes à sortir de l'état de nymphe, et conserva la
vie aux amazones qui subsistaient encore. » Donc ces
guerrières, si redoutables dans les combats, avaient en vain

sous les yeux le spectacle des travaux de leurs auxiliaires, elles se laissaient mourir de faim plutôt que d'*omettre la moindre partie* de leur industrie. N'est-ce pas une preuve éclatante que les industries les plus merveilleuses des ani-maux manquent absolument de cette généralité, caractère distinctif de l'intelligence?

En d'autres termes, prenez l'action la plus simple de l'homme le plus stupide (pourvu qu'il ne s'agisse pas d'un idiot), elle manifestera toujours un certain degré de raison-nement qu'avec un peu de patience vous pouvez appliquer à des fins différentes. Nous savons plus : si l'idiot lui-même peut recevoir une éducation quelconque, c'est en étant con-traint d'une manière générale à des exercices très divers et qui, presque tous insignifiants en eux-mêmes, l'habituent à l'attention volontaire. On n'obtiendrait pas le moindre résultat si on s'adressait exclusivement à telle ou telle faculté spéciale qui subsiste chez lui, comme isolée, et dépasse sou-vent la moyenne de la façon la plus surprenante.

Prenez, au contraire, le chien de berger le plus fin, le plus docile, le mieux exercé : vous n'obtiendrez jamais de lui qu'il arrête la moindre perdrix. D'une façon géné-rale, les actes les plus compliqués en apparence et les plus habiles d'un animal, quel qu'il soit, seront toujours les manifestations d'un seul et même instinct, spécial, mais habitué par les circonstances à des satisfactions différentes, diversement alléché, diversement effrayé, mais restant au fond toujours le même, c'est-à-dire appliquant, dans les diverses conjonctures, la même finesse de sensation, exécu-tant les mêmes mouvements.

Ici donc, on peut signaler entre autres deux causes d'erreur qui abusent le plus souvent le naturaliste et le philosophe dans l'appréciation de tel ou tel mouvement particulier, de tel ou tel détail dans la vie des animaux.

D'abord on est tenté, quand on passe en revue toutes ces preuves si variées de « prudence », de « ruse », de « finesse » des différentes espèces animales, de mettre tout cela au compte d'un seul et même être. Quand tel savant veut comparer le singe à l'homme et prouver que le second n'est qu'un cousin germain du premier, que fait-il? Il prend tel caractère à l'orang-outang, tel autre au gorille, il les réunit en imagination à une des formes du chimpanzé, etc., et ainsi l'on compose un singe idéal qui n'a vraiment que fort peu de chose à faire pour ressembler à celui qui fut très probablement notre ancêtre. C'est là ce qu'on est porté à faire le plus souvent en matière de psychologie animale. Quoi? ici, chez les fourmis, l'animal est capable d'association et se compose une sorte de gouvernement. Là, dans l'espèce canine, il manifeste pour l'homme un attachement tel, que nous avons peine à rencontrer rien d'aussi touchant parmi nos semblables. Dans la famille des singes il arrive à imiter nos attitudes, nos gestes, tous nos mouvements enfin, avec une précision qui nous étonne. Carnassier, il déploie pour surprendre sa victime des ruses qui n'ont d'égales que celles qu'il manifeste quand il est rongeur pour tromper ou fuir son ennemi! En quoi l'homme lui est-il donc supérieur? se demande-t-on. Nous venons de le dire : tout individu humain, si sot qu'il soit, a des aptitudes générales qui se retrouvent chez tous ses semblables. Et voilà pourquoi, sans vouloir bâtir d'être de raison, nous savons très bien qu'il y a *une* nature humaine. L'Européen peut apprendre à parler la langue du nègre, et réciproquement, tandis que le chien n'apprendra jamais à rugir comme le tigre. L'Australien, chasseur depuis tant de siècles, a pu devenir, en maint endroit, cultivateur. Nous convertissons à notre religion des peuples idolâtres, etc.

N'est-il pas évident que chez les animaux chaque espèce a son instinct à elle, et qu'elle n'arrive à développer, dans l'exercice de ses instincts, tant de perfection, tant de sûreté, et, en apparence, tant de variété, que parce que toutes ses sensations, toutes ses imaginations, toutes ses associations d'images, tous ses mouvements, toutes ses habitudes, ou individuelles ou héréditaires sans exception, se rapportent à son instinct spécial.... Toutes les sensations que l'ouïe

donne au lièvre augmentent sa peur, la tiennent en éveil
et l'éclairent, pour ainsi dire; mais en même temps,
habitué qu'il est à compter sur la rapidité de sa course, il
tire de ces deux ressources combinées tout le parti que
l'instinct de conservation exige de lui. Allons chez le
renard : toutes les sensations de l'odorat unies au sentiment
d'une force inférieure à celle des autres carnassiers et à la
nécessité de tuer pour se nourrir l'amèneront à associer
toutes ses sensations, tous ses mouvements dans un sens
complétement opposé. Il en sera de même du chien, chez
qui s'ajoute cependant la crainte d'être châtié par l'homme,
sans lequel il a perdu l'habitude de rien faire et de la main
de qui il attend toutes les satisfactions que réclament ses
goûts carnassiers.

L'autre cause d'erreur que nous voulions indiquer est
celle-ci : c'est que, rencontrant un animal et se mettant à
l'observer, le naturaliste prendra souvent pour des actions
tout à fait intentionnelles et expressément inventées en
vue d'une circonstance accidentelle, des actions que
l'animal est habitué à exécuter, comme tous ceux de son
espèce, parce qu'elles ne sont que la conséquence directe
et immédiate de ses instincts. Qu'on lise cette jolie description d'Audubon. Je préviens qu'après avoir lu d'un bout à
l'autre ses belles Scènes de la nature dans les États-Unis,
et y avoir cherché consciencieusement les exemples de la
prétendue intelligence des animaux, je n'ai trouvé que
celui-ci qui excitât à un tel point l'enthousiasme de l'auteur
et lui fit également porter le défi à tous les philosophes de
ramener au seul instinct les actions des animaux.

Le poisson-soleil d'Amérique creuse un nid dans des
bancs de sable et de gravier, cherchant toujours pour y
déposer ses œufs le sable le plus fin. Au lieu d'abandonner
son produit, ce charmant petit poisson veille dessus avec
toute la sollicitude d'un oiseau qui couve, et il se tient
immobile au-dessus du nid, observant ce qui se passe aux
environs. Qu'une feuille tombée d'un arbre, un morceau
de bois ou quelque autre corps étranger vienne à rouler

dedans, il le prend avec sa gueule et le rejette très soigneusement de l'autre côté de sa fragile muraille. Audubon,
après avoir observé que ce poisson ne veut, à pareille
époque, mordre à aucune espèce d'appât, raconte qu'en
guise d'expérience, ayant rencontré un individu de l'espèce
en train de nicher, il lui lança un ver au bout d'un
hameçon. « Le poisson m'avait aperçu, dit-il, et, quand le
ver eut envahi son enceinte, il nagea jusqu'au bord opposé,
où il resta quelque temps à se balancer; enfin, se hasardant,
il se rapprocha du ver, le prit dans sa gueule et le poussa de
mon côté si gentiment et avec tant de précaution, que
c'était à en demeurer confondu. Je répétai l'expérience six
à sept fois, et toujours avec le même résultat. Je changeai
d'amorce et mis une jeune sauterelle, que je fis flotter dans
l'intérieur du nid : l'insecte fut rejeté comme le ver, et
vainement à deux ou trois reprises j'essayai de piquer le
poisson. Alors je lui présentai l'hameçon nu, en employant
la même manœuvre. Il parut d'abord grandement alarmé :
il nageait d'un côté, puis de l'autre, sans s'arrêter, et semblait comprendre le danger, cette fois, de s'attaquer à un
objet aussi suspect. Pourtant il finit encore par s'en appro·
cher, mais, petit à petit, le prit délicatement, l'enleva, et
l'hameçon à son tour fut jeté hors du nid. »

L'art du récit et les expressions interprétatives de l'ingénieux auteur que nous citons, feront sans doute illusion
à plus d'un lecteur. Et il est certain qu'en prenant à part
tel ou tel détail, la petite histoire de l'hameçon en particulier, on peut être tenté de trouver là beaucoup d'adresse
et de finesse et une inspiration singulièrement heureuse de
la part du poisson luttant d'esprit avec le savant, le battant
même en définitive.

Mais qu'on remette chaque détail à sa place et dans son
ensemble. Le poisson-soleil veut pour y déposer ses œufs
le sable le plus uni : ceci n'est certainement pas affaire
d'intelligence; tels animaux se plaisent dans le milieu le
plus infect, tels autres, au contraire, ne peuvent vivre qu'avec
la propreté la plus raffinée. Ce que l'on apporte dans son

nid, il le rejette indistinctement, et par conséquent ce ne
sont pas les présents de l'homme, hameçons recouverts
d'un appât ou hameçons nus, qui ont le privilège de
l'effrayer. Ajoutez que ces poissons qui construisent des
nids sont munis d'un organe de préhension tout spécial :
ils ont une main au bout des lèvres. Leur bouche en pointe
est très mobile et très fendue, et leurs lèvres sont protrac-
tiles. En résumé, supposez qu'une chienne en train d'allaiter ses petits repousse par ses cris et par ses dents tous
ceux qui s'approchent de sa cabane; supposez qu'un oiseau
avec son bec et ses pattes rejette hors de son nid les pierres
ou les feuilles ou les brins de bois qu'il y trouve : qu'est-
ce donc que le poisson-soleil a fait de plus?

J'aborderai un ordre de faits plus extraordinaires afin
de ne pas multiplier indéfiniment ces exemples. Un jour
(qu'on m'excuse ce souvenir personnel) il me fut fait cette
objection par un de nos maîtres en philosophie, par un des
membres de l'Institut. « Un chasseur de ma connaissance,
me disait l'éloquent professeur, vit un renard s'élancer sur
un lièvre et le manquer par un bond maladroit. Croyez-
vous qu'il continua de courir après le rongeur? nullement,
il parcourut en sens inverse la distance qu'il avait franchie
dans un saut trop imparfait, comme pour mieux se rendre
compte de sa maladresse et l'éviter une autre fois. » Ce fait
me surprit, et cependant les lectures des naturalistes
m'avaient certes appris à me défier des *comme pour*,
comme s'il eût voulu, etc. Mais d'abord, en y réfléchissant,
la prétendue expérience dont on attribuait l'intention à la
fine bête paraissait bien peu utile et bien peu explicable.
Les bonds et les sauts ne peuvent être affaire de calcul. On
n'arrive à la précision en pareille matière que de deux
façons : ou par une très lente habitude (or je ne sache pas
que les animaux prennent jamais les uns des autres des
leçons de gymnastique), ou par la puissance et la délicatesse du coup d'œil unie à beaucoup d'agilité native et surtout *à l'absence de toute réflexion* sur le danger qu'on
peut courir ou sur la somme de travail à dépenser. Or

n'est-ce point là le cas des animaux? Je me souvenais de
plus (car je voulais faire honneur à l'objection de mon
maître) de ces récits d'autres chasseurs ou même de pro-
meneurs émérites décrivant ces courses folles et impétueuses
à travers des obstacles et à la poursuite d'un gibier blessé,
par exemple; le narrateur avait, avec la précision d'un
chamois, franchi des ruisseaux, sauté d'une pierre sur
une autre, etc.; et, arrivé au terme de tous ces élans, il
avait regardé avec une fierté mêlée de stupeur les tours de
force périlleux qu'il venait d'accomplir,... et qu'il se serait
bien gardé de recommencer. Il me paraissait donc bien peu
vraisemblable qu'un renard eût voulu faire de ses bonds
une affaire de calcul de précision, contrairement à toutes
les lois de la physiologie et de la psychologie comparées.
Mais tous mes doutes furent levés quand, lisant, une année
après, le livre de Brehm sur les mammifères, je trouvai
successivement les passages suivants : « Un lion qui a
manqué sa proie ne la poursuit jamais, il retourne à l'affût
lentement et pas à pas, et en mesurant, *pour ainsi dire*,
la distance exacte à laquelle il aurait dû sauter ». Le *pour
ainsi dire* est ici comme le *comme pour*. Mais, quelques
pages plus loin, nous trouvons encore : « Le tigre, en véritable chat, ne poursuit jamais une proie qu'il a manquée,
et, après un bond perdu, il retourne en grognant dans les
jungles et cherche un nouveau poste d'observation ». Et
plus loin encore : « Lorsque le jaguar manque sa victime, il
s'éloigne d'un pas rapide, *il est, pour ainsi dire, honteux*
et n'ose pas regarder en arrière ». Inutile d'aller plus loin :
nous sommes évidemment en présence non de faits en
quelque sor... ...ersonnels, mais d'actions qui, étant aussi
universelles, aussi constantes et aussi identiques, ont tous
les caractères des actions instinctives, et nos réflexions de
tout à l'heure n'en sont que plus justifiées.

Faut-il faire exception pour les animaux dits supérieurs?

A cette question on peut répondre en établissant les faits
suivants :

1° Chez ces animaux même subsistent les caractères de

l'instinct et ses conditions : spécialité d'aptitudes organiques, habitudes forcément imposées par elles, convergence de tous les caractères biologiques vers des aptitudes particulières, prédominance de certaines sensations : par exemple, l'odorat est plus développé chez les carnassiers que chez aucune autre espèce.

2° L'instinct de chaque animal, après avoir produit uniformément dans chaque représentant de l'espèce les résultats absolument essentiels à la vie... peut, sous l'empire des circonstances qui varient les répulsions et les attraits, inspirer des actions plus diverses, plus particulières ; c'est ce qu'on peut appeler les phénomènes consécutifs de l'instinct [1]. Or ces phénomènes s'observent dans les animaux inférieurs comme chez les vertébrés et les mammifères les plus élevés. L'huître est susceptible d'éducation tout comme le chien.

3° Ces derniers phénomènes doivent cependant nous frapper davantage chez les animaux qui sont plus en contact avec nous, parce que notre influence les fait varier davantage, même dans leurs caractères physiologiques, parce que la nature de leur alimentation et par suite leur régime et leurs habitudes les mettent en présence de circonstances plus variées, d'ennemis plus nombreux, parce que ceux d'entre eux qui ont avec nous plus de rapports encore que les autres, en arrivent à pouvoir agir au son de notre voix, des associations peu nombreuses mais multipliées et toujours les mêmes les y amenant forcément [2].

1. Voyez *l'Instinct,* Ire partie, ch. XIV.
2. « Le langage d'action prépare à celui des sons articulés ; aussi y a-t-il des animaux domestiques capables d'acquérir quelque intelligence de ce dernier. Dans la nécessité où ils sont de connaître ce que nous voulons d'eux, ils jugent de notre pensée par nos mouvements, toutes les fois qu'elles ne renferment que des idées qui leur sont communes et que notre action est à peu près telle que ce serait la leur en pareil cas. En même temps ils se font une habitude de lier cette pensée au son dont nous l'accompagnons constamment, en sorte que, pour nous faire entendre d'eux, il nous suffit bientôt de leur parler. C'est ainsi que le chien apprend à obéir à notre voix. » (Condillac, *Traité des animaux.*)

4° La vie de ces animaux, quoique plus variée en apparence, n'a jamais que des mobiles identiques. « Les bêtes, dit Georges Leroy (et il s'occupe exclusivement des carnassiers chasseurs, ceux qui passent pour les plus intelligents), ne sont excitées à l'attention que par les besoins de l'appétit, ceux de l'amour et la nécessité d'éviter le péril.... Elles passent le reste du temps dans un état de demi-sommeil. » « A la faveur de la nuit, dit le même auteur, le renard avec son odorat pour boussole... se glisse le long des haies et des buissons; s'il sait que les poules sont bonnes, il se rappelle en même temps que les pièges et les chiens sont dangereux. Ces deux souvenirs guident sa marche et la suspendent ou l'accélèrent, selon le degré de vivacité que donnent à l'un d'eux les circonstances qui surviennent. » Il n'est point difficile d'établir que ces deux sentiments si simples, unis aux ressources de l'organisation, suffisent à tout expliquer.

Mais, du moment que les imaginations de l'animal sont ainsi toutes retenues dans la sphère étroite que lui assigne son organisation, on comprend que ces images et les actions qu'elles imposent aient toutes un rapport si exact et si parfait avec les besoins de cette organisation même. C'est là ce qui constitue la raison qui éclate dans la conduite de tout animal, raison d'autant plus sûre que l'individu ne travaille personnellement ni à en découvrir les lois ni à les expliquer à sa façon. Mais il est certain que les principes de la raison sont appliqués dans la conduite des bêtes, comme ils le sont d'ailleurs dans l'univers entier. Deux principes en effet peuvent résumer toute la raison : le principe d'harmonie (de contradiction, d'identité) et le principe de finalité. Or l'animal ne se contredit pas et il agit toujours en vue d'un but. *Mais il n'a pas lui-même la raison :* cela est incontestable et incontesté, et nous en chercherons plus tard l'explication.

En attendant, on touche là du doigt la confusion de ceux qui attribueraient une raison à l'animal, et je ne veux pas m'arrêter à la développer. Mais le raisonnement n'est que la raison même se cherchant, se développant, s'appliquant à mille fins différentes, travaillant en un mot à se retrouver dans le dédale des phénomènes qui, morcelés par le temps et par l'espace, ne laissent voir immédiatement ni l'harmonie ni la finalité dont la conscience révèle à tout homme la nécessité absolue. Donc, un être qui raisonne a la raison, et réciproquement. Quoique les deux choses puissent être distinguées, elles se tiennent inséparablement, et la nature de l'une décide de la nature de l'autre.

On ne peut pas dire en conséquence que l'animal le plus élevé dans la hiérarchie raisonne. Il est tourmenté par un désir quelconque, et son imagination qui lui en représente la satisfaction, lui représente aussi les mouvements qui, lui ayant déjà procuré ce dernier plaisir, sont par là devenus désirables eux-mêmes. Il exécute donc ces mouvements les uns à la suite des autres. Ce sont des représentations qui s'enchaînent par suite de l'habitude, et rien de plus. L'enfant au maillot raisonne-t-il quand, sous l'empire de la soif, de la gourmandise ou du désir d'être réchauffé, il veut être pris par sa nourrice, et que, pour être tenu par elle, il crie et gesticule selon ses moyens? En aucune façon. L'enfant ne raisonnera que quand il aura de lui-même une conscience assez nette et assez *désintéressée des appétits* (qu'on me passe l'expression) pour se former une idée de la suite, de l'unité, de la convenance, en elles-mêmes. C'est à quoi il arrive assez vite, tandis que l'animal, enchaîné dans un cercle étroit d'appétits aussi exigeants qu'ils sont peu nombreux et pourvus de moyens efficaces de satisfaction, n'y parvient jamais.

5° Mais non seulement les marques apparentes d'intelligence, c'est-à-dire d'adaptation, de ruse et d'adresse que présentent les animaux supérieurs, sont entièrement subordonnées à leur instinct spécifique comme chez les poissons ou les insectes; chez les uns comme chez les autres la prétendue intelligence est aisément déroutée par des circonstances insignifiantes. Il y a chez les uns comme chez les autres le même contraste de science et de stupidité, d'habileté et d'impuissance. Ce que M. J.-H. Fabre dit des insectes peut se répéter même des chiens.

Un chien de berger va et vient tout le long de son troupeau, parce qu'il faut, sous peine d'être frappé, qu'il ne
laisse égarer aucune de ses vaches ou de ses brebis. Si vous
rencontrez dans les rues d'une ville un boucher conduisant
une bête unique à l'abattoir, vous verrez le chien qui
l'accompagne faire autant d'allées et de venues que s'il avait
un troupeau entier à surveiller [1]. Ici, à la vérité, on peut
nous objecter l'habitude. Mais que dire d'un terre-neuve
qui, se lançant à l'eau pour sauver un enfant, rapporte
d'abord· consciencieusement..... sa casquette au bord de la
rivière [2]? Un tel fait explique, mieux que vingt récits, la
distinction que nous nous sommes appliqué à établir.

Donc, puisque les mêmes conclusions peuvent s'appliquer
à tous les animaux, résumons ce que nous avons essayé
d'établir dans ce chapitre.

Mettons d'un côté ces actes que tous les animaux exécutent sans les avoir appris, qu'ils accomplissent aveuglément, d'une manière uniforme et infaillible.

Mettons en face les actions de détail que nous leur
voyons accomplir avec une certaine variété, qui ne se ressemblent pas absolument chez eux tous et par lesquelles ils
proportionnent visiblement leurs efforts aux circonstances
dans lesquelles ils se trouvent contraints d'agir.

Pouvons-nous dire qu'il y ait opposition entre ces deux
ordres de faits? Pouvons-nous dire qu'ils soient séparés,
qu'ils aient chacun leur rôle respectif, leurs moments distincts, et qu'ils produisent leurs différents effets chacun à
part? Y a-t-il entre eux cette séparation et cette distinction
visible qui existe entre les actes mécaniques qu'on ne peut
même pas attribuer à l'instinct et, d'autre part, soit l'instinct, soit l'intelligence? Par exemple il est clair que
l'homme ne fait pas intervenir son intelligence dans ses
mouvements respiratoires, ni dans les mouvements destinés

1. Le fait était observé dernièrement dans Passy par le savant
philologue M. Marty-Laveaux, qui nous l'a raconté.
2. Voyez Netter et Musany, *l'Homme et l'Animal devant la
méthode expérimentale*, ch. VIII.

à lui faire retrouver son équilibre dans la marche. L'auto-
mate agit tandis que l'esprit pense. La distinction, la division du travail sont là on ne peut mieux marquées et accu-
sées. En est-il de même entre les deux classes d'actions et
de mouvements que nous venons de signaler chez l'animal?

D'une part, ni l'araignée assurément ne fait sa toile, ni
le castor sa cabane, ni aucun oiseau son nid, sans que la
conformation des lieux, la nature des matériaux, la saison,
la température, le voisinage d'ennemis plus ou moins redoutables n'amènent quelques modifications individuelles,
légères sans doute, mais réelles. Un obstacle soudain amè-
nera la suspension du travail; quand l'obstacle n'y sera
plus, le travail reprendra, et ainsi de suite.

D'autre part, suivons ces petites accommodations aux
circonstances et ces légères variations individuelles dans le
développement qu'elles prennent peu à peu à mesure que
se continue la vie de chaque animal.

Elles augmentent en nombre, incontestablement, mais elles
ne changent point de qualité; elles se rapportent toujours aux
mêmes préoccupations, la faim, l'amour, la fuite du danger;
elles ne font que répéter les mêmes mouvements, ceux que
demande et impose la nature particulière des organes; elles
ne font que se laisser guider par les mêmes informations,
les impressions des sens, qui elles-mêmes demeurent toujours spéciales. Ce qui les augmente et les varie, c'est une
sorte de mémoire et d'imagination où l'on ne peut voir que
le renouvellement des sensations primitives. Et quelle est la
cause qui entretient cette mémoire imaginative et la renouvelle? L'association! Or celle-ci elle-même n'est mise en jeu
dans chaque espèce que par l'ensemble des appétits spéciaux,
des sensations spéciales, des mouvements spéciaux qui, admirablement coordonnés et adaptés aux circonstances par
les lois biologiques, constituent l'instinct de l'animal. De
tout cela résulte précisément que les travaux ou les occupations dans lesquels l'animal déploie cette apparente variété d'imaginations ou d'inventions, subsistent aussi parfaits, aussi uniformes, aussi nécessaires qu'ils le sont.

Si donc ces deux ordres de faits se pénètrent ainsi mutuellement, faut-il, de ces deux facultés si souvent opposées l'une à l'autre, instinct et intelligence, composer, pour ainsi dire, une faculté mixte propre aux animaux, et qu'on appellerait soit un instinct intelligent, soit une intelligence instinctive [1] ?

1. M. Romanes, dans l'ouvrage récent que nous avons déjà cité, esquisse une théorie de l'instinct qu'il appelle *défaillance d'intelligence* (lapsed intelligence). Si c'est là la théorie de Condillac (une habitude dont l'origine intelligente est oubliée), il y a longtemps qu'on a montré à quel point elle est inacceptable : Herbert Spencer et Darwin, entre autres, l'ont vigoureusement combattue. Une intelligence qui ne s'emploie qu'à s'annihiler elle-même, une intelligence qui travaille isolément dans chaque individu à constituer un instinct uniforme pour tous les représentants de la même espèce, c'est là une hypothèse bien gratuite et qui paraît même contradictoire. Comment l'uniformité spécifique serait-elle l'œuvre de la réflexion individuelle ?

Pour expliquer cette origine qu'il attribue aux instincts des bêtes, M. Romanes va chercher les tics et les manies des idiots. C'est bien là, si l'on veut, une défaillance d'intelligence, mais en un sens tout autre. Non seulement le tic et la manie sont des actes sans utilité; mais ces habitudes machinales ne s'établissent que quand l'intelligence a été préalablement obscurcie. Ce n'est pas du tout l'intelligence qui monte ici un mécanisme et qui ensuite s'en va, quand son œuvre est heureusement terminée. La différence saute aux yeux.

M. Romanes s'applique à décrire bon nombre d'instincts secondaires, issus, dit-il, de la transformation de l'intelligence en instinct. Il ne donne en réalité que des exemples de *déviations inintelligentes* d'instincts déjà formés, d'habitudes accidentelles ou d'habitudes imposées par l'homme et qui se fixent plus ou moins solidement, en se mêlant avec les instincts primitifs. Ce n'est pas là du tout une substitution de l'automatisme à l'intelligence : c'est une extension ou prolongation de l'automatisme, ou, pour parler plus exactement, de l'instinct lui-même.

Assurément, si l'on veut, comme M. Romanes, donner le nom d'intelligence à toute manifestation mentale ou psychologique, on pourra dire que l'instinct est une intelligence inférieure, emprisonnée dans l'automatisme. Ce sera dire la même chose en d'autres mots, et le problème subsistera tout entier. M. Romanes nous paraît avoir oscillé, pendant tout le cours de son livre, entre cette dernière interprétation de son fameux mot, *lapsed intelligence,* et la théorie de Condillac.

Un certain nombre d'esprits, tout en pensant que l'animal agit simplement par « consécution », croient que, du moment où il y a quelque chose de plus que le mécanisme, ce quelque chose doit être appelé *intelligence*. Mais à ce compte il y a de la pensée en toutes choses, et c'est là d'ailleurs une conclusion devant laquelle on ne recule pas. Oui, partout il y a pensée, amour et volonté, non seulement dans la plante, mais dans toutes les moindres parcelles de la création. Admettons-le. Toujours est-il que pour ces mêmes esprits l'intelligence qui connaît chez les bêtes est une intelligence qui, « fascinée par son objet, est comme aliénée d'avec elle-même [1] ». En d'autres termes, c'est une intelligence qui n'est point réfléchie, qui ne peut dire *je* ou *moi*, qui, n'ayant point conscience d'elle-même, en un mot, ne peut connaître ni l'abstraction, ni le devoir, ni la responsabilité, et qui par conséquent ne peut parvenir ni à la science, ni à la moralité, ni au sentiment du beau. « Mais, dirons-nous ici avec un esprit très ingénieux et qui, sans avoir approfondi aucune grande question, a dû élucider bien des détails très importants, c'est là ce qui rend l'intelligence animale tout à fait incompréhensible. L'animal, dit-on, comprend, il se souvient, il juge, il raisonne, il délibère, il prévoit, en un mot il pense; mais il pense *sans le savoir* ! Il aurait ainsi l'intelligence, moins ce qui, pour nous, est le caractère essentiel de l'intelligence.... Une intelligence non intelligente, une réflexion non réfléchie, une liberté nécessaire [2] » Nous ajouterons quant à nous : un raisonnement sans raison, une science particulière et incapable de généralisation comme de progrès, une science qui sait avant d'avoir appris et qui débute par faire, avant toute espèce d'expérience, le plus difficile de son œuvre, tout cela est pure confusion !

Nous ne pouvons donc pas plus admettre un instinct intelligent qu'une intelligence instinctive, on le devine sans

1. M. Ravaisson.
2. M. L. Peisse.

peine; et nous ne pensons pas qu'il y ait là une simple affaire
de convention. Mais si, laissant les mots de côté, nous nous
reportons tout simplement aux deux ordres de faits que
nous définissions tout à l'heure, nous pouvons voir que le
second n'est que le développement naturel du premier.
Nous dira-t-on que, nous aussi, nous admettons des choses
contradictoires, que nous parlons d'instincts infaillibles
et néanmoins se trompant quelquefois, uniformes et cependant capables de variations! Mais cette difficulté n'en
est pas une, si la sensibilité, l'imagination et la mémoire de
l'animal sont dirigées par leur organisation et par toutes les
causes qui agissent directement sur elle. N'est-ce pas parler
clairement et conformément aux faits que de dire : l'organisation de chaque espèce est généralement semblable dans
tous ses représentants, et cependant la force des organes,
la finesse des sens, tout cela peut varier dans de certaines
limites. L'organisation de chaque espèce est admirablement
adaptée aux circonstances, au milieu, il y a là toute une
série de rapports constants et nécessaires; et cependant des
circonstances accidentelles peuvent se produire, surtout quand
l'homme intervient, qui déroutent l'animal, le trompent et
l'égarent. La sensibilité de l'animal, qui obéit à toutes ces
impulsions de l'organisme et du milieu, ne prend elle-même
aucune initiative et ne fait par elle-même aucun progrès,
que celui qu'amène forcément la multiplication des associations, des images et des mouvements; et cependant
l'homme peut, en agissant sur les sensations de l'animal,
lui inculquer une sorte d'éducation. En un mot, tous les
phénomènes secondaires ou consécutifs de l'instinct n'accusent ni changement, ni dégradation, ni progrès, qu'autant
qu'il y a changement, dégradation ou progrès dans l'une des
causes d'impulsion auxquelles cède, sans les connaître, la
sensibilité de l'animal. A ce point de vue, il nous est permis
d'espérer qu'on pourra constater l'unité de tous les développements qui précèdent.

TROISIÈME PARTIE

L'ÉVOLUTION PSYCHOLOGIQUE

Ici doit commencer pour nous une série de recherches nouvelles. Mais lesquelles? Nous ne sommes point libres de poser arbitrairement les questions d'une manière quelconque : nous devons les accepter et les discuter telles que la science de notre temps nous les propose. D'ailleurs, ces substitutions que les mouvements de la controverse opèrent entre les problèmes ont certainement leurs raisons d'être. L'histoire des doctrines a sa logique suivie comme l'histoire des faits. Croyons-le, il y a des questions résolues sur lesquelles des esprits ignorants ou présomptueux peuvent seuls être tentés de revenir. Discute-t-on vraiment (entre personnes compétentes, cela s'entend) sur les différences de la sensation et de la raison, de l'instinct et de l'intelligence? Qu'on nous permette de ne le pas croire. Les plus avancés dans les idées transformistes seront amenés sans trop de peine à le reconnaître : entre la raison actuelle de l'homme et l'instinct des animaux qui appartiennent à notre période, diront-ils, la distance est assurément considérable; et la raison, qu'on la comprenne comme Platon ou comme Aristote, comme Leibniz ou comme Kant, ou même comme Herbert Spencer, est étrangère aux bêtes que nous connaissons, rien n'est plus sûr. Mais voici les difficultés que l'esprit-de doute et de recherche a soulevées. Si actuellement on croit voir entre l'homme et l'animal une séparation produite par le vide que des espèces intermédiaires ont laissé en disparaissant, ce vide, dit-on, n'est pas tel qu'on ne puisse retrouver chez les espèces subsistantes, y compris l'homme, une continuité aux interruptions de laquelle il est facile de suppléer. On peut concevoir et même retrouver un passage entre les deux ordres de facultés. Il y a une gradation insensible qui rattache les développements de l'intelligence et de la raison à ceux de l'instinct. Voilà le terrain sur lequel nous sommes obligés maintenant de nous avancer. Nous devons chercher où peuvent se trouver ces passages, comment et avec quel succès on s'efforce de se représenter ces transitions dans ce qu'on nomme l'évolution psychologique.

Ce faisant, nous avons un double but à atteindre : car toute science comparée se propose à la fois de trouver les ressemblances et les différences, de rapprocher et de réunir. Donc, est-il vrai que le mécanisme de la matière, compliqué déjà dans l'instinct de l'animal, ne fait que se perfectionner un peu plus dans l'intelligence de l'homme? Y a-t-il dans l'intelligence quelque chose qui soit irréductible, non seulement au mécanisme, mais à l'instinct? Y a-t-il dans l'instinct quelque chose qui soit irréductible au mécanisme? Et si ce quelque chose existe dans l'homme et dans l'animal, en quoi diffère-t-il dans l'une et dans l'autre nature?

Mais qu'on nous permette de bien déterminer notre manière de procéder. De l'aveu des transformistes eux-mêmes, il y a entre l'homme actuel et l'animal actuel une lacune. Cette lacune ne peut être immédiatement comblée par des découvertes positives, ni dans l'ordre des sciences naturelles, ni dans l'ordre psychologique. C'est à des hypothèses que l'école transformiste croit fondées, sans doute, mais à des hypothèses enfin qu'on est obligé d'avoir recours. Autrement dit, si l'intermédiaire existe, on ne peut que le reconstituer en montrant dans chacun des deux groupes opposés — le

groupe des phénomènes instinctifs, le groupe des phénomènes rationnels — des points d'attache auxquels on relie
par la pensée la chaîne continue des faits psychologiques.

La première partie de cette double tentative, nous l'avons
jugée pour notre compte : car nous croyons précisément
avoir montré que ce point d'attache n'existe pas dans l'in·
stinct, que l'instinct n'est pas mêlé d'intelligence proprement
dite ou de raison réfléchie. Nous devons donc prendre maintenant le groupe des faits intellectuels, examiner si ces faits
attestent l'intervention d'un principe spécial, ou bien s'il ne
faut voir en eux qu'un degré de complication de plus dans
l'évolution graduelle et continue des forces inférieures.

I

LE LANGAGE ET L'ASSOCIATION DES IDÉES

N'est-ce pas tout d'abord dans le langage que l'on peut
le mieux se flatter de trouver une faculté intermédiaire ? Il
nous le semble ; et voici à peu près sur quoi paraissent
s'appuyer ces espérances.

Une fois que le langage est inventé, c'est-à-dire une fois
que l'habitude est prise d'attacher un certain sens à un phénomène quelconque de la vie de relation, l'instrument de la
décomposition de la pensée est trouvé. En effet, à la sensation primitive succède l'abstraction qui en détache, en fixe,
en conserve les divers fragments en les liant à des signes
matériels aisément retrouvés par la mémoire : ces divers
fragments se réunissent en vertu de leurs affinités réciproques. De là la généralisation qui conduit tout droit au raisonnement, puisque raisonner c'est descendre du général
au particulier, ou remonter du particulier au général. Bref,
donnez à un être sentant le langage, et vous lui ouvrez
d'un seul coup tout le domaine de l'intelligence.

Ceci posé, l'animal n'a-t-il donc pas les ressources nécessaires pour parvenir au langage ? De fait, il a un langage ;

car il en est de deux espèces. Il y a le langage d'émotion et
le langage de raison, le premier représenté dans notre race
par les interjections ou les cris. Dire que ce sont là deux
ordres de phénomènes ou d'actes psychologiques totalement
différents est impossible. Tous les deux se trouvent réunis
dans l'homme; l'homme passe insensiblement de l'un à
l'autre au temps de son enfance; et souvent, dans le cours
de sa vie, il se laisse aller à substituer l'un à l'autre. On prétend que l'animal actuel n'a pas le langage de raison. Mais
tout au moins a-t-il le langage d'émotion. Si donc l'homme
actuel, dont l'enfance diffère si peu de l'état d'animalité,
débute nécessairement par l'un avant de conquérir l'autre,
pourquoi l'animalité proprement dite n'aurait-elle pu, dans
la suite des âges, passer, elle aussi, de l'un à l'autre?

On objectera que, pour franchir ce passage, il faut une
puissance particulière, non seulement supérieure aux ressources des sens, mais radicalement différente et constituant
un ordre nouveau. C'est là une prétention que la physiologie respecte fort peu. Voyez en effet jusqu'où ses dernières découvertes vous contraignent de reculer! En avant
de la sensation, pour ainsi dire, vous voulez maintenir,
comme une imprenable forteresse, la raison. Non seulement
la physiologie vous l'enlève; mais elle vous chasse de la
sensation elle-même et ne laisse plus subsister debout que
le mécanisme. Parlons sans métaphore. Vous ne croyez pas
que le langage dit de raison sorte spontanément du langage
d'émotion. Eh bien, la physiologie vous prouve que tout
langage, quel qu'il soit, dépend du mécanisme, est asservi
au mécanisme, est le jouet des divers accidents qui peuvent altérer le mécanisme.

Rien de plus connu aujourd'hui que cette démonstration et que les faits nombreux qu'elle invoque. Le langage
est une fonction, et une fonction qui, comme toutes les
autres, est produite par le jeu automatique de son organe.
Cet organe existe, il est distinct de tous les autres, et alors
même que de petites difficultés partielles pourraient encore
être opposées à la doctrine qui le localise dans la troisième

circonvolution frontale gauche, il est évident que cette
portion du cerveau joue dans les phénomènes du langage
un rôle prépondérant. Voici une personne qui paraît manifestement se souvenir, reconnaître les choses et les gens,
prévoir, craindre, espérer, qui, en un mot, a conservé son
intelligence. Pourtant elle ne peut plus articuler un seul
mot. Bientôt elle meurt, et l'autopsie fait toucher du doigt
les altérations, quelquefois même la suppression de cette
partie des lobes cérébraux. Il y a plus : cet organe spécial
du langage doit nécessairement se décomposer en un certain nombre d'organes plus spéciaux encore. Tel physiologiste [1] constate neuf facultés spéciales de la parole, indépendantes, dit-il, les unes des autres et distinctes de la
raison ou intelligence générale. Et sur quoi se fonde-t-il?
Sur des observations bien positives qui lui font voir successivement chacune de ces facultés s'affaiblir ou fonctionner
à contresens et avec irrégularité ou s'exalter outre mesure
ou disparaître, tandis que les autres demeurent plus ou
moins intactes. Ainsi l'on verra la maladie frapper tour à
tour et isolément, par conséquent nous obliger à distinguer : la faculté de comprendre des paroles et la faculté de
les prononcer, celle de lire et celle d'écrire, celle de se rappeler en général et celle de se rappeler des airs, la faculté
d'émettre des sons vocaux quelconques et la faculté de
chanter, enfin celle de donner des inflexions nuancées à sa
voix. Et heureux sommes-nous si l'on s'en tient là! Car
on vous citera des gens qui perdent seulement la mémoire
des substantifs, d'autres qui perdent seulement celle des
verbes, d'autres enfin qui ne peuvent plus prononcer
qu'une phrase ou qu'un mot et placent à tout propos ce
mot ou cette phrase, mais pour tout le reste demeurent
muets. Si ces facultés secondaires ne sont point solidaires
les unes des autres, si la maladie ou la mort de l'une
n'entraîne pas instantanément la maladie ou la mort de

---

1. Ant. Gros, *les Fonctions supérieures du système nerveux*,
p. 160 et suiv.

l'autre, c'est donc que le langage dépend d'un mécanisme
compliqué dont chaque partie a sa fonction. En d'autres
termes, il a ses organes qui, en fonctionnant par le jeu
ordinaire des combinaisons propres à la vie, le produit, qui,
suivant qu'il est complet ou incomplet, le produit complètement ou incomplètement, et ainsi de suite.

Concluons : si le mécanisme, suivant sa complication et
sa puissance, fait fonctionner les organes du langage de
manière à produire un langage d'émotion et un langage de
raison dans des proportions tellement inégales et tellement
variables, la vie ne peut-elle opérer le passage de l'instinct
à l'intelligence par le langage qui dépend d'elle comme
l'intelligence dépend de lui?

Telle est, si nous l'avons bien résumée, la théorie que
professent implicitement ou explicitement, tantôt avec beaucoup de réticences et de confusion, tantôt avec franchise
et clarté, les savants de nos jours qui flottent du matérialisme au positivisme, disciples intempérants ou alliés com-
promettants de Darwin.

Nous ne songeons nullement, quant à nous, à nier ou à
torturer les faits qu'ils nous apportent sur le mécanisme
localisé de la fonction du langage et de ses organes. Peut-
être importerait-il de distinguer deux espèces de cas : ceux
dans lesquels la parole est empêchée par l'altération des
organes qui servent à la coordination des mouvements
matériels à l'aide desquels le langage exprime la pensée;
et ceux dans lesquels le langage est aboli parce que la
pensée elle-même est suspendue. Mais on nous objecterait
sans doute que dans bien des cas les idées elles-mêmes et
les souvenirs des mots subissent les atteintes d'un mal qui
agit directement sur les organes cérébraux sympathisant
avec les organes propres de la parole, que par conséquent
il est toujours avéré que le langage dépend d'un mécanisme
ou simple ou double, mais d'un mécanisme enfin. Ici
comme ailleurs, faisons les plus larges concessions, sans
rien tenter pour arrêter la marche de la science et sans la
taxer de téméraire. Cependant, parmi tous les phéno-

mêmes qu'elle allègue et que nous venons d'indiquer
en bloc, il convient de distinguer plusieurs groupes ou,
pour parler plus exactement, plusieurs phases.

En premier lieu, l'être sentant émet divers sons : il les
produit par des mouvements fort simples et n'exigeant, pour
ainsi dire, aucun travail de coordination. L'organe vocal a
sa vie, par conséquent sa fonction, comme tous les autres
organes du corps vivant. Le petit enfant crie d'abord comme
il remue les mains et les pieds. Il crie ensuite quand il
souffre et il rit quand il jouit, parce que l'organe vocal sym-
pathise avec les autres organes, obéissant ainsi aux lois générales de l'économie que nous avons longuement analysées.
Par une suite naturelle de ces mêmes lois, l'être tend à faire
répéter à ses organes les sons qui se font entendre à lui ; les
mouvements que l'action du dehors l'amène à ébaucher, il
les achève sans effort : c'est là l'action ordinaire de l'imitation qui fait répéter machinalement les sons entendus.
Voilà une première phase que l'homme traverse dans son
enfance et dans laquelle, croyons-nous, l'animal demeure.

La seconde phase est d'une importance capitale. C'est la
phase dans laquelle les sons et plus généralement les signes
se multiplient et se diversifient. L'individu s'habitue peu
à peu à attacher tel sens à tel geste ou à tel mot. Dans
ses souvenirs s'organisent des systèmes de signes qui
rappellent des systèmes d'idées. Il s'habitue à dérouler avec
une promptitude et une facilité toujours croissantes ces
séries entremêlées, à aller des signes aux idées, des idées
aux signes. En un mot, un mécanisme plus ou moins
complexe se *monte*, se règle et manifeste sa puissance par
des mouvements coordonnés ; au fur et à mesure que le
mécanisme se perfectionne, l'effort diminue et la conscience
des mouvements s'affaiblit.

Nous reviendrons tout à l'heure à cette phase : en ce
moment nous nous bornons à en constater l'existence.
Chez la plupart des hommes, heureusement, elle n'est
suivie d'aucune autre. Trop souvent néanmoins on en voit
survenir une troisième, dans laquelle le mécanisme ainsi

monté se dérange. La bête ne connaît point cet état : elle
est étrangère à l'aphasie comme elle est étrangère à la folie,
par cette raison toute simple qu'on ne perd une chose
qu'après l'avoir acquise et possédée. Quoi qu'il en soit,
parcourez les observations déjà si nombreuses de la clinique
sur la maladie dont nous parlons, vous les classerez facilement en catégories assez distinctes :

1° Dans certains cas, le mécanisme du langage est complètement arrêté, le malade ne peut plus dire un seul mot
ni faire un seul geste expressif intentionnel; les mouvements qui dépendent de ce mécanisme sont devenus
impossibles, les organes qui le constituent étant, par suite
d'un défaut ou d'un excès dans la circulation sanguine,
incapables de toute action.

2° Dans d'autres circonstances, le mécanisme n'est pas
arrêté tout entier : une partie de ses rouages fonctionne
encore, tandis que le reste est arrêté; on peut lire et non
écrire, ou inversement.

3° Il arrive enfin que le mécanisme n'est ni complètement ni partiellement arrêté, mais qu'il est troublé et
dérangé. Le malade dit un mot pour l'autre; il veut dire
bonjour, il dit *bontif*. Assez souvent il reconnaît son erreur
et s'impatiente en voyant qu'il y retombe encore. Les sympathies ordinaires, si longuement préparées, se déplacent;
les associations habituelles sont rompues, les soubresauts
d'une vie surexcitée sur un point et affaiblie sur un autre
les remplacent par de nouvelles associations que la mémoire
de l'individu ne reconnaît pas, et qui s'imposent à ses
organes déréglés comme à sa pensée confuse et déroutée.

On pourrait à la rigueur reconnaître une quatrième
espèce de maladie; mais elle tient de fort près à la précédente. Un mécanisme nouveau et tout particulier, sans
aucune utilité, sans raison d'être, se monte, se consolide
et agit avec les mêmes organes qui servaient au mécanisme
normal. On sait ce que les médecins appellent la chorée ou
danse de Saint-Guy, maladie dans laquelle les membres
exécutent sans la volonté de l'individu, sinon contre elle,

des séries de mouvements désordonnés. Eh bien, il y a
une chorée des organes du langage comme il y a une chorée
des organes locomoteurs ou préhenseurs. L'individu ainsi
atteint parle ou gesticule à perte de vue sans pouvoir composer avec réflexion la moindre phrase sensée.

Telles sont les atteintes variées auxquelles est exposé le
mécanisme du langage. Il est donc impossible de nier que
ce mécanisme existe, qu'il soit lié à des organes spéciaux.
Mais comment le mécanisme normal s'est-il monté et réglé?
Comment les mouvements qu'il rend possibles se sont-ils
coordonnés peu à peu? Avant l'état pathologique s'est
développé l'état normal, dont nous voulons connaître la loi.
Là est pour la psychologie comparée la question la plus
intéressante de beaucoup. Pour la résoudre, il nous faut
revenir à la seconde phase : c'est en elle, et non dans la
troisième, qu'est évidemment le nœud de la difficulté.

Dans un ouvrage de psychologie physiologique où sont
énumérées toutes sortes d'hypothèses mécanistes sur la
coordination des éléments du langage, on trouve tout à coup,
modestement cachée dans une courte note, la réflexion
suivante : « Ce n'est pas de l'organe que vient la coordination. L'organe porte seulement la trace d'un fait de coordination qu'il sert à reproduire autant de fois qu'on le voudra.
Croire qu'un organe (un instrument) peut coordonner quoi
que ce soit, ce serait confondre le moule de la statue avec
le statuaire [1]. » Il est impossible de mieux dire, en vérité.
Il est seulement regrettable qu'une proposition aussi importante reste ainsi reléguée au bas d'une page et n'ait point
les honneurs d'un développement suivi. Cette réflexion, en
effet, est d'autant plus scientifique que la partie du cerveau
qui préside au langage paraît être non pas seulement un
organe, mais un système d'organes harmonieusement combiné. Si ces organes secondaires concourent ensemble,
autant que l'organe collectif qu'elles constituent concourt
avec le reste de l'économie, un tel accord doit avoir sa

1. A. Gros, ouvrage cité.

raison d'être. Mais cette dernière question est une de celles
que nous devons reprendre plus tard avec détail. Voici, en
attendant, un autre physiologiste, M. Luys [1], bien connu
pour ses longs et admirables travaux sur le système cérébro-
spinal. Il s'efforce d'établir que les actions cérébrales sont
des séries de mouvements ou d'actes réflexes. Il travaille
à étendre sur les parties les plus intimes et les plus obscures
du cerveau le règne du mécanisme; et c'est précisément
sur la fonction du langage, prise pour type, qu'il fait de
préférence porter ses analyses, se proposant visiblement de
conclure de cette faculté à toutes les autres. Or il cherche
à nous décrire cette phase dans laquelle s'opère la coordination des mouvements qui par la suite suffiront à tous les
besoins du langage. Il doit valoir la peine de l'écouter.

On pourra trouver tout d'abord qu'il n'est guère précis.
« La parole, écrit-il, n'est que la réaction extrinsèque du
sensorium en émoi. » Cela est bref; il y a bien des réactions dans l'organisme. En quoi celle-ci diffère-t-elle de toutes
les autres? Mais voici plus de détails. « L'opération mentale
d'émettre des sons articulés voulus est, dit-il, une opération complexe qui met en jeu toutes les forces de l'individu
vivant et qui totalise la somme de ses sensibilités intimes.
Elle résume son émotivité, elle engrène fatalement dans
son évolution sa personnalité qui a conscience de ce qui
s'opère avec sa participation, et elle devient ainsi l'expression somatique la plus vivante, la synthèse la plus concrète
de toutes les énergies nerveuses de l'individu en action. »
Donc, si nous comprenons bien cette manière de parler,
toutes les facultés de l'individu, sans exception, concourent
à organiser ce mécanisme : on nous signale même la coopération indispensable de la volonté, de la personnalité et de
la conscience. Mais quelle est donc la loi de ce *consensus*
ou de cette synergie si compliquée? « Il faut d'abord que
l'impressionnabilité se développe, que la sensibilité *élective*
pour les choses qui plaisent et les choses qui déplaisent se

1. Luys, *Études sur le cerveau.*

perfectionne. » Il faut en outre qu'en vertu « d'affinités intimes » l'enfant s'habitue à se laisser charmer par les objets extérieurs, qu'il veuille ainsi en retenir l'image et la pensée. Dès lors, ces idées s'associent peu à peu avec les divers mouvements du langage articulé dont le processus se déroule parallèlement avec le leur. Mais, demanderons-nous, qu'est-ce donc qui détermine la nature particulière de l'impressionnabilité humaine et de sa sensibilité élective ainsi que le processus de ses désirs? Pouvons-nous donc croire que le développement mécanique du langage enfante à lui seul les facultés de l'intelligence, quand on avoue que toutes les facultés interviennent pour organiser et ordonner ce mécanisme lui-même? Si je vous demandais ce qui porte l'homme lui seul dans la nature à vouer aux choses cet amour particulier en vertu duquel il cherche à les posséder par la pensée et à les nommer pour en contempler plus aisément les images, vous me répondriez donc par la syn-thèse de toutes les énergies nerveuses ou plus simplement par l'intelligence, sans dire ce que c'est que l'intelligence?

Mais essayons de trouver quelque chose de plus clair et de plus positif. Quels sont, pour ainsi dire, les premiers germes du langage? Quel est le principe qui préside au premier de ses développements? Les mots s'ajoutent les uns aux autres au fur et à mesure que nous avons des idées et que l'organisme plus souple et plus fort nous permet de trouver des signes. Mais il y a une raison primitive qui nous porte à chercher des signes pour nos idées. Or nous n'avons qu'à examiner de près le plus simple et le plus enfantin des langages : nous lui trouverons au moins trois caractères qui dépassent singulièrement, non seulement les ressources du mécanisme, mais même celles de la sensi-bilité et de l'instinct. Dans la réunion de ces trois carac-tères est la raison du langage humain et le ressort caché de son évolution.

D'abord il faut bien constater le besoin de s'exprimer pour s'exprimer, le besoin de désigner les choses pour penser à elles plus librement, pour pouvoir en mieux retenir ou en ramener à soi les idées. Le chien de chasse est habitué à aboyer d'une certaine manière sur la piste d'un lièvre ; quand un de ses compagnons pousse au loin les mêmes aboiements, il lui suffit de les entendre pour sentir ses appétits se réveiller, pour chercher aussitôt la piste et poursuivre le gibier. Tel autre animal qui, habitué à vivre en société, craint l'isolement, s'attend toujours à retrouver quelques-uns de ses congénères en poussant son cri familier. Détaché de la bande, il *rappellera* donc ; et il y sera d'autant plus excité que ses anciens compagnons épars çà et là vivent dans la même attente et usent des mêmes moyens pour sortir de leur solitude. Voilà le type du langage des animaux. Pour eux aucun signe n'est signe qu'à la condition d'être lié immédiatement à un besoin de la vie physique, à un appétit développé par la nature ou imposé par les artifices du dressage. Assurément l'homme, lui aussi, se sert de son langage pour invoquer l'assistance de ses semblables et pour satisfaire de mieux en mieux, grâce à cette communication par la parole, ses divers besoins. Mais l'enfant ne débute-t-il pas par indiquer les choses avec le doigt, par les désigner avec des sons tels quels, sans que ses appétits aient rien à voir dans cet épanchement tout naïf et tout désintéressé ? L'homme primitif pouvait poursuivre les bêtes avec des gestes et des cris et aussi avec des procédés peu différents de ceux de sa proie elle-même. Mais, revenu dans son antre, il dessinait sur un os ou sur une pierre les grossières images que nous retrouvons encore ; il faisait revivre sous ses yeux la figure de l'animal dont il ne pouvait plus rien craindre et rien espérer. Voilà le langage humain ; car, que ce soit pour l'ouïe ou pour la vue que l'homme s'applique à reproduire les images des choses, il y a langage quand il y a désignation volontaire d'un objet, alors même qu'il ne s'agirait actuellement ni de se l'approprier ni de le repousser. Le langage atteste donc dans notre espèce un besoin d'un genre nouveau, le besoin de penser, le besoin de commercer avec les choses de la nature pour la satisfaction de

les connaître et de les faire vivre dans notre imagination
d'une vie qu'ils nous doivent à nous.

Ce caractère en enveloppe un autre. Chez les animaux,
tout cri, tout mouvement arraché par le besoin ou par le
désir, reste phénomène sensitif, c'est-à-dire subjectif et (en
un sens que l'on comprendra) personnel. Mais le signe que
l'homme produit a une valeur objective, il désigne la
chose elle-même; et, que nous y réussissions ou non, nous
nous flattons toujours de désigner les êtres de la nature tels
qu'ils sont. On dira que les premiers mots et les premières
racines sont fournis par des phénomènes sensitifs tout
subjectifs. La matière du signe, peut-être! mais la matière
première du signe importe si peu qu'elle ne tarde pas à être
altérée ou méconnue, et cela pour le plus grand profit du
langage. Nous voulons dire que sa signification primitive
est vite oubliée, et que cet oubli est précisément le commencement des progrès que la pensée humaine fait accomplir à la langue. Tel mot qui désigne tel être ou tel mode
de l'existence a d'abord reproduit un son dont l'origine
peut être attribuée à quelque phénomène organique. Cela
est possible; mais ce qui est bien certain, c'est que nous
n'avons rien de plus pressé que de l'oublier. Quand nous
prononçons le mot, c'est à la chose que nous pensons, non
à notre propre sensation. Le savant peut sans doute, à
force de patience, retrouver dans quelques cris imitatifs la
première étymologie de beaucoup de mots que nous prononçons. Mais encore, remarquons-le, ce cri, matière du
signe, est le plus souvent un cri imitatif, c'est-à-dire impliquant une certaine volonté de produire et de figurer par un
acte humain un être étranger à nous. Admettons que le
mot *lion* vienne d'une onomatopée. Qu'a-t-on voulu signi-
fier par ce mot? Le cri de la bête, ou plutôt la bête elle-
même, non le cri que la frayeur de la bête pouvait nous
arracher. Quoi qu'il en soit, personne, à commencer par
le philologue le plus érudit, ne pense à l'étymologie dans
l'usage quotidien de la parole. On a discuté longuemen
pour classer les signes de notre langage en naturels et en

13

conventionnels. On s'approcherait beaucoup de la vérité en disant qu'ils sont d'abord tous naturels et qu'ensuite ils deviennent tous très rapidement conventionnels, l'esprit ne pouvant faire un libre et fécond usage de la parole qu'en se détachant de la matière du signe et en s'affranchissant de la signification étymologique, pour ne penser qu'à la chose même et se la représenter aussi complète que possible. Et, en effet, ce mot qui, si l'on s'attache à sa première signification matérielle, n'a désigné qu'un caractère de la chose, sert bientôt à désigner tous les autres. Les impressions et les images, ramenées par le souvenir, viennent se grouper une à une autour du mot primitif et en enrichissent le sens; elles s'organisent avec lui de manière à constituer un tout désormais indivisible. Mais le mot n'a cette espèce de vertu attractive et assimilatrice que parce qu'il l'a reçue de notre intelligence : le mot en lui-même ne vaut que par l'ensemble des idées que l'intelligence travaille à réunir, à son occasion, pour acquérir de la nature des choses une connaissance toujours croissante.

Mais, en troisième lieu, si le langage humain attribue un sens objectif à un phénomène sensitif et subjectif tout d'abord, il faut ajouter qu'il attribue à un phénomène tout particulier un sens général, disons mieux, universel. Si l'on s'en tient à sa nature propre et intrinsèque, le phénomène qui doit servir de signe n'a qu'une valeur très relative et qu'une signification toute particulière. Le prétendu langage de la bête va-t-il au delà? Les cris joyeux que pousse le chien, quand il voit son maître armé de son fusil et vêtu pour la chasse, signifient-ils autre chose que le plaisir actuel de l'animal? Son imagination excitée par ces attraits commence déjà la chasse et flaire le gibier. De là ses cris de joie. Lorsque l'animal qui est en nous souffre ou jouit avec une certaine vivacité, il émet des cris dont la nature, la durée, l'intensité sont proportionnées à la nature de la sensation particulière du moment et n'expriment pas autre chose. Mais, quand nous nous servons d'un son quelconque pour lui donner une valeur objective, nous bornons-nous à désigner un être ou un phénomène particulier? On sait que tout mot dans la langue humaine peut servir à désigner indistinctement la série entière des êtres présents et à venir auxquels il s'applique. Ni la pensée ni l'imagination ne peuvent assigner aucune limite à l'extension de l'idée comprise sous ce mot : c'est un véritable infini que ce mot renferme ou plutôt qu'il ouvre à l'intelligence. Nous n'avons pas besoin d'insister sur ce point : toute parole est un acte de généralisation; cela est acquis à la science, à la philologie non moins qu'à la psychologie pure. Mais le caractère de généralité n'est-il que lentement conquis à la faveur des expériences accumulées des générations qui enrichissent le mot? Nullement. Comme Max Müller entre autres l'a bien démontré, « toute racine est le signe d'une conception générale ». Les vraies racines sont relativement fort peu nombreuses dans nos langues, on le sait; et la majeure partie des mots de notre groupe de langues indo-européennes, par exemple, a ses racines dans une langue qui remonte à une antiquité des plus reculées. Mais, si ces mots-racines ont pu et peuvent encore donner naissance à tant de mots divers sans perdre leur signification et leur valeur primitives, n'ont-ils pas dû avoir, dès le principe, cette généralité indéfinie dont nous parlons? Bien des générations, bien des civilisations différentes se sont emparées de ces mots : elles les ont modifiés de vingt manières, tantôt substituant un son à un autre, tantôt raccourcissant, tantôt supprimant la terminaison; quelquefois elles ont élargi, quelquefois elles ont restreint le sens lui-même. En tout cela, dit-on, elles cherchaient l'économie des moyens, la commodité, ajoutons aussi le plaisir de l'oreille qui doit varier suivant les climats et les habitudes physiques. A travers toutes ces variations cependant, il y a une signification qui persiste. La racine n'eût pas eu cette vitalité et cette vertu de satisfaire aux exigences de tant d'intelligences successives, si elle n'avait eu dès le principe cette généralité qui faisait d'elle le signe de tous les êtres ou phénomènes devant ou pouvant reproduire, dans la suite indéfinie des âges, les caractères une fois constatés et nommés.

Résumons-nous. Il peut y avoir des rapports entre le langage d'émotion et le langage de raison chez l'homme. Mais ce rapport est analogue à celui qui existe entre la pierre brute, gisant sur le sol à la portée de la bête comme à celle de l'homme, et la pierre taillée, polie, transformée en arme ou en outil par la main seule de l'homme. « Chaque racine a commencé par contenir, comme elle peut contenir encore aujourd'hui, dans un monosyllabe ayant le caractère d'une interjection, une assertion tout entière, une question, un ordre; et le ton, le geste ou les circonstances en complétaient la signification, de même que la pierre ou le bâton étaient la matière, mais que la manière de s'en servir en variait les applications [1]. » On peut dire cependant que la question, l'ordre, l'assertion sont déjà autant d'actes intelligents. Si donc il y a réellement une transition entre le langage d'émotion et le langage de raison, cette transition est opérée par un acte indivisible, spécial, essentiellement humain, l'attribution d'un sens objectif, général, universel à un fait sensible, subjectif et particulier. On le dit par une sorte de métaphore, le mot contient en germe la langue entière et son avenir. Mais le mot dont on peut dire cela n'est plus un fait sensible brut : l'intelligence s'en est emparée. Ainsi, pour nous servir encore de la comparaison de M. Withney, si l'on voulait soutenir que le bâton du premier homme renfermait en lui le type des instruments, des outils et des machines dont se sert aujourd'hui l'homme civilisé, on ne pourrait le dire que du bâton manié par un être intelligent. A vrai dire, ce n'est ni dans le bâton que sont renfermés l'outil et la machine, ni dans les sons du langage d'émotion que sont contenus les divers signes du langage proprement dit : c'est dans l'intelligence

1. Withney, *la Vie du langage.*

humaine, et en elle seule. Une fois que cette intelligence
capable d'opérer la transition dont nous venons de parler
sera posée, tout ne sera pas fait d'un seul coup, ni dans
l'individu, ni dans la race. Oui sans doute il faudra du
temps et des efforts accumulés pour produire et la coordination des mouvements dans le mécanisme cérébral et
l'évolution par laquelle la vie du langage multiplie les
familles d'idiomes. Mais, loin que le mécanisme produise
à lui seul le langage et par le langage l'intelligence, c'est
bien plutôt l'intelligence qui produit le langage et par
le développement graduel du langage l'harmonie et la
bonté du mécanisme, souvent, hélas! trop fragile, dont
elle se sert comme elle peut.

II

L'ASSOCIATION ET LA RAISON

Nous serions dans une grande illusion, à coup sûr, si
nous nous flattions d'avoir remporté une victoire définitive.
Supposons que nous ayons fait partager à tous notre conviction qu'aucun passage insensible de l'instinct à l'intelligence ne doit être cherché dans le langage. La difficulté se
déplace; l'objection se métamorphose. Plus hardis encore,
d'autres philosophes chercheront le passage dans l'intelligence elle-même. On nous dira en effet que l'intelligence
est tout simplement l'accumulation et l'organisation lente
des expériences, c'est-à-dire des associations d'images et de
mouvements. Un peu plus d'intelligence, dira-t-on, c'est un
peu plus d'associations recueillies, conservées, groupées
dans un ordre qui suit exactement l'ordre des relations par
lesquelles s'enchaînent les phénomènes. Un peu moins d'intelligence, c'est un peu moins d'associations ou des associations moins bien ordonnées. Quoi de plus simple que de
concevoir un insensible passage et une gradation ininter-
rompue dans les efforts pénibles d'abord et conscients,

faciles ensuite et inconscients qui produisent cette série
continue de progrès? Mais on ne rapproche pas ainsi l'intelligence de l'instinct sans les rapprocher l'un et l'autre
du mécanisme. C'est la complication croissante des organes
qui permettra, dit-on, l'acquisition d'un plus grand nombre
d'images : c'est une plus grande division du travail entre
les diverses parties de l'organisme qui permettra d'obtenir
plus de connaissances spéciales; c'est une plus grande
harmonie dans la coordination des organes distincts qui
permettra de retrouver plus de ressemblances après avoir
trouvé plus de différences, et ainsi de suite. Avec un petit
nombre de chiffres se constitue toute l'arithmétique; avec
un petit nombre de notes, toute la musique; avec un petit
nombre de voyelles et de consonnes, toute une langue;
un petit nombre d'images sensibles associées diversement
entre elles peut tout aussi bien suffire au développement
de l'intelligence. Or songeons qu'un centimètre cube de
plus de matière cérébrale donnera des milliers de cellules
ou de filets nerveux, dont la vie et les mouvements permettront d'enregistrer et de rappeler un nombre inouï de
nouvelles images et de nouvelles combinaisons d'images.
Cependant les phénomènes de l'univers sont toujours les
mêmes. Que les organismes donc se compliquent de plus
en plus pour s'ajuster de mieux en mieux à ces phénomènes extérieurs et pour développer en eux-mêmes des
états qui correspondent de plus en plus exactement à
l'ordre des phénomènes, il n'est besoin de rien autre chose
pour expliquer la nature de l'intelligence en général et le
développement gradué des différentes intelligences d'un
bout du règne animal jusqu'à l'autre.

On nous dispensera d'exposer plus longuement cette
théorie aujourd'hui fort connue et presque populaire. Loin
de nous d'ailleurs la pensée de discuter les infiniment
petites analyses et les incommensurables développements
de l'école associationiste. On peut en accepter une très
grande et très notable partie. Qui peut nier que toutes les
connaissances acquises par l'intelligence renferment des

images groupées, associées, coordonnées, et que ce travail
de coordination s'opère, dans la vie humaine, à pas lents?
Mais d'abord n'y a-t-il pas un principe coordinateur? Et
ce principe coordinateur, quel est-il? Ici, ce semble, une
première et très importante distinction est nécessaire.

Dans un milieu tout à fait identique vivent des êtres
divers. Chacun d'eux ne pourra recevoir et ne retiendra du
monde extérieur qu'un certain nombre limité d'impressions; chacun organisera en lui-même un genre d'associations particulier. Cela est incontestable et cela doit avoir sa
raison. L'unité de chacun de ces systèmes d'images, le principe directeur ou ordonnateur de chacun d'eux, je n'ai
point de peine à les trouver, d'après la méthode même de
l'école en question, si je m'en tiens au règne animal,
l'homme mis à part. Ce qui détermine la nature et l'étendue
des groupes d'impressions et d'images qui s'organisent dans
la mémoire du lièvre, je le sais; je le sais aussi pour le chien,
je le sais pour le chien d'arrêt, je le sais pour le chien
sauveteur, je le sais pour l'oiseau de proie, soit diurne soit
nocturne, je le sais pour le castor, pour l'abeille, et ainsi
de suite. La mémoire de chacun de ces animaux retient ce
qui a impressionné ses sens; mais ses sens n'ont été impres-
sionnés que par ce qui intéressait ses appétits; ses appétits
n'étaient à leur tour déterminés que par les besoins de son
organisme, c'est-à-dire par la structure et l'état de cet
organisme lui-même. L'organisme, si complexe qu'il puisse
être, a son unité; il est même d'autant plus un qu'il est
plus complexe. Dès lors, les besoins de l'animal, ses appétits, ses impressions, ses imaginations, ses systèmes
d'images, tout cela conserve son unité. Jusqu'ici, rien n'est
plus clair; voilà en effet un mode d'intelligence qui n'a
rien de mystérieux. On peut même en décomposer aisément les facultés d'après le système de M. Bain. M. Bain
reconnaît dans l'intelligence trois facultés : le discernement, sentiment ou conscience de la différence; la simi-
larité, sentiment ou conscience de la ressemblance; la faculté
de mémoire ou d'acquisition. — « Ces trois facultés, dit-il,

sont l'intelligence, toute l'intelligence, rien que l'intelligence. » Tout être cependant ne remarque entre les
choses, il n'apprend à connaître et par conséquent à se
remémorer ni les mêmes différences ni les mêmes ressemblances. S'il est des phénomènes qui n'ont aucun rapport
avec les appétits propres à l'animal que voici, cet animal
sera devant eux comme s'il ne les voyait ni ne les entendait; souvent même on peut dire à la lettre qu'il ne les
verra ni ne les entendra; il ne s'en formera donc et par
conséquent n'en retiendra aucune image. D'autres phénomènes au contraire excitent ses premiers désirs, ils affectent
efficacement ses sens : ils ont une place dans son imagination. Dès lors tout ce qui ressemblera à ces phénomènes, au
point d'exciter à un degré suffisant les mêmes sensations,
pénétrera dans son sensorium. Ce qui en différera au point
de n'exciter en quoi que ce soit ni les mêmes désirs ni les
répugnances ou les craintes étroitement liées à ces désirs,
sera pour lui comme nul et non avenu; ce qui en différera
au point de provoquer ces répugnances et ces craintes
sera remarqué [1]. Ainsi se formeront des associations et
des systèmes d'images attirantes, des associations et des
systèmes d'images repoussantes. Voilà l'intelligence de
l'animal, toute son intelligence, pouvons-nous dire, en
employant la formule de M. Bain.

L'homme lui-même, au dire de M. Bain et de beaucoup
d'autres, ne fait que percevoir et retenir; il ne fait qu'accumuler des ressemblances et des différences. Mais quelles
ressemblances, quelles différences cherche-t-il? On répondra :
celles qui ont, à quelque degré, affecté ses sens. La réponse
ne suffit pas. Les sens de l'homme ont-ils la même fin que

1. Voyez dans les *Souvenirs entomologiques* de Fabre les
pages 313, 314 et les récits qui se terminent par cette réflexion :
« De tels faits disent assez pourquoi j'hésite à donner le nom
de mémoire à cette faculté singulière qui ramène l'insecte, avec
tant de précision, à l'emplacement de son nid, et ne lui permet
pas de distinguer son ouvrage de l'ouvrage d'un autre, si profondes qu'en soient les différences ».

ceux de l'animal? Je veux dire : le ramènent-ils toujours
sur lui-même? Ne lui font-ils percevoir les choses que dans
la mesure où ces choses intéressent immédiatement ses
appétits? Il ne le semble pas. Toute sensation est de sa
nature à elle subjective, nous le reconnaissons; c'est précisément pour cela que dans l'animal, où tout se réduit à la
sensation, tout est subjectif, même, nous l'avons vu, le
semblant de langage que la nature lui a donné. Mais
qu'est-ce que l'homme fait immédiatement de chacune de
ses sensations? Un *signe*. Il y a dans toute sensation
humaine ce double caractère : elle est d'abord représentative de la modification que notre organisme vient de subir,
mais elle est ensuite, d'une certaine façon, représentative
de quelque chose d'extérieur que nous considérons comme
cause de notre modification. Est-ce à dire que la sensation
corresponde avec une fidélité parfaite au phénomène extérieur, et que par la sensation nous saisissions la réalité
même des choses? Nous ne le prétendons certes pas. En
disant que toute sensation est pour l'intelligence humaine
un signe, nous croyons nous exprimer clairement. Tout
signe est relatif, en ce sens que tout signe a une partie subjective qui l'empêche d'être un équivalent exact et complet
de l'objet auquel il se rapporte. Mais il en est de la sensation signe comme il en est du signe plus particulier dont
se sert le langage. L'esprit humain a hâte, pour ainsi dire,
d'abandonner la partie subjective, matière du signe, et de la
traverser pour aller droit à quelque chose qu'il juge exister
en dehors de lui, indépendamment de lui et de sa manière
d'être actuelle. On dira, si l'on veut, que nous ne connaissons l'ordre des faits que par l'ordre de nos sensations, le
temps que par la succession de nos états internes, l'espace
que par la coordination de nos impressions tactiles ou visuelles. Tout cela est vrai. Mais il est vrai aussi que, quand
nous pensons au temps et à l'espace, nous pensons toujours
à un certain ordre onto!ogique d'où naît l'ordre phénoménal
qui nous affecte. Nous ne considérons pas plus l'ordre phénoménal ou subjectif, que nous ne considérons, en pronon-

çant un mot, ce que la matière première de ce mot peut emprunter à tel ou tel état physiologique de nos organes. Si la première et la plus humble de nos sensations n'avait pas déjà ce caractère de signe, aucune de nos sensations ne l'aurait. L'œil de l'oiseau peut embrasser cent fois plus d'espace que nous; et que de sensations et d'images il est physiquement à même d'accumuler, de conserver, d'associer! Pourtant sa vue ne lui servira jamais qu'à conduire et à assurer sa course rapide dans les airs ainsi qu'à lui faire de loin discerner sa proie. Si nous voulons, nous, décomposer et subdiviser nos sensations visuelles, nos sensations auditives, nos sensations tactiles, n'est-ce pas parce que nous voulons connaître surtout l'ordre des phénomènes extérieurs qui produisent ces impressions élémentaires?

Mais, encore une fois, il faut que, dans la sensation complexe et confuse, il y ait une première tendance et un premier mouvement de l'esprit pour se porter hors de lui-même à la recherche de l'objet extérieur. Autrement, que nous importerait de connaître les couleurs du spectre et les notes de la gamme, ainsi que les diversités du poids, de la forme, de la résistance! Ce sont là des choses dont la vie animale n'a pas besoin. Dites maintenant, si vous le voulez, que tout le travail de l'intelligence consiste à associer et à ordonner des sensations et des images dans un ordre qui correspond à l'ordre des phénomènes. Mais reconnaissez que l'association n'est pas une cause première : l'association ne peut expliquer la nature des choses associées, elle unit ces choses, mais ne les fait pas. Ici, chez l'animal, sont associées des sensations et des images qui restent subjectives, et qui, précisément à cause de cela, sont toujours toutes proportionnées dans leur nature, leur nombre, leur étendue, aux besoins de l'organisme. Là, chez l'homme, sont associées des sensations qui sont prises immédiatement pour des signes, c'est-à-dire qui ont une valeur objective, et dans lesquelles se manifeste dès le principe une activité capable d'initiative et de choix. Ce n'est pas l'association des idées qui explique la nature de notre intelligence : c'est la nature de notre intelligence qui explique la nature de nos associations d'idées.

Mais n'est-ce pas elle aussi qui explique l'ordre et le mode de groupement de nos associations? Pour M. Herbert Spencer, ce groupement se forme dans notre esprit d'après le groupement lui-même des phénomènes. La fréquence des états psychiques est proportionnée à la fréquence avec laquelle la relation entre les phénomènes extérieurs correspondants a été présentée dans l'expérience. Il semble que ce mot d'expérience dise tout et suffise à tout. Mais l'expérience de chaque être n'est pas la même. Faut-il le répéter? Chaque animal a exclusivement l'expérience de ce qui intéresse ses appétits, de ce que l'excitation de ses besoins le force, pour ainsi dire, à connaître. L'homme travaille librement à étendre son expérience, et que cherche-t-il dans ce travail? Ce qui intéresse ses besoins, dira-t-on? Soit, mais il est organisé de telle sorte que, ses besoins eux-mêmes, il ne peut les satisfaire sûrement que par la science de ce qui est. Ce qui est, voilà donc l'objet de ses recherches et le but de son expérience. Mais il ne conçoit l'existence que dans de certaines conditions. Un être lui est révélé par tels ou tels caractères particuliers; il voudra connaître les autres caractères qui le constituent, parce qu'il est convaincu que tout être est un ensemble de parties si bien ajustées qu'il est impossible que les unes existent sans les autres. Un phénomène quelconque a-t-il frappé l'un de ses sens, il voudra trouver les autres phénomènes qui se rattachent à celui-là par des rapports le plus souvent cachés, mais dont il obtient la révélation à force de questionner la nature. Chercher ce qui est équivaut donc pour l'homme à chercher les types des êtres et les lois des phénomènes. Il ne les trouve qu'à pas lents, sans doute. Mais ce n'est point à pas lents qu'il a acquis le désir de les chercher et la conviction secrète qu'ils existent. Cette vérité a été mille fois démontrée.

Qu'on prenne l'intelligence dans ses formes inférieures, dans les degrés les plus humbles de son développement, dans l'homme sans instruction, dans le sauvage, dans l'enfant. Ce qui caractérise la faiblesse des jugements et des raisonnements de ces êtres, tout le monde le sait, ce n'est pas l'ignorance d'un ordre naturel, c'est la méconnaissance de l'ordre vrai par suite d'une excessive promptitude à le vouloir connaître ou deviner. La logique savante n'a jamais eu besoin d'apprendre aux hommes l'usage de l'induction : elle n'a eu qu'à leur en montrer les difficultés et qu'à leur apprendre à ne pas les précipiter, comme ils y tendent tous sans exception; c'est Bacon lui-même qui l'a dit. D'après M. Herbert Spencer, il semble que, nulle au début de la vie, la croyance à un ordre systématique des choses, c'est-à-dire à un ensemble de types et de lois, doit augmenter et se fortifier au fur et à mesure des expériences. Mais, bien souvent, au contraire, cette croyance paraît péricliter et avoir besoin d'être fortifiée de nouveau dans la suite de la vie. L'enfant ne doute pas que chaque chose ait sa raison, il faut qu'. . . . donne cette raison instantanément; puis peu à peu .   . curiosité s'affaiblit et en quelque sorte se décourage. Si plus tard sa curiosité renouvelée a toujours besoin de patience, c'est parce que sa croyance innée est toujours obligée de lutter contre les démentis réels ou apparents de l'expérience. Cette expérience, il en combine de mille manières les éléments dans sa pensée jusqu'à ce qu'il soit arrivé à des types et à des lois qui le satisfassent, c'est-à-dire à des types et à des lois où tout se tienne avec suite et unité. Chemin faisant, ses associations se modifient, suivant qu'il a cherché cette satisfaction avec plus ou moins de vivacité, de constance ou de légèreté, dans tel ou tel ordre de faits, et qu'il a plus ou moins bien réussi à l'obtenir.

Cette préoccupation dont nous parlons, il n'est pas nécessaire d'aller en chercher la trace jusque dans la science. Nous en remarquons les effets dans la formation des idées générales, ou, pour mieux dire, dans la formation de nos idées, car toutes sont générales comme les racines des mots qui les expriment. M. Herbert Spencer reconnaît que ces associations qu'on appelle idées générales n'existent que dans l'homme actuel. Il faut, dit-il, avoir analysé et connu distinc-

tement un grand nombre d'attributs spéciaux pour pouvoir
établir des ressemblances entre des choses d'ailleurs très
distinctes, mais dans lesquelles on reconnaît quelques attributs communs. « Et ce n'est pas dans l'espèce humaine,
ajoute-t-il, que cette extension en généralité se développe[1]. »
Toutes les associations précédentes, M. Herbert Spencer les
expliquait par un ajustement de plus en plus exact et de
plus en plus étendu de l'organisme aux phénomènes extérieurs, par une correspondance croissante des impressions
et des représentations avec les faits externes qui les avaient
provoquées. Tout alors se réduisait facilement au parallé-
lisme des rapports internes et des rapports externes *concrets*. Aussi n'était-il point difficile, on le conçoit, d'attribuer de telles associations aux animaux. Mais, dans les idées
générales, s'organisent des rapports internes qui « ne sont
point particuliers à des classes de choses définies,... qui
n'ont point de substratum concret particulier ». Comment
l'intelligence en arrive-t-elle là? « On ne peut, avoue
M. Spencer, connaître distinctement comment on y arrive. »
Pour toute explication, le philosophe anglais nous parle
d'un débrouillement graduel qui sépare les propriétés l'une
de l'autre et finit par une aptitude à les reconnaître sous une
forme abstraite. Nous allons essayer d'opposer à ces hypothèses des faits positifs : nous montrerons comment l'abîme
indiqué par M. Spencer entre l'expérience particulière et
concrète et l'expérience qui généralise est plus grand qu'il
ne le croit. Des exemples authentiques nous feront toucher
du doigt comment le débrouillement graduel des impressions de l'animal se fait dans un sens tel et obéit à une loi
telle que parvenir aux idées complexes, aux idées abstraites
et générales est impossible pour lui. Si en effet le développement des associations animales et celui des associations
humaines se font en sens inverse, l'un ne peut évidemment
préparer et amener l'autre. Mais que l'on veuille bien

1. Herbert Spencer, *Principes de Psychologie*, trad. par
MM. Ribot et Espinas, t. Ier.

suivre et méditer les deux expériences que voici. Nous
avons analysé plus haut des actions réputées intelligentes et
nous avons montré que tout s'y réduisait au pur instinct.
Nous allons avoir ici la contre-partie de nos premières
études, en constatant que l'association ne peut donner à
l'animal le moyen de parvenir à des actes intelligents.

La première de ces expériences se trouve dans Max
Müller [1], qui désigne le laboratoire dans lequel elle fut faite.
Un brochet avalait tous les petits poissons que l'on mettait
dans son aquarium : il fut séparé de ses victimes par un
carreau de verre. Il ne pouvait plus les atteindre, il ne ces-
sait pas de les voir. Or, toutes les fois qu'il fondait sur
eux, il se heurtait les ouïes contre le verre, et parfois avec
tant de force qu'il restait ensuite couché sur le dos comme
mort. Il se relevait pourtant et recommençait ses élans ; mais
ses élans devinrent de plus en plus rares, et, au bout de
trois mois, ils finirent par cesser complètement. Arrivé à
cet état d'ajustement ou de correspondance de ses impressions et de ses désirs avec la nature de son milieu, il fut
laissé ainsi enfermé et solitaire pendant six mois. Au bout
de six mois on retira le carreau de verre de l'aquarium
et l'on rendit au brochet la liberté de circuler parmi les
autres poissons. C'étaient les mêmes que ceux qu'il avait
poursuivis en vain et qu'il s'était lassé de désirer. Or
parfois il se dirigea vers eux, mais, quoique nul obstacle ne
s'interposât plus entre eux et lui, jamais il n'en toucha un
seul ; il s'arrêtait toujours à la distance respectueuse d'un
pouce environ et se contentait de partager avec ses compagnons la nourriture qu'on déposait dans l'aquarium. Aussitôt cependant qu'un poisson étranger était introduit dans
l'aquarium, le brochet l'avalait sans hésiter. Au bout d'une
quarantaine de repas, période pendant laquelle il avait
respecté ses anciens compagnons de la première série, il
fallut le retirer de l'aquarium à cause de sa grande taille.

1. Leçons de Max Müller, *Sur le langage, Revue des Cours
littéraires,* t. XII.

On répète souvent que la science n'arrive à la précision
et à la certitude définitive que par les expérimentations.
Or en voilà une où tout est parfaitement clair et où sont
mis en pleine lumière deux ordres de faits bien distincts :
les uns concernent l'aptitude de l'animal à se souvenir et à
se laisser dresser par des sensations associées; les autres
concernent sa prétendue aptitude à réfléchir et à généraliser, la première pouvant être avec le temps poussée fort
loin, la seconde étant nulle. Mais reprenons les faits. Le
brochet est habitué à poursuivre et à dévorer sans peine
les petits poissons quand l'image de ces petits poissons
arrive à son système visuel. Cette image persistant à y
arriver malgré le carreau de verre, pendant quelque temps
encore il s'élance aveuglément sur sa proie; on nous dit
même qu'il lui faut trois mois [1] pour se résigner à rester
tranquille et à ne pas user inutilement ses forces contre
l'obstacle. Pourquoi tout ce temps lui a-t-il été nécessaire?
Parce qu'à ses anciennes associations devaient s'en substituer de nouvelles, et qu'il ne pouvait associer entre elles
que des impressions essentiellement subjectives. Disons
encore, pour employer la terminologie de M. Spencer : la
répétition prolongée des mêmes sensations était nécessaire
pour établir en lui une succession de rapports internes
parallèles à des rapports externes concrets. L'idée abstraite
et générale d'obstacle, il n'était pas fait pour l'acquérir.
Mais, en revanche, une fois que ces associations visuelles
sont organisées en lui, quelle ténacité n'a pas cette seconde
nature! Au bout de six mois, l'obstacle est retiré : il n'en
remarque pas plus l'absence qu'il n'en avait remarqué la
présence pendant les trois mois qu'il avait passés à se heur-
ter contre lui. Seulement l'image de chacun des poissons

1. M. Delbœuf et M. Beaussire voient là une preuve de délibération et un argument en faveur du libre arbitre de l'homme
prouvé par celui du brochet. Il est douteux que cet argument
nouveau fortifie beaucoup la croyance au libre arbitre, malheureusement trop ébranlée parmi nous. — Voyez Beaussire, les
Principes de la morale, p. 123, note.

qui sont là s'est associée dans son souvenir avec la sensation aussitôt renouvelée, c'est-à-dire avec l'image d'un
choc douloureux : en conséquence, il s'abstient. Ceci achève
de nous montrer que le carreau de verre n'a jamais donné
lieu dans l'état mental du brochet qu'à une sensation toute
subjective et qu'à une image de même nature; car, au
bout de quelque temps, une fois l'ajustement terminé, que
le carreau de verre y soit ou qu'il n'y soit pas, l'animal se
conduit absolument de même et n'est uniquement guidé
que par l'association que nous venons d'analyser. Mais des
poissons nouveaux sont introduits, autre phase! Il n'a
jamais souffert de les poursuivre, ceux-là : son instinct primitif qui le pousse à dévorer des poissons l'entraînera donc
irrésistiblement vers eux : il les dévorera. Mais quoi? Cette
nouvelle expérience ne lui fera-t-elle pas remarquer que
poissons anciens et poissons nouveaux sont tous également
des poissons, qu'ils circulent tous avec une égale liberté
dans un même milieu et qu'il peut également s'approcher
des uns et des autres? Il ne pourra pas faire cette simple
comparaison, lui qui sait reconnaître, sans se tromper, ses
anciens compagnons de captivité? Eh bien! non! Cette
comparaison si simple, il ne la fait pas, apparemment parce
qu'il est incapable de la faire [1]. On dira que c'était sans
doute un brochet plus bête que les autres, et que les poissons, en général, ne brillent pas par leurs facultés psychiques…. A la première de ces objections je répondrai que ce
brochet avait une mémoire et une faculté de discernement
animal assez remarquables, puisqu'au bout de six mois il

1. M. Beaussire, commentant M. Delbœuf (endroit cité), ne
donne que la moitié de l'histoire, et il conclut que le poisson, « après *avoir obéi à un instinct aveugle, s'impose, par excès
de prudence, une habitude non moins aveugle* ». Qu'est-ce que
cet excès de prudence qui part de l'aveuglement et qui y retourne? Qu'est-ce que cette intelligence qui non seulement
apparaît comme une lueur entre deux moments d'inintelli-
gence, mais qui ne s'emploie même qu'à créer une habitude
non moins inintelligente que la première? — Nous laissons au
lecteur le soin d'en juger.

se rappelait l'insuccès de ses anciens efforts contre les poissons qui étaient là, et qu'il se gardait de confondre les nouveaux venus avec les anciens. Donc les facultés instinctives
n'étaient pas plus faibles chez lui que chez ses congénères. D'autre part, on dit que les poissons sont stupides.
Darwin ne l'admettrait pas. Mais, d'ailleurs, il faut s'entendre. Quand leurs instincts sont en jeu, on les voit
s'adapter tout comme les autres à ce qui peut créer une
association entre un fait concret, intéressant directement
ces instincts, et une sensation subjective les intéressant
également. On peut dire qu'ils y réussissent tout aussi
bien que les animaux supérieurs, et nous n'avons sur ce
point qu'à renvoyer à notre chapitre sur la prétendue raison inverse de l'instinct et de l'intelligence. Dans tous les
cas, voici le récit d'une expérience faite sur un chien. Elle
est moins piquante et moins neuve que la première; mais
enfin elle met en lumière un fait intéressant. Je l'emprunte
à un chroniqueur aussi compétent que spirituel qui parle
souvent des animaux et qui paraît les avoir observés de
très près.

L'écrivain a observé, comme nous tous, que les chiens
sont très frileux. Cette observation est le point de départ
de son expérience. « Grand admirateur, dit-il, de l'intelligence canine (remarquez bien ceci, vous n'avez pas devant
vous un philosophe trop prévenu en faveur de la supériorité de l'homme), j'ai voulu voir ce dont elle était capable,
sollicitée par ses impérieux appétits de calorique... C'était
un griffon auquel, comme on dit, il ne manquait que la
parole, et, de plus, enragé pour le chauffage. A plusieurs
reprises, en choisissant toujours les journées froides, je
disposai dans l'âtre une petite lampe à la portée d'un joli
tas de copeaux. Il suffisait de rapprocher une de ces brindilles de la flamme pour avoir une de ces joyeuses flam-
bées dont mon animal était si friand. Je l'observai : il vint,
selon son habitude, s'asseoir sur la queue devant le foyer;
il y resta pendant quelques minutes, grelottant, contemplant
mélancoliquement ce lumignon qui chauffait si peu, puis

14

s'en alla se coucher dans un coin. Au bout de quelques instants il reprit son premier poste, en accentuant son attitude douloureuse. L'idée de pousser un des copeaux sur la lampe ne se fit pas jour dans son cerveau, bien que, pour lui en faciliter la conception, lui prenant la patte, je lui démontrasse plusieurs fois le brillant résultat qu'il pouvait obtenir d'un de ces mouvements.... Je ne doute pas cependant, ajoute l'observateur que nous citons, qu'on ne puisse dresser un chien à allumer mécaniquement du feu, comme on le dresse à toutes sortes d'autres tours de force; mais cela n'infirmerait pas nos conclusions, qui sont que tout acte complexe est absolument hors de la portée de l'intelligence animale [1]. »

Nous le demandons maintenant, comment l'animal pourrait-il nommer quoi que ce soit? Pour lui, rien n'est signe, parce que pour lui tout est subjectif et particulier. On pourra donc dire de toute bête que l'on voudra : il ne lui manque que la parole. Avec la parole il lui manque tout, tout ce qui pourrait lui donner les moyens de s'égaler graduellement à nous ; car la parole et la pensée dérivent d'un seul et même principe qui commence, assure et dirige le développement de leur commune évolution.

En effet, croire à quelque chose d'objectif et le chercher dans la sensation même considérée comme signe, voilà par où débutent pareillement la pensée et le langage. Analyser l'objet désigné, mais en même temps former un tout avec les éléments qu'on y trouve et avec ceux qu'on a trouvés assez semblables à eux, voilà ce que font ensuite et le langage et la pensée. L'idée et le mot s'accroissent l'un comme l'autre ; mais cet accroissement n'est qu'un fait, un fait qui, loin d'expliquer tout, a besoin d'être expliqué lui-même. Dès que la tendance à opérer cette généralisation se dessine, elle a un but où elle tend, elle a donc une direction marquée, elle a aussi une force intime qui la pousse : c'est de tout cela réuni que sortent ces associations et orga-

1. De Cherville, le Temps du 11 janvier 1875.

nisations d'expériences qu'on ne trouve que dans l'homme et dont les animaux n'ont pas le plus léger soupçon.

Cette tendance à l'objectivité, par suite à l'analyse, à la synthèse et à la généralisation, enveloppe encore un fait qu'il est bon de considérer à part : c'est la croyance. Nommer ou simplement désigner un objet, c'est affirmer quelque chose (on nous épargne le souci de démontrer que toute proposition implicite ou explicite contient une affirmation). De même, penser à un objet, c'est croire à son existence ou à sa possibilité. Or comment une association de sensations pourrait-elle produire la croyance? Des positivistes anglais considérables, tels que Stuart Mill et M. Huxley, reconnaissent que non. Il est même assez instructif de les voir l'un et l'autre aux prises avec cette difficulté : les moyens par lesquels ils essayent d'en sortir sont aussi opposés qu'il est possible. Stuart Mill l'avoue; l'explication du fait de la croyance, voilà l'obstacle le plus redoutable que la théorie associationiste trouve devant elle, car il peut y avoir dans beaucoup de cas des associations irrésistibles qui n'entraînent pourtant pas la croyance. « l'esprit peut repousser la croyance, quoique incapable de surmonter l'association [1] ». Une solution est timidement proposée, c'est que la croyance soit moins un fait mental, intellectuel, que l'action exercée par nos conceptions sur notre volonté, sur nos actes et plus particulièrement sur nos habitudes. La faiblesse de cette explication saute aux yeux. Qu'on l'applique à l'animal, soit! On dira par exemple, et non sans raison : le chien court après son gibier, il croit donc, semble-t-il, être à même de l'attraper? Mais qu'est-ce que cette croyance du chien? Un état très peu complexe où les appétits habituels du carnassier s'associent à l'image d'une poursuite souvent effectuée avec succès. Cette prétendue croyance n'est donc qu'une détermination irréfléchie que l'imagination surexcitée de l'animal impose

---

1. Stuart Mill, *la Philosophie de M. Bain*, 2 articles de la *Revue des Cours littéraires*, 14 et 21 août 1869.

à son activité, rien de plus. Voilà une théorie que nous acceptons et qui est conforme à toutes les théories de l'association, aux analyses de M. Bain, de M. Spencer, etc. Mais l'homme ne croit donc que lorsqu'il agit? La croyance n'existera donc plus dans le domaine des idées pures et de la science abstraite? Elle n'existera donc plus quand le libre arbitre se refusera à l'appliquer? Stuart Mill a certainement tort, en voyant qu'il ne peut pas expliquer la croyance humaine par les principes de son école, de réduire cette croyance à un fait tout animal.

M. Huxley fait exactement le contraire [1]. Il ne voit pas que l'association suffit avec la sensation et l'image à donner raison des actes des animaux; il veut dès lors attribuer à ceux-ci une faculté de juger et de raisonner, toute semblable à celle que nous trouverons dans l'homme. Un écrivain du *Quaterly Review* disait admettre la proposition suivante : « Les animaux ont des images mentales des objets sensibles combinés à tous les degrés de complexité, suivant les lois de l'association ». M. Herbert Spencer, M. Bain, on le sait, trouvent que pour l'homme lui-même cela suffit. M. Huxley trouve que cela ne suffit pas pour l'animal. Un peu plus haut, il est vrai, il estimait difficile de trouver une ligne de démarcation entre la sensation et la pensée. Comment l'éminent physiologiste accorde-t-il ces différentes manières de voir? Nous ne nous chargeons pas de l'expliquer. Toujours est-il que voici ce qu'il répond au *Quaterly Review : «* Des images mentales, même si elles sont combinées à tous les degrés de complexité, ne peuvent être et ne sont que des images mentales d'objets sensibles. Les *jugements,* les émotions, les volitions ne peuvent être enfermés sous ce titre d'images mentales d'objets sensibles.... Le lévrier réduit à ces usages ne saurait donc *juger* si le lièvre est à une certaine distance, s'il ressemble à d'autres lièvres dont il a gardé le souvenir; enfin il ne

1. Leçons traduites dans la *Revue scientifique*, juillet et décembre 1871.

pourrait désirer courir après le lièvre. En conséquence,
ce lévrier demeurerait en place.... » Ce n'est pas tout,
M. Huxley, comparant le lévrier à son piqueur qui le tient
en laisse, veut que la vue du lièvre excite chez l'un et chez
l'autre la même suite de faits psychologiques et que la
pensée de tous deux procède de la même manière. Nous
ferons à cette comparaison une objection bien simple. Le
lévrier est-il aussi à même de commander au piqueur que
le piqueur de commander au lévrier? Non, le lévrier sent
et court comme le piqueur ne le peut pas faire, et le
piqueur raisonne comme ne le fait pas le lévrier. M. Huxley
croit que, faute de jugement et de raisonnement, l'animal
resterait immobile. Ne vous mettez point si en peine, lui
dirons-nous; et acceptez, en l'appliquant à la bête, l'explication que Stuart Mill essaye à tort d'appliquer à l'homme·
D'autre part, nous dirons à Stuart Mill : reconnaissez donc
à l'homme cette faculté irréductible aux images sensibles
associées que M. Huxley a le tort de croire nécessaires pour
expliquer les actes des animaux.

Croire quoi que ce soit et se dire mentalement : cela
est, cela sera, ceci est tel phénomène, cet être est un être
de telle ou telle espèce, c'est affirmer, qui ne le sait? qu'il
existe un ordre de choses dont nous-mêmes nous faisons
partie. Or toute affirmation cherche l'absolu : toute affirmation est même, on peut le dire, absolue sous certains
rapports, et constitue une sorte de prise de possession de
l'absolu. Je dis que telle relation est fortuite; j'affirme par
là qu'il lui manque les caractères auxquels je reconnaîtrais
en elle le produit d'une loi nécessaire : donc je crois que,
de telles lois, il y en a. Je dis que telle relation est probable; j'affirme par là qu'il y a en sa faveur une partie, mais
une partie seulement des raisons qui pourraient, si elles
étaient complètes, me déterminer à dire : cette relation est
absolue; je crois donc à l'absolu. M. Spencer l'admet; mais,
pour expliquer cette croyance, il écrit cette étonnante formule : « Les relations qui sont absolues dans le milieu
environnant sont absolues en nous; les relations qui sont

probables dans le milieu environnant sont probables en
nous ; les relations qui sont fortuites dans le milieu environnant sont fortuites en nous [1] ». Est-il possible de ne
pas répéter avec toute la tradition philosophique : mais
comment donc pouvez-vous savoir expérimentalement qu'il
y a des relations absolues? Qu'est-ce que le nombre des
expériences a de commun avec ce caractère d'absolu de
nos affirmations qui enveloppent manifestement l'infini,
puisqu'une chose qui doit être absolument est conçue et
affirmée comme telle par tous et dans tous les lieux à
l'infini?

Nous n'insisterons pas sur ce point, pas plus que sur
celui-ci, que la faculté de porter sur les choses de semblables affirmations n'est autre que la raison. La difficulté
n'est pas encore tant de faire reconnaître l'existence de
telles ou telles lois qui s'imposent à nos jugements : elle
est de faire reconnaître l'origine de ces lois et la puissance
dont elles expriment la nature. Entre la raison et l'instinct,
M. Spencer reconnaît certes une différence; il le proclame ;
mais il a une manière fort simple d'expliquer le passage de
l'une à l'autre. « L'acte rationnel, dit-il, sort de l'acte
instinctif, toutes les fois que celui-ci devient trop complexe
pour être parfaitement automatique.... La complexité progressive des instincts qui explique une diminution progressive de leurs caractères purement automatiques implique de
même un commencement simultané de mémoire et de
raison [2]. » Qu'est-ce à dire? si M. Spencer veut uniquement observer qu'en fait, dans la hiérarchie des êtres, la
raison succède à l'instinct, à coup sûr chacun tombera
d'accord avec lui. Il pourrait dire encore, sans soulever de
grandes contestations, que, dans l'homme, lorsque l'instinct
est insuffisant, cette impuissance même force l'esprit à
réfléchir et que la raison avertie entre promptement en
exercice. Mais de ce que l'une succède à l'autre, est-ce à

1. *Principes de Psychologie*, IVᵉ partie, ch. ɪɪ.
2. Même ouvrage, IVᵉ partie, ch. ᴠɪɪ.

dire qu'elle en provienne? On dira : instinct et raison, ce
sont des mots. Il n'y a que des expériences et des actions qui se compliquent de plus en plus. — Il y a sans
doute une complexité qui s'accroît singulièrement quand
on passe de l'animal à l'homme. Mais dans l'homme
cette complexité n'est pas seulement bien plus étendue;
elle s'ordonne, elle s'*intègre*, comme on dit, c'est-à-dire
elle se ramène à l'unité. Or, sans vouloir aucunement
transformer la confusion et l'ordre en deux entités sco-
lastiques, il est bien permis de se demander s'il suffit
que la complexité des relations menace de produire la
confusion pour que l'ordre et l'harmonie s'ensuivent aussitôt.

Cette théorie des associationistes suppose d'ailleurs chez
tous les êtres vivants un développement partout égal et
continu, où la simplicité des actes et leur aveugle nécessité
seraient toujours en raison directe l'une de l'autre. Or
c'est là une erreur de fait. Certains animaux, nous l'avons
bien vu, peuvent accomplir des actes relativement très
compliqués, quand les mouvements que ces actes exigent,
ainsi que les sensations et les imaginations qui s'y rapportent, sont sous la dépendance de l'instinct propre à l'espèce.
Mais, dès que cet instinct n'est plus intéressé, l'animal
devient stupide, absolument incapable d'établir la moindre
complexité dans ses souvenirs et dans ses actes. Une poule
a trouvé moyen, grâce à une lente et graduelle accoutu-
mance, de sortir et de rentrer par une issue étroite et
cachée qu'elle n'avait découverte que par hasard : elle
saura toujours la retrouver. Bouchez ce trou et ouvrez
toute grande une porte à laquelle la bête n'a pas été habituée : elle passera devant, tout effarée, et aura une peine
incroyable à rentrer dans le poulailler, quelque désir qu'elle
en ait. Le rat qui porte encore intacte sa longue queue
peut aller et venir, retrouver son chemin, deviner son
butin comme prévoir la venue de son ennemi, ajuster enfin
toutes ses démarches à des circonstances très variées. Un
physiologiste déjà connu par ses travaux sur les organes du

toucher nous a expliqué ces facultés [1]. Il a trouvé dans la
queue du rongeur tout un appareil de toucher passif très
riche en filets nerveux compliqués et d'une grande délicatesse. Comme il exposait sa découverte à la Société de
biologie, un autre savant plus connu encore, M. Paul Bert,
qui avait fait de ces mêmes animaux les sujets habituels de
ses intéressantes expériences sur la greffe animale, fit aussi
cette curieuse remarque. Cela m'explique, dit-il, pourquoi
ces bêtes sont comme frappées de stupidité et d'impuissance quand elles ont la queue coupée. J'en ai vu qui,
privées de cet appendice, ne savaient même pas se sauver
d'une boîte toute ouverte. Ainsi, c'est par sa queue que le
rat se conduit, et c'est, pour ainsi dire, au bout de sa queue
qu'il a son intelligence, comme un chien l'a dans son nez.
Coordonner un grand nombre d'impressions et d'images,
il le pouvait quand toutes ses sensations se groupaient
d'elles-mêmes autour de celles qu'il devait à son sens pré-
dominant. Mais pourquoi n'a-t-il pas suppléé à ce sens par
un autre, comme le ferait l'homme le moins intelligent?
Il a le sens de la vue : il pouvait associer les impressions
de ce sens avec celles des autres, de l'ouïe par exemple.
Et pourtant il n'en a rien fait. Ainsi était notre brochet
qui pouvait reconnaître certains poissons au bout de six
mois, parce que chacun d'eux avait été pour lui l'occasion
de souffrances réitérées, mais qui ne savait même pas
s'apercevoir de la suppression de l'ancien obstacle. Rappelons enfin que, chez beaucoup d'espèces où il semble que
tout se réduise à un mécanisme simple et uniforme, la
répétition des actes imposés par ce mécanisme ne laisse pas
que de donner lieu assez souvent à des variations surprenantes.

En résumé, un animal saura très bien exécuter tel ou
tel acte plus compliqué, et il sera tout à fait incapable
d'en exécuter tel ou tel autre qui, en soi, l'est beaucoup

1. M. Jobert, professeur de zoologie et de physiologie à la
faculté des sciences de Dijon.

moins; et le même contraste apparaîtra dans ses souvenirs.
Si un être a l'instinct ou la raison, ce n'est donc pas parce
que ses actes et ses souvenirs se seront compliqués sous
l'agglomération des expériences. La vérité, la voici. Pour
que des actes ou des faits psychologiques quelconques puissent être, malgré une certaine complexité, retenus par
l'animal, il faut qu'ils aient une ⁚ nité. Dans la bête, ce
qui établit cette unité, c'est son i⸱⸱'.nct spécifique. L'instinct est-il en jeu, une vie psychologique relativement très
riche est possible. L'instinct n'est-il plus en jeu, toute vie
psychologique est supprimée, et cela dans le même individu. A parler rigoureusement, l'homme adulte n'a pas
d'instinct complet se suffisant à soi-même; mais il a la raison, c'est-à-dire le besoin inné de chercher partout l'ordre,
la suite, la convenance, l'unité. Cette raison est cause et
non effet de l'organisation de ses expériences. Car les expériences, même chez l'animal, ne s'organisent pas toutes
seules. Quand le principe organisateur de l'animal proprement dit fait défaut, il faut bien en reconnaître un autre
qui, à un ordre parfait dans sa sphère, mais limité, fait
succéder un ordre faillible, mais capable de se perfectionner
et de s'étendre. L'unité ne peut sortir de la multiplicité
toute seule, pas plus que l'harmonie ne peut provenir de
la confusion, et l'ordre du désordre.

III

LA RAISON ET L'HÉRÉDITÉ

Nous sommes donc arrivés à reconnaître que nulle expérience, nulle accumulation et organisation d'images ou
d'idées ne peut constituer l'intelligence humaine, si l'intelligence humaine ne préexiste pas, ou du moins si elle n'est,
pour ainsi dire, posée d'avance dans les lois et tendances de
la raison. Mais une théorie nouvelle vient encore nous dis-
puter ces conclusions. Que l'expérience de chacun de nous

ne se forme pas au hasard, qu'elle se développe dans certaines directions paraissant prévues à l'avance, et qu'elle se coordonne suivant des lois que l'individu n'est pas maître de changer, on le reconnaît. Mais on prétend que ces lois n'ont rien ni d'éternel, ni d'immuable, ni d'absolu : elles résument l'expérience des siècles passés, accumulée et transmise par voie d'hérédité. Nul n'a exprimé cette idée plus nettement que M. Spencer. Quant aux prétendues formes de la pensée, dit-il, il y en a, si l'on entend par là des tendances héréditaires, croissant de génération en génération et qui dans chaque individu préexistent, en quelque façon, à son expérience propre. L'esprit n'est donc pas une table rase : il n'est pas réduit à une réceptivité passive; mais ce qui est inné dans l'individu est acquis dans la race. Ces relations fondamentales prédéterminées, ces formes de l'intuition existent dans le système nerveux : elles ont été établies par des expériences accumulées dans les organismes précédents [1].

En un mot, suivant M. Spencer et son école, le cerveau représente une infinité d'expériences recueillies pendant l'évolution de la vie en général. Les plus uniformes et les plus fréquentes ont été successivement léguées, intérêt et capital ; et elles ont ainsi monté lentement jusqu'à ce haut degré d'intelligence qui, latente dans l'esprit de l'enfant, doit continuer encore, dans l'adulte bien doué, sa marche ascendante. En effet, ces modifications à l'état latent sont ensuite développées par les premières expériences de l'individu et se déterminent de mieux en mieux par la multiplication des expériences.

On le remarquera, cette hypothèse, dans l'esprit de ceux qui la soutiennent, doit au moins les trois quarts de sa valeur aux théories que nous avons combattues dans les chapitres qui précèdent. Elle suppose établi que, dans la vie même de l'individu, « les cohésions psychiques » correspondent aux cohésions de phénomènes, que les relations

---

1. *Principes de Psychologie.*

LA RAISON ET L'HÉRÉDITÉ   219

externes produisent les relations internes, que les relations absolues et les relations simplement probables ont des
caractères tangibles et visibles qui se reflètent d'eux-mêmes
dans notre expérience, et ainsi de suite.

Il y a plus. Elle suppose établie, fixée et éclaircie toute
la théorie darwinienne de l'évolution. « *Si*, dit M. Spencer,
la doctrine de l'évolution est vraie, *si* l'esprit ne peut être
compris que par son évolution, *si* les animaux les plus
élevés n'ont acquis que par des modifications accumulées
dans un passé *sans bornes* leur organisation bien intégrée,
très définie et très hétérogène, *si* le système nerveux développé de ces animaux n'a atteint que peu à peu sa structure et ses fonctions complexes, *nécessairement* les formes
corrélatives de l'intelligence ont dû naître par degrés. »
Cette explication semble au premier abord impossible sans
doute à démontrer directement, mais aussi impossible à
réfuter. Réfugiée dans un passé sans bornes, elle défie
toute vérification, et, abritée par la vaste théorie de l'évolution, elle prétend ne pouvoir être vaincue que si cette dernière elle-même est renversée. Mais, sans nous astreindre
ici à une réfutation disproportionnée, nous pouvons montrer que cette hypothèse est en elle-même peu intelligible
et en contradiction avec des lois établies par la science
positive elle-même.

La nature et le rôle de l'hérédité sont entendus de
deux manières par les savants : d'une manière restreinte et
d'une manière large (ces deux expressions vont être éclaircies dans le cours de notre développement). En quoi consiste l'hérédité organique ? se demande un écrivain qui,
avec une très sérieuse compétence et point de parti pris,
tient périodiquement de nombreux lecteurs au courant des
problèmes posés ou résolus par la science. « L'hérédité
organique, répond-il, est la reproduction dans les descendants d'un être, en dehors des caractères spécifiques et
qu'on pourrait qualifier de nécessaires, de certaines particularités individuelles qui ne sont pas nécessaires à l'espèce ;
ces caractères particuliers peuvent être, suivant les cas,

avantageux ou nuisibles [1]. » Attachons-nous tout d'abord
à cette hérédité ainsi entendue, et considérons-la dans
l'homme. Nous la voyons en quelque sorte fonctionner sous
nos yeux. Pouvons-nous, d'après les faits les mieux avérés,
nous former quelque idée nette de son action?

En ce qui concerne la maladie, l'action de l'hérédité est
malheureusement des plus évidentes. Soit qu'elle trans-
mette directement le mal lui-même, lorsqu'il a infecté
chaque cellule ou chaque goutte de sang dans l'organisme
du père ou de la mère, soit qu'elle communique seulement
une disposition fâcheuse à contracter le mal ou, si l'on
veut, un milieu trop favorable à son développement, il est
certain qu'elle transmet très souvent les maladies les plus
diverses. Il n'est même pas nécessaire, pour en reconnaître
les effets, que la maladie du descendant soit exactement
celle de l'ascendant. On sait qu'en passant d'une génération
à l'autre les maladies peuvent subir des métamorphoses.
Au rhumatisme articulaire succédera la chorée, ou inversement. Un mélancolique donnera la vie à un maniaque;
un maniaque qui aura pu procréer produira un imbécile
ou un idiot. Qu'un accusé, dont la conduite offre d'ailleurs
les marques voulues d'une impulsion irrésistible, ait pour
père un « alcoolique », l'aliéniste verra en lui l'influence
de l'hérédité tout aussi sûrement que si tel ou tel de ses
parents avait souffert d'une propension irrésistible au même
crime. La médecine retrouve sous ces formes différentes la
continuation ou le développement d'un état morbide primitif. Donc, encore une fois, pour ce qui est de la maladie,
de la maladie purement physique et aussi de la maladie
mentale (qu'on peut qualifier de maladie mixte), l'hérédité
est une puissance redoutable qui produit les effets les plus
lointains et souvent les plus désastreux.

L'hérédité crée-t-elle les vertus et les talents comme elle
crée les maladies? Mais on ne voit guère comment donc
la vertu de l'ascendant assurerait la vertu du descendant,

1. A. Vernier (M. Laugel), dans le journal le Temps.

quand le même individu qui, apparemment, conserve son organisation personnelle, peut tour à tour acquérir et perdre la vertu, la reconquérir de nouveau.

Les partisans de la transmission héréditaire universelle usent, sans s'en douter, d'un subterfuge qui altère beaucoup la valeur de leurs statistiques. Ils mettent dans une même catégorie toutes les manières d'être, bonnes ou mauvaises, du caractère; et ils croient pouvoir conclure, pour ainsi dire, en bloc. Mais, d'une certaine transmission des vices, peut-on conclure à une égale transmission des vertus? Est-ce que le vice n'accuse pas une diminution de cette liberté personnelle qui est la condition même de la vertu? Est-ce que la fatalité du penchant au vice ou au crime, quand elle existe, n'accuse pas une prédominance anormale du physique sur le moral et, comme nous le disions plus haut, un manque d'équilibre qui est tout au moins un commencement de maladie? Or on conçoit très bien que la génération puisse transmettre une organisation toute prête à se déchaîner au point de rendre le moral esclave du physique. Peut-elle assurer par avance un moral assez fort pour vaincre ou diriger le physique? Voilà ce qui se comprend moins. Aussi la transmission héréditaire des vices est-elle, on peut l'affirmer, beaucoup plus fréquente que la transmission héréditaire des vertus, à supposer que celle-ci soit possible.

Ce n'est pas à dire, assurément, que le père et la mère ne puissent transmettre à leurs enfants une organisation saine et bien pondérée, toute préparée par avance aux efforts qu'on lui demandera pour développer harmonieusement les meilleures formes de la vie. Ce n'est pas à dire qu'une famille, une race, une nation même ne puissent assurer aux bienfaits d'une hygiène réparatrice une influence durable et croissante. A Dieu ne plaise que nous soutenions le contraire. Nier cela serait nier l'évidence. Mais n'oublions pas le point de vue tout particulier auquel nous nous plaçons ici. Nous voulons savoir si l'hérédité crée dans notre espèce des variétés où apparaisse comme un

mouvement vers quelque forme inconnue : action lente où
il faudrait voir la continuation de celles qui, dans le passé,
auraient produit peu à peu la raison au sein de l'animalité.
Or, quand les représentants d'une famille transmettent de
génération en génération des organismes de mieux en
mieux équilibrés, est-ce qu'ils s'éloignent du type spécifique? Est-ce qu'ils y ajoutent un organe inconnu? Est-ce
qu'ils lui donnent quelque fonction nouvelle? En aucune
manière. Ils maintiennent ou ils restaurent la pureté du
type humain : ils lui donnent l'énergie nécessaire pour
prévenir l'action de toute force perturbatrice. La médecine nous citera peut-être certains cas d'immunité héréditaire contre telle maladie. Mais ces cas sont rares, peu
étudiés, par conséquent peu clairs, et il est certain qu'une
organisation complète qui ne pécherait ni par excès ni
par défaut, qui permettrait tous les modes de l'activité
humaine, sans en imposer aucun, constituerait en somme
la plus souhaitable et la meilleure des immunités.

Venons à ce qu'on appelle le talent. Est-il le produit et
comme la floraison d'un ensemble de qualités saines, vigoureuses, où rien d'essentiel n'est sacrifié au développement
exclusif d'une qualité particulière; alors il n'est qu'un des
cas les plus remarquables de la loi dont nous venons de
parler en dernier lieu. Souvent, il est vrai, nous voyons des
talents qui proviennent d'une aptitude native à quelque art
spécial; c'est la finesse de l'oreille, c'est la délicatesse peu
commune d'un système sensitif quelconque, qui, héritée
des ascendants, voue l'individu à la musique, aux mathématiques, à la peinture. Mais, quand cette aptitude prend
ainsi un caractère d'irrésistible entraînement, il est rare
qu'il n'y ait pas là quelque rupture d'équilibre. On voit
des mathématiciens de naissance, ce ne sont pas les meilleurs : ils donnent plutôt des calculateurs que des savants.
Ces aptitudes innées, touchant de fort près au mécanisme, ris-
quent trop d'être accompagnées d'une faiblesse relative des
autres facultés intellectuelles qui empêche toute vertu d'invention, toute puissance de perfectionnement et de progrès.

Cette distinction est-elle applicable au génie et aux grands hommes ? Nous le croyons. Mais ne considérons, si l'on veut, que ces âmes extraordinaires, qui, par mainte misère et mainte exagération presque monstrueuse, ont payé la rançon de leur gloire. Leur génie ne se transmet jamais. Sur ce point tout le monde est d'accord. Ce génie a pu être préparé [1], sans doute, mais la puissance qu'il manifeste est bien loin de marquer l'avènement d'une race nouvelle : car les descendants du grand homme, quand il en a, sont presque toujours voués à la médiocrité, sinon à la maladie. Cette destinée du génie est commune à tous les grands hommes. Ainsi, en un siècle, l'hérédité aura peut-être créé cinq ou six personnages illustres, à la perfection desquels auront concouru plusieurs générations. A la suite de ce suprême effort elle s'arrêtera ; le capital accumulé s'épuisera, et les héritiers du héros retomberont au-dessous du niveau moyen. Pendant ce temps-là, combien aura-t-elle ruiné de familles par l'accumulation des caractères morbides et par la multiplication des germes de mort ? La disproportion est énorme !

Réfléchissons sur ces diverses influences de l'hérédité considérée comme transmettant des caractères individuels particuliers et nouveaux. Cette hérédité-là peut créer mille combinaisons plus ou moins heureuses qui apportent dans la répétition du type spécifique des variétés inévitables. Mais, en général, elle joue un rôle plus dangereux que bienfaisant. C'est une force perturbatrice qui a besoin d'être enrayée : car elle ne peut faire subir de changement important au type spécifique sans lui nuire. Telle est la loi que nous croyons constater dans la transmission des organismes humains.

Nous ne voulons pas généraliser cette loi outre mesure et l'appliquer, par exemple, aux phénomènes sociaux. On cherche beaucoup, depuis quelques années, à établir une sorte d'identité entre les lois du monde moral et les lois

1. Voyez notre livre de la *Psychologie des grands hommes*, 1 vol. in-16. Librairie Hachette.

du monde physique, entre le progrès dans l'ordre politique ou social, et le progrès dans la nature. Ces comparaisons offrent le plus grand intérêt. Mais on ne doit les faire qu'avec les réserves voulues, *mutatis mutandis*. Dans l'histoire des sociétés humaines, nous le croyons, c'est d'une variation particulière que naissent souvent les plus magnifiques progrès ; car, comme le dit le bon sens populaire, il faut un commencement à tout, et il est évident que si, dans les nations qui ne connaissent pas la liberté, le progrès est si difficile et si lent, c'est que la tyrannie ne laisse à aucune variation individuelle le pouvoir de s'essayer. Mais, en transformant tout autour d'elle, la raison ne se transforme pas elle-même. En trouvant toujours de nouveaux moyens d'étendre et d'affermir le règne de la justice, elle ne change pas la nature de la justice. En trouvant de nouveaux moyens d'exprimer ou de produire le beau, elle ne change pas la nature du beau. On peut dire qu'elle se fortifie en se développant, et que l'homme devient d'autant plus homme qu'il s'efforce davantage de multiplier et de varier les manifestations de son génie. Donc, de ce fait que les progrès de l'humanité ont pour conditions le plus souvent des variations individuelles, on ne peut conclure que la loi de l'organisme humain soit de varier au point de changer ses caractères essentiels. Le type de la raison et de l'intelligence humaines ne change pas : car la fécondité de la raison est sans limites ; elle peut produire indéfiniment sans cesser d'être elle-même ; plus elle varie ses œuvres, plus elle se consolide [1]. L'organisme humain n'a pas, lui, la même vertu ; le plan sur lequel il est construit n'admet pas ces variations successives : tout ce qui tend à modifier ce plan l'ébranle aussitôt, mais sans lui faciliter aucun passage à une forme autre ou meilleure. Si

---

1. Ainsi encore, si le grand homme est le plus souvent infécond dans l'ordre physique, ou s'il n'a qu'une postérité physiologiquement indigne de lui, sa postérité morale est indéfinie : les formes nouvelles qu'il a créées dans la littérature et dans l'art sont impérissables.

les particularités individuelles que l'hérédité transmet ne
sont pas vite annulées ou tout au moins réduites, par d'autres
influences plus conformes, au type normal et moyen de l'espèce humaine, ces particularités s'accusent : l'altération du
type se prononce; mais qu'arrive-t-il? La nature réprime
bientôt cette sorte de révolte par la stérilité ou par la mort.

Nous demandons cependant à faire encore une distinction. Il est fort possible (possible, disons-nous) que cette loi
ne s'étende pas absolument aux organisations du règne
animal proprement dit. L'éternelle providence a voulu,
sans nul doute, que, dans cet univers qui déroule aveuglément ses destinées, les êtres vivants pussent résister aux
inévitables changements de la matière inorganique. Avec
l'intelligence et la science qui en découle, l'homme a le
pouvoir de résister victorieusement sans changer de nature;
car cette nature même est capable de modifier son milieu
et de s'organiser avec les matériaux les plus divers des conditions de vie qui lui conviennent. L'animal ne peut rien
sur son milieu, et les conditions de vie que ce milieu lui
fait, il faut qu'il les subisse. Dès lors, peut-on dire, si
quelque perturbation se produit dans l'univers, les espèces
animales ne peuvent survivre qu'en étant elles-mêmes
modifiées et adaptées lentement à la nature nouvelle de
leur milieu. Des millions de formes périssent, et le petit
nombre de celles qui se sont trouvées mieux adaptées
survit. Le raisonnement, nous le reconnaissons, a sa
valeur. Seulement, si la variabilité des espèces repose
précisément sur ce caractère passif de l'animal, ne serait-il
pas absurde de vouloir faire sortir de cette passivité
même des facultés d'un ordre tout inverse, comme le sont
celles de la personne humaine?

Est-il donc vraisemblable d'attribuer à l'hérédité la création d'une faculté telle que la raison? L'hérédité peut développer, avec la surexcitation d'une partie du système nerveux, une aptitude particulière; mais cette aptitude, si la
même influence se prolonge d'une génération à l'autre sans
contrepoids, arrive promptement à la manie. Du moment

15

où les lois de la raison, ainsi que nous l'avons établi, président à l'organisation des expériences, rendent seules cette organisation possible et par conséquent la précèdent, elles ont constitué dans l'intelligence du premier homme des caractères spécifiques et nécessaires. Supposer qu'elles ont pu naître accidentellement de variations survenues dans un organisme inférieur est une hypothèse obscure, invraisemblable et en contradiction avec les faits.

Mais, nous l'avons fait pressentir au commencement de ce chapitre, il est des savants qui entendent l'hérédité dans un sens beaucoup plus large. Pour eux, c'est en donner une définition incomplète et arbitraire que d'en faire uniquement l'agent de transmission de certaines particularités. De caractères perpétuellement nécessaires ou spécifiques, il n'y en a pas. Tous les caractères des êtres vivants sans exception ont eu leur origine à un jour marqué; ils ont eu leur période embryonnaire, leur période de développement et de consolidation; puis ils traversent une autre période, celle de l'ébranlement, de la variation, de l'ajustement, et ainsi de suite. Dans toute organisation, tout est le produit de variations accumulées et transmises, en un mot tout est le produit de l'hérédité, la raison comme le reste.

Pour admettre une telle théorie, il faudrait commencer par la comprendre. Or, s'il est sur la génération une loi qui paraisse confirmée par les faits, c'est bien celle-ci : le semblable engendre le semblable; loi que M. Ch. Robin réduit à la tendance qu'ont les éléments anatomiques des corps vivants à former des éléments semblables à eux. La génération ou, si l'on veut, l'hérédité, travaille donc à maintenir, en le propageant, ce qu'elle a reçu. On dira : mais d'où viennent tant de différences de détail dans l'organisation des descendants? La réponse est facile. Un être vivant n'est pas le produit d'un seul et même facteur, ni même de deux. Le concours de deux parents suffirait déjà à expliquer des diversités dans la résultante de leurs mutuelles opérations, d'autant plus que l'action de la mère se prolonge et qu'elle tend non seulement à communiquer les caractères qu'elle possédait au moment de la conception, mais encore quelques-uns de ceux qu'elle peut passagèrement acquérir pendant tout le temps de la grossesse. Ce n'est pas tout cependant. L'être vivant n'emprunte pas seulement à son père et à sa mère : il est avéré que certains caractères de ses ancêtres les plus reculés peuvent reparaître en lui. Qu'on craigne de faire remonter trop haut une influence problématique, soit! En tout cas, rien n'est plus fréquent que de voir tel ou tel caractère d'un aïeul, annulé ou affaibli dans une première alliance, reparaître victorieusement dans un petit-fils ou même dans un neveu. En se bornant, a-t-on dit, à considérer trois générations successives, on peut calculer qu'il y a dans la formation d'un être nouveau quatorze influences toutes diverses qui entrent en action. Il n'est donc pas besoin, a-t-on ajouté, d'inventer pour expliquer les différences des enfants une prétendue loi d'innéité qui serait une loi d'effets sans cause. Du moment où tant d'influences se combinent dans les produits, les produits diffèrent toujours plus ou moins, une même combinaison ne pouvant jamais se renouveler. Et pourtant, le produit étant toujours le résultat de la combinaison ou plutôt de la coopération de ses divers facteurs, on peut dire, en somme, que le semblable enfante le semblable, et que là est la loi [1].

1. On objectera la formation des hybrides, où il semble au premier abord qu'une forme toute nouvelle apparaît. Mais nous invoquerons à ce sujet l'autorité d'un homme assurément bien compétent, M. Ch. Naudin. « Un point essentiel à faire ressortir ici, écrit-il à propos des variations désordonnées des plantes hybrides, c'est que dans cet enchevêtrement des caractères de deux espèces différentes, on ne voit rien apparaître de nouveau, rien qui n'appartienne à l'une ou à l'autre. La variation, si désordonnée qu'elle soit, se meut entre des limites qu'elle ne franchit pas. Les deux natures spécifiques sont en lutte dans l'hybride, auquel chacune apporte son contingent; mais de ce conflit ne sortent pas réellement des formes nouvelles : ce qui se produit n'est jamais qu'un amalgame de formes déjà existantes dans les types producteurs. Il semble cependant que, si quelque chose pouvait faire dévier l'espèce de la ligne de son évolution, ce serait le trouble apporté dans

Si cela est, la nature peut assurément beaucoup varier certains types donnés. Mais comment pourrait-elle passer d'un type à l'autre? Comment a-t-elle pu franchir le singe? Disons mieux : comment a-t-elle pu franchir l'invertébré, le radiaire? ou même enfin la petite masse primitive d'albumine? A force de remonter de forme en forme, où en arriverez-vous? A faire tout dériver de l'inconscient ou du noumène? Pourquoi pas du néant, comme Hegel? Mais admettons que le point de départ soit une matière amorphe ou un éternel inconscient. Comment expliquez-vous que ce *je ne sais quoi* puisse franchir successivement tous les degrés qui le séparent de l'être raisonnable? Pouvez-vous donc vous refuser à reconnaître qu'il y a, à chacun de ces degrés, addition de quelque chose de nouveau? Essayez de réduire le nombre de ces degrés, rien de mieux. Mais au moins l'organisation en forme-t-elle un, la conscience un autre. Vous direz que tout est vivant et que, si dans la transmission de la vie le semblable engendre le semblable, les diversités du milieu viennent enrayer l'action continue de cette loi? Mais Darwin lui-même l'a prouvé, le milieu n'a pas une action plastique, le milieu n'est que l'ensemble des conditions dans lesquelles se meut l'activité de la vie : celle-là seule a un pouvoir formateur. Reviendrez-vous alors au pur système de Lamarck? Les variations d'où proviennent les nouvelles espèces sont nées des efforts par lesquels la vie s'ajuste à de nouvelles conditions d'existence. Je veux qu'il y ait là beaucoup de vrai. Mais enfin, ou vous admettez un seul et unique point

son organisme par son union forcée à une autre; mais il n'en est rien : l'hybride n'est qu'un composé de pièces empruntées, une sorte de mosaïque vivante dont chaque parcelle, discernable ou non, est revendiquée par l'une ou par l'autre des espèces productrices. Je ne connais rien qui témoigne mieux de la ténacité des formes spécifiques que cette persistance à se reproduire dans ces organismes artificiels qui doivent leur existence à une violence faite à la nature. » (*Comptes rendus de l'Académie des sciences*, séances du 27 septembre et du 4 octobre 1875.)

de départ, ou vous en admettez plusieurs. En admettez-vous
un seul? Mais de quelle force et de quelle fécondité inépuisables n'êtes-vous pas obligés de gratifier cette première
existence? Vous portez à l'infiniment grand le nombre des
formes qu'elle est capable de produire dans la suite des
âges : vous diminuez jusqu'à l'infiniment petit sa nature
primitive et les attributs qui l'ont déterminée à l'origine.
Et en effet, si toute détermination, quelle qu'elle soit, provient d'une évolution antérieure, la détermination la plus
légère suppose quelque chose avant elle. Vous le voyez :
vous ne pouvez vous arrêter, il faut en venir à l'indéter-
miné absolu, contenant en lui tous les contraires, qui, n'étant
rien par lui-même, peut cependant évoluer de zéro à l'infini et produire tout avec le néant. Admettez-vous plusieurs points de départ, plusieurs évolutions indépendantes
et parallèles? Reconnaissez que chacune d'elles travaille,
pour ainsi parler, sur un type donné et que chacune a son
ordre. Reconnaissez que, si la nature, loin de se jouer dans
le hasard et d'enfanter au jour le jour des formes périssables, tend à constituer des espèces bien agencées, solides et
durables, les espèces actuelles peuvent très bien n'avoir
pas été toutes créées par autant d'actes spéciaux; mais il
y a du moins un certain nombre de types distincts qui constituent comme des données pouvant recevoir un développement suivi et rationnel. Rien ne nous oblige à nier, remarquons-le, que ces types et les formes diverses qui les réalisent forment une échelle suivie dans l'univers. Loin de
là! La nature, qui met aux prises avec des nécessités
variées la vitalité de ses organismes, peut en quelque sorte
contraindre chacun de ces types à épuiser les combinaisons
où il lui est permis, sans cesser d'être lui-même, de s'accommoder aux circonstances. Ainsi se gradueront des
formes de plus en plus complexes.... Mais laissons de côté
ces théories. Nous sommes en droit de conclure, ce nous
semble, que l'homme doué de raison forme un type à part,
qui a son évolution, c'est-à-dire, pour employer simplement
les mots du vieux langage, qui est capable de progrès;

mais ce progrès même et la manière dont il se développe
prouvent le caractère tout spécial des ressources que l'homme
a reçues. « La raison est la forme même de l'évolution
psychologique de l'espèce humaine [1]. » A la psychologie
que nous jugeons complète on nous oppose une psychologie viciée, nous croyons l'avoir établi, par le parti pris de
faire rentrer coûte que coûte la nature humaine dans le
vague et indéfini devenir d'un transformisme universel.
Mais cette idée préconçue, rien dans la science positive ne
lui donne une suffisante autorité.

On ne saurait, en effet, à l'appui de cette prétendue
évolution psychologique, invoquer le fait d'une évolution
historique ou paléontologique du type humain. Si nous en
croyons les savants même dont nous avons pu avoir à
combattre sur plus d'un point les opinions philosophiques,
l'époque de la première apparition de l'homme sur la terre
recule de plus en plus aux yeux du géologue. « L'antiquité
de l'homme, dit M. C. Vogt, remonte au delà des dernières
transformations qui ont modifié la face de l'Europe elle-
même. » Et ce qui a changé depuis cette première apparition, ce n'est pas seulement la configuration du sol, ce sont
les climats, c'est la nature des espèces animales. L'homme,
avant ces révolutions dont il a été le spectateur, avait eu à
lutter contre des ennemis bien plus nombreux et bien plus
redoutables que ceux d'aujourd'hui. Or, qu'on ne l'oublie
pas, quand on parle ainsi de l'homme et des phénomènes
cosmologiques dont il a pu être le contemporain, c'est d'un
homme pareil à nous qu'il s'agit. Il était plus sauvage, cela
va sans dire, qu'un Européen des temps modernes : il ne
l'était pas plus que tel ou tel représentant de bien des races
actuelles. Plus ou moins mal conformé, c'était en définitive
un homme : tout ce qui nous fait croire à son existence dans
ces temps reculés, son crâne, ses outils, ses armes, les traces de ses cérémonies funéraires, mieux que tout le reste,

1. Phrase par laquelle M. D..., dans la *Revue philosophique*
d'août 1877, nous fait l'honneur de résumer cette partie de
notre exposé.

le succès avec lequel il a résisté à des animaux plus robustes dont il n'a pu venir à bout que par le secours de l'intelligence, tout concourt à mettre cette vérité hors de doute.

Mais, de là, que résulte-t-il? D'abord, que l'homme n'est pas, chronologiquement et matériellement, le dernier terme de la création; qu'il a pu venir avant que l'évolution des formes animales fût terminée, et que, tandis que ces formes se succédaient dans un sens, lui avait reçu les moyens de se développer dans un autre. L'hypothèse de plusieurs évolutions parallèles, parmi lesquelles l'évolution humaine, est donc plus vraisemblable que l'hypothèse d'une évolution unilatérale partie d'un seul prototype. Ce n'est pas l'insuffisance actuelle des découvertes qui la favorise de son obscurité passagère, c'est le rapprochement des faits les plus authentiques qui lui donne ce haut degré de vraisemblance au point de vue des sciences naturelles.

En second lieu, nous voyons que l'homme a traversé, sans perdre ses caractères essentiels, sans se transformer, des révolutions où des milliers peut-être d'autres espèces succombèrent. C'est cependant, nous dit-on [1], une loi en paléontologie que « l'épuisement d'un type a été d'autant plus complet que son développement a été plus parfait ». On dit encore [2] que « les animaux se sont modifiés d'autant plus vite que leur structure était plus parfaite et leur rang plus élevé... ». « Le nombre des variations d'un organisme est en raison directe de son degré de supériorité [3]. » Mais

1. Schimper.
2. Gaudry, de Saporta, de Mortillet.
3. Dans les végétaux et les animaux supérieurs, la supériorité s'accuse par la multiplicité et l'hétérogénéité des organes; mais plus ceux-ci sont nombreux, plus ils multiplient les dépendances qui rendent l'individu tributaire du monde extérieur; plus donc ils le mettent en contact avec des causes de variation.... C'est déjà pour cette raison que les feuilles des arbres présentent beaucoup plus de diversité que leurs racines. Or, à ce point de vue, il est évident que nulle créature n'offre autant de prises que l'homme aux causes extérieures de variation. Il aurait donc bien plus varié que les autres animaux, s'il n'avait été qu'un animal.

plus on recule au delà des siècles et des périodes l'existence de l'homme, plus on nous prouve que l'homme fait
exception à toutes ces lois. Pourquoi? Les êtres inférieurs
sont transformés par la nature du milieu dont ils dépendent
et auquel ils sont forcés de s'accommoder. L'homme transforme peu à peu les choses extérieures et les plie à ses
besoins plutôt qu'il ne se plie à leurs exigences. Voilà
ce qui explique comment la loi de l'évolution est renversée, c'est-à-dire produit des effets inverses, aussitôt que
l'homme apparaît [1]. Il lui fallait donc une nature autre et
douée de virtualités spéciales; il lui fallait, nous l'avons
vu, la raison, qu'il a reçue dès l'origine.

Est-ce à dire que dans cette discussion nous préten-
dions prendre formellement parti pour telle ou telle forme
de la théorie darwinienne? Non, nous voulons seulement
maintenir les propositions suivantes : En face de tous les
faits que nous avons analysés et groupés pour établir
l'unité indivisible de l'intelligence humaine et l'impossibilité de la production de l'intelligence par l'instinct, les
théories transformistes n'ont à nous opposer que des hypothèses et point de faits. Une seule et même évolution
psychologique embrassant l'animal et l'homme, voilà une
théorie qui n'a pas plus pour elle la science positive que
la psychologie proprement dite.

IV

LA RAISON ET LA CONSCIENCE

Plus nous avançons, plus nous constatons la fausseté
de cette hypothèse qui fait dépendre l'instinct et l'intelli-

---

1. Il est bien clair que ce renversement n'a rien de miracu-
leux, ni de contraire aux lois de la nature, ni d'attentatoire à
l'unité de la science. Une même loi produit des effets absolument opposés, au moins en apparence, quand elle agit dans
des conditions différentes.

gence d'une évolution unique, soit qu'on laisse dans l'inconnu le principe de cette évolution, soit qu'avec les audacieux on le fasse procéder du seul mécanisme. Il n'est point vrai que le langage humain soit un simple produit du mécanisme cérébral et que l'intelligence soit un produit de ce langage : c'est ce langage qui est un produit de l'intelligence. Il n'est pas vrai, d'autre part, que l'intelligence soit une accumulation d'expériences et les expériences une accumulation de sensations. L'intelligence peut être, suivant les expressions de M. Spencer, une organisation d'expériences. Mais les expériences ne s'organisent pas toutes seules : il y a dans l'homme un principe organisateur particulier qui est la raison. La raison est dans l'homme un caractère spécifique, nécessaire, indivisible, qui ne peut avoir été produit graduellement par les déviations d'un type inférieur. Telles sont les propositions que nous venons de soutenir et de développer.

Mais au delà de la raison n'y a-t-il rien? Pouvons-nous définitivement nous arrêter ici? Les uns cherchent l'explication de la raison dans une réalité qui la dépasse, c'est-à-dire dans la nature même de Dieu, dans l'action qu'il exerce sur nous, dans l'attrait par lequel il nous attire de progrès en progrès vers une perfection de moins en moins éloignée de la sienne. Les autres en chercheront plus volontiers la source dans la nature même de notre être tel qu'il s'offre à nous. Il ne serait pas difficile, nous le croyons, de concilier ces deux méthodes, toutes deux sans doute nécessaires. Mais, en ayant d'abord recours à la seconde, nous pensons nous mieux conformer aux nécessités de ce travail plus psychologique encore que métaphysique.

Les lois de notre raison (nous pouvons tenir ceci pour acquis) se réduisent à deux principales : 1° fuir la contradiction et chercher l'accord dans nos jugements; 2° chercher entre les choses un lien constitué par leur finalité réciproque, les divers éléments de la nature nous paraissant être à la fois des moyens et des buts les uns pour les autres. Toutes les lois secondaires de la raison dérivent de ces deux lois fondamentales et s'y rattachent aisément.

Mais ces deux lois nous sont-elles comme apportées du dehors et imposées? Sont-elles surajoutées, pour ainsi dire, à notre nature? Nous ne le pensons pas; car, si nous nous réservons de professer que notre nature tout entière dépend d'un principe supérieur à elle, nous estimons que ces tendances innées de la raison se développent avec nous-mêmes et qu'elles expriment tout d'abord la loi de notre propre activité.

Il y a en nous une activité spontanée qui tend à se développer et à se posséder elle-même, à jouir d'elle-même au milieu du conflit qu'elle engage avec ces autres activités innombrables dont elle sait se distinguer. L'animal aussi cherche quelque chose d'analogue, puisqu'il fuit la douleur, cherche le plaisir et entretient de son mieux sa propre organisation. Mais, comme ses sensations, internes ou externes, ses imaginations, ses désirs, ses mouvements et ses aptitudes enfin, sont harmonieusement combinés en vue d'un but spécial, il n'a point à chercher par lui-même l'accord et l'harmonie. L'homme n'a point d'aptitudes particulières : ses sens, dont il peut augmenter singulièrement la portée par des instruments de son invention et par la manière dont il compare et combine les impressions dues à chacun d'eux, le mettent en contact avec un nombre considérable de faits. On peut presque dire que rien de ce qui se passe dans l'univers ne lui est étranger. Mais, quand son activité mentale passe de l'un à l'autre de ces faits, elle n'a plaisir à l'enregistrer que s'il ne lui demande pas un effort entièrement nouveau. D'autre part, renouveler le même acte d'attention pour arriver au même résultat serait faire une dépense de force stérile et inutile. Mais s'apercevoir que l'on acquiert quelque chose de plus, tout en se servant des acquisitions précédentes, se sentir accomplir un acte nouveau dont on doit la possibilité à des efforts qu'on n'a pas eu besoin de recommencer en entier, c'est se procurer avec moins de fatigue une activité plus énergique : c'est jouir de soi-même avec plus d'intensité et plus de continuité. Comment ne s'assurerait-on pas un tel avantage? Comment, en revanche, ne répugnerait-on pas à accueillir et surtout à conserver en soi une pensée qui obligerait à annihiler, pour ainsi dire, une autre pensée, c'est-à-dire un acte antérieur? Il faut choisir : car lutter avec soi-même en divisant sa propre pensée, voilà qui serait mortel au développement de notre activité. Aussi deux affirmations contradictoires ne peuvent-elles subsister dans notre entendement, tandis que ce même entendement cherche et se plaît à grouper les différentes affirmations qui se répètent en se variant et en se complétant les unes les autres. Ne serait-ce pas là la partie subjective de la loi que nous formulons dans le principe d'identité ou de contradiction?

Mais, si le monde est le théâtre au milieu duquel s'exerce notre activité intellectuelle, nous ne pouvons le concevoir comme mû et gouverné par des lois autres que celles auxquelles nous obéissons quand nous nous efforçons de le connaître. Connaître et penser, c'est chercher l'unité : il est impossible que nous consentions à penser le contraire de l'unité, c'est-à-dire le désordre. Suivre par la pensée les phénomènes de l'univers, s'appliquer à réunir dans une idée les souvenirs des multiples sensations que tel ou tel être a provoquées en nous, c'est associer notre activité à celle de la nature, et l'on peut presque dire, c'est, en imagination tout au moins, recommencer son travail et reconstruire son œuvre. Si la science tend invinciblement et partout à devenir expérimentale, c'est-à-dire active et conquérante, si toujours l'art est là qui la suit et qui bien souvent la devance, trop impatient de lutter avec la nature avant même de la connaître, c'est que, dès le début, penser c'est agir, mais agir de concert avec la nature. Il est donc bien inévitable, on le voit, que nous concevions l'activité de la nature comme ayant, elle aussi, une tendance efficace à l'harmonie, à l'ordre, à l'unité.

Ce n'est pas tout. Un acte qui n'aboutirait pas à quelque chose serait un acte perdu et une dépense inutile. S'il nous répugne d'accomplir de tels actes, il nous répugne également de les concevoir. Or, qu'est ce qu'affirmer la causalité? C'est affirmer qu'un lien uni entre eux les phénomènes; c'est affirmer que le phénomène antécédent est pour quelque chose dans le phénomène conséquent, et que le premier ne s'est pas complètement épuisé, puisqu'il s'est retrouvé en quelque façon dans le second. Qu'est-ce qu'affirmer la finalité? C'est affirmer que nulle activité ne peut exécuter une œuvre harmonieuse et une sans poursuivre un plan dans lequel les parties n'existent que parce qu'elles sont nécessaires au tout. Si les parties n'étaient point produites en vue du tout, il y aurait des actes faits, pour ainsi dire, dans le vide. Suivre par la pensée une activité qui ne ferait que se disséminer au hasard serait accepter pour soi-même une activité d'ordre inférieur. Voir dans chaque partie de l'univers non seulement ce qui l'a préparée, mais ce qu'elle prépare, pressentir dans chaque détail un ensemble, c'est penser plus facilement, et c'est penser davantage.

De telles tendances impliquent, cela est visible, une activité qui prend d'abord son propre développement comme but de ses efforts et qui par conséquent a conscience d'elle-même. Si elle ne savait pas se distinguer des phénomènes ni des sensations par l'intermédiaire desquelles les phénomènes l'affectent et la modifient, elle ne chercherait pas ainsi à se retrouver toujours une à travers les impressions si multiples qu'elle reçoit : elle ne chercherait pas à réduire ces impressions à une unité coïncidant avec la sienne, à les grouper suivant des lois qui ne sont autres que les siennes. D'ailleurs, pour appliquer exactement ces lois, pour éviter de se contredire et d'imaginer un ordre naturel obscur et confus, ne sommes-nous pas obligés de réfléchir, c'est-à-dire de nous replier sur nous-mêmes? Et ce faisant, que constatons-nous? Le degré de vie intellectuelle que telle ou telle démonstration ou théorie donnée nous permet de développer, c'est-à-dire le nombre d'idées élémentaires qu'elle nous permet d'embrasser sous un acte unique. C'est par là que nous avons l'intelligence (*intus legimus*) de ce qui

nous est proposé. C'est bien là en effet la loi qui préside à
la succession des grandes hypothèses et des théories scientifiques : réunir une quantité croissante de connaissances,
mais en les soumettant de plus en plus à l'unité. Un
système qui, plus simple que les autres, groupe cependant
plus de faits qu'eux, tout en supprimant des explications
inutiles, est assuré de la domination.

Si ces tendances innées de la raison dérivent de la conscience que nous avons de notre activité, on s'explique que
la raison elle-même, en dépit de son innéité, paraisse se
développer graduellement et soit souvent exposée à défaillir.
L'enfant qui n'est pas encore arrivé à une conscience claire
de lui-même n'a pas encore la raison : chaque phénomène
nouveau l'attire ; il considère les faits l'un après l'autre, et
il a vite fait de les oublier ; il reste quelque temps avant de
chercher entre eux aucun lien. Mais cependant il s'intéresse, si fugitivement que ce soit, à des phénomènes qui
n'éveillent aucun de ses appétits physiques : ce mode d'activité, dont les lois s'imposeront plus tard au développement
de son intelligence, commence évidemment à poindre. Le
fou a perdu, comme on dit, la raison, il est devenu *aliéné*
d'avec lui-même, quand ses organes malades lui ont imposé
des impressions si hétérogènes, se mêlant les unes aux
autres avec une rapidité si vertigineuse qu'il lui est impossible de se retrouver et de se reconnaître au milieu d'elles,
ou bien quand une cause quelconque ramène toujours dans
sa pensée les mêmes imaginations, les mêmes ambitions,
les mêmes craintes. Cependant, si entraînée que soit la
pensée du fou, on sait qu'il cherche très souvent à introduire dans ses conceptions les plus délirantes un ordre à
lui, une raison à lui. Le délire du malade n'est même que
l'organisation des hallucinations et des images de toute
nature qu'il n'est pas libre de repousser, mais qu'il combine avec le plus de logique qu'il peut. L'homme primitif,
le sauvage, n'est que bien peu maître de son activité personnelle. Obligé de lutter au jour le jour contre les difficultés
de la vie matérielle, peu habitué surtout à associer sa

pensée à celle des autres, son activité qui se consume toute
en résistance est réduite à son minimum. Cependant cet
acte universel d'adoration des peuples sauvages devant une
puissance supérieure aux phénomènes successifs et en apparence isolés de la nature, produisant ces phénomènes et les
réglant, cet acte de croyance, si grossier qu'il ait pu être,
ne contenait-il pas en germe l'idée d'une activité supra-
sensible et la volonté de s'unir à elle par une sorte de sympathie? Plus l'homme deviendra libre, plus la conscience
de sa libre puissance s'affermira, plus ses exigences croî-
tront, plus elle voudra trouver dans le monde un ordre
lumineux; et ce sont précisément ces exigences qui enfan-
teront d'un côté l'art et la religion, de l'autre la science.

Nous n'avons pas besoin d'expliquer comment la science
n'est que la série croissante des applications que nous réus-
sissons à faire des lois de notre raison. Tout ce qui précède
l'explique et le démontre.

Quant à l'art, que cherche-t-il? le beau! mais quelles
sont les conditions du beau? La plus communément indi-
quée, la réunion de la variété et de l'unité, ne sert-elle pas
précisément à assurer, elle aussi, la jouissance d'une activité intérieure plus intense et plus facile?

Mais allons plus avant. L'art et la science répondent par
des moyens divers à un même besoin de l'âme humaine, le
besoin de lutter contre la nature et de la redresser, d'en
corriger les incohérences, les contradictions et les désordres.
Ces défauts de la nature sans doute sont plus apparents que
réels. Par derrière les contradictions superficielles, la
science parvient à trouver l'unité, l'ordre, l'harmonie. Mais
il faut pour cela voir les rapports de chaque chose avec le
tout : alors tout est bon et bien à sa place. Mais l'homme
ne peut ni ne veut toujours travailler à cette reconstitution
d'un aussi vaste ensemble. Il faut que les aspirations soient
satisfaites plus promptement, quel que soit d'ailleurs l'état
de ses connaissances; il veut jouir de chaque partie de la
réalité en y concentrant son attention de manière à en posséder, s'il se peut, l'essence et à en jouir. Alors chaque

détail n'est plus rapproché du plan général des choses. Il est rapporté à un ensemble plus restreint, que les sens ou l'imagination peuvent rapidement embrasser. Mais l'unité de ce tout mieux ajusté à la portée de notre intelligence et à l'empressement de notre passion, quelle est-elle? Un sentiment qui nous agrée et que tel spectacle de la nature a éveillé en nous par suite de cette sympathie qui nous la fait aimer, un rêve de bonheur ou de perfection, mais toujours en définitive une portion de nous-mêmes.... Voilà pourquoi mille détails doivent être supprimés ou atténués dans l'art, tandis que la science ne dédaigne rien. Ainsi, par l'art, nous refaisons la nature à notre image et selon les exigences durables ou passagères de notre sensibilité. Par la science nous essayons de retrouver dans l'univers les traces d'un plan qui embrasse et concilie toutes choses, suivant les desseins d'une sagesse parfaite et infinie, et que nous concevons néanmoins comme étant l'idéal de la nôtre. On voit par là comment l'art et la science peuvent être réconciliés et comment l'un peut aider l'autre. Mais on voit aussi pourquoi l'art semble toujours plus parfait que la science. La science n'est jamais complète, elle ne le sera jamais, puisqu'elle tend à l'universel et que l'universel est infini. Une œuvre d'art, s'appliquant à retrouver dans un tout clos et limité l'image d'une partie déterminée de l'âme humaine, peut arriver à la perfection, du moins à une perfection relative à laquelle les découvertes du temps et de la science n'ont rien à ajouter.

Arrivons à la moralité. Nous y trouverons de quoi compléter la démonstration que nous poursuivons. Chacun sait que la moralité dérive de la conscience. La conscience nous apprend à la fois ce que nous aspirons à être et ce que nous sommes : elle nous fait mesurer la distance que nous laissons entre ces deux états, l'un réalisé, l'autre simplement conçu : elle nous fait enfin apprécier les efforts que nous faisons, sinon pour supprimer cette distance, du moins pour la diminuer. Mais à quoi donc aspirons-nous? Nous aspirons dans l'ordre de l'activité proprement dite, comme dans celui

de l'intelligence et de la passion, à vivre le plus possible.
Nous voulons accumuler en nous la plus haute somme
d'activité. Tout ce qui tend à nous entraîner hors de nous-
mêmes, à nous rendre esclaves d'influences étrangères, par
conséquent multiples et changeantes, tend à diminuer notre
vie intérieure : la conscience nous le dit, et voilà pourquoi
elle nous met mal à l'aise en face de ces influences, parce
qu'elle nous fait souffrir quand nous y cédons. Le remords
n'est, en effet, que le sentiment de notre affaiblissement
personnel, affaiblissement d'autant plus grave que, l'ayant
produit librement, nous avons anéanti par cela même une
partie de la force nécessaire pour nous en relever. Si le
repentir est une douleur moins écrasante, c'est qu'avec lui
nous avons la conscience de vouloir nous relever, et que ce
seul vouloir est déjà une force qui, pour peu qu'elle croisse,
nous fera rentrer en possession de la vie libre et harmonieuse. Ainsi l'homme a toujours par devant lui comme une
image de lui-même, mais une image agrandie. Suivant l'état
où il se trouve, suivant le nombre, la nature et l'étendue
des qualités qu'il a réussi à développer en lui, soit par ses
efforts tout personnels, soit par les résultats qu'il a recueillis
de la tradition religieuse ou nationale, cette image anticipée
de ce qu'il espère devenir s'enrichit et se perfectionne à son
tour. Parmi ses diverses facultés, il établit une hiérarchie :
il apprécie le degré d'excellence de chacune d'elles; il les
subordonne ainsi les unes aux autres, et de là les progrès
indéfinis d'une morale qui cependant est une, une dans son
principe, une dans sa fin; il entrevoit l'idéal des quantités
perfectibles dont sa conscience lui donne une révélation
progressive.

Mais ici arrêtons-nous, ou plutôt remontons en arrière
et examinons sous ses différentes formes cette conscience,
que nous avons des besoins, des tendances et des lois de
notre activité personnelle. Quand elle se manifeste dans
l'appréciation de notre vouloir et de nos actes, la conscience, nous venons de le voir, est double; elle embrasse
deux termes, l'actuel et le possible, et elle n'est pas moins

nette quand elle nous montre ce qui nous manque que quand elle nous montre ce que nous avons ou ce que nous sommes : car elle ne nous montre pas l'un sans l'autre. Il est encore incontestable qu'elle trouve toujours le possible supérieur à l'actuel. Peut-elle donc se refuser à désirer ce possible ? Mais s'y refuser serait se condamner sciemment à une moindre vie. Dire que cela vaudrait mieux ou que cela serait indifférent, la conscience ne le peut pas, pas plus qu'elle ne peut dans ses jugements se renier par la contradiction. N'est-ce pas là l'essence même de l'obligation et de l'impératif catégorique que Kant considère à si juste titre comme un fait, comme le plus positif de tous les faits ?

Mais la conscience n'offre-t-elle cette dualité que là ? Quand la conscience s'épanouit et se dilate dans la possession du beau, est-ce qu'elle ne compare pas toujours l'actuel au possible ? Est-ce que ce possible, elle ne le recule pas toujours ? Et de là cette tristesse sublime que communique toute vraie beauté à tous les cœurs vraiment épris d'elle. Tout cela, les grands artistes l'ont dit, et ce n'est plus qu'un lieu commun.

Dans l'ordre scientifique enfin, notre conscience établit aussi une comparaison entre la contradiction et l'identité, entre la conception de l'ordre et celle du désordre, entre les différents états que ceci et cela développent dans notre être : mais, entre ceci et cela, elle ne se sent pas maîtresse de choisir, et dans la science, comme dans la morale et dans l'art, il y a un impératif catégorique.

N'y a-t-il là qu'une barrière contre laquelle nous nous heurtons sans la connaître ? Ou bien ne faisons-nous que céder aveuglément à un attrait facile qui nous engage à diminuer notre travail en simplifiant nos connaissances ? Non. Il y a quelque chose de plus : car enfin nous hésitons, nous délibérons, nous choisissons ; et c'est à la sueur de notre front que nous apportons plus d'ordre dans nos connaissances et que nous reconstruisons la nature sur un plan auquel il nous faut donner tous les jours plus de largeur et d'unité. Les sensations tendent à disperser notre intelligence comme elles tendent à diviser notre volonté. C'est par un effort personnel que nous en triomphons; et si nous faisons cet effort, mêlé, comme tous les autres, de plaisir et de peine, c'est que notre conscience sait que cela est mieux.

Mais la tradition philosophique ne nous a-t-elle pas appris à creuser plus avant encore? Ce mieux que notre conscience nous fait immédiatement connaître, aimer et vouloir, il se renouvelle ou plutôt il s'agrandit toujours : et à quel terme concevons-nous qu'il doive s'arrêter? A aucun, si ce n'est à la perfection qui nous apparaît comme située dans l'infini. Cette conception est au fond de toutes nos idées; c'est un fait dont on peut vérifier l'existence dans les conceptions religieuses de tous les peuples, soit qu'ils réclament de leur Dieu une force physique indéfiniment renaissante, ou des plaisirs inépuisables, ou une sainteté désormais affranchie de toute faiblesse humaine, soit même qu'ils espèrent simplement au bout des épreuves subies dans la série incalculable des existences une paix définitive et la délivrance absolue.... Cette idée que la perfection pourrait seule être le terme de nos aspirations et de nos efforts et que la distance qui nous en sépare est infinie, devrait, ce semble, nous décourager à tout jamais. Il n'en est rien cependant; malgré certaines défaillances partielles ou temporaires, l'humanité agit. N'est-ce pas là en apparence un mystère inexplicable? Mais rappelons-nous que l'intelligence humaine ne peut penser sans croire à l'ordre et à l'unité de ce à quoi elle pense, plus généralement sans croire que ses propres lois à elle coïncident avec les lois de la nature. Chercher la perfection et ne pas y croire est impossible. Si l'infini nous tourmente, c'est qu'il existe. Mais croire qu'il y a hors de nous un ordre croissant à l'infini et restant un, c'est croire à un ordre objectif universel et soumis à des lois immuables, éternelles et simples. Chaque pensée nous fait donc saisir un fragment d'un ordre souverainement beau, comme chaque acte de vertu nous associe à un bien dont la valeur est absolue. C'est ce rapport de la partie au tout qui fait le prix de chaque partie. Et c'est le caractère d'infinité du tout qui donne à l'impératif catégorique auquel notre conscience obéit, dans chaque travail scientifique et dans tout acte de la vie, une autorité indiscutable.

Cette autorité a un autre caractère. Elle touche et ravit nos âmes; elle se fait aimer. Cet amour à qui Platon et Pascal demandaient la certitude n'est pas seulement le sentiment du plaisir obtenu et la tendance à le continuer. On pourrait réduire à ce sentiment toute la vie de l'âme, si l'on s'en tenait à cette simplification des efforts intellectuels où nous avons trouvé le point d'appui en quelque sorte humain et naturel des tendances supérieures de la raison. Mais notre conscience réfléchie ne nous fait pas seulement apprécier la somme de vie intellectuelle que nous avons pu accumuler en nous avec le moins de peine possible : elle nous fait mesurer, avons-nous dit, la distance qui nous sépare d'un idéal, et cet idéal est à la fois en nous et hors de nous, puisque nous y participons sans le posséder et que nous pensons devoir y participer de plus en plus, sans le posséder jamais en entier. Dès lors cette conscience nous affirme que nous devons sortir de notre être apparent pour trouver notre être véritable, perdre notre vie pour la gagner, suivant les expressions de l'Évangile. Dans un sens, nous devons nous aimer nous-mêmes, c'est-à-dire chercher à développer en nous ce qui est capable de développement et de progrès, nous attacher à l'idéal de notre nature et lui sacrifier les caractères périssables qui se succèdent en nous sous l'action d'influences passagères et contradictoires. Mais nous devons aimer aussi l'idéal universel, l'aimer partout où il est, soit en partie réalisé, soit cherché : nous devons l'aimer dans les autres hommes comme en nous-mêmes. Nous devons l'aimer surtout dans celui qui le réalise éternellement et pleinement en lui. Ainsi, l'être qui ne fait que sentir ne s'attache qu'à son plaisir individuel : l'être qui aime cherche au delà de son plaisir son bien, et au delà de son bien le bien des autres et le bien en soi. Cet amour n'est possible que pour l'être qui a la conscience réfléchie et avec elle la raison.

Quel contraste, et sous d'apparentes contradictions quelle admirable harmonie! L'animal semble toujours attiré et entraîné, pour ainsi dire, hors de lui par les sensations et les imaginations qui le font agir; mais les phénomènes du dehors ne l'émeuvent qu'autant qu'ils ont un rapport à peu près immédiat avec son propre appétit. Il ne vit donc que pour lui-même; et cependant il ne se connaît vraiment pas lui-même, la nature ayant tout fait, tout préparé pour lui et lui ayant assuré par avance la satisfaction de ses besoins limités. L'homme est obligé de rentrer à chaque instant en lui-même, arrêté et comme refoulé par les résistances d'un monde au milieu duquel son organisme physique ne peut ni le protéger efficacement ni le diriger sûrement; mais la réflexion à laquelle il demande ses idées, loin de l'emprisonner en lui-même, fait bientôt qu'il s'intéresse à la nature entière et au sort de tous ses semblables. C'est que, par la réflexion et la conscience, il saisit la série indéfinie des rapports qui l'unissent à l'universalité des choses et des êtres. Entraîné d'attraits en attraits, l'animal n'a l'intelligence de rien, pas même de sa propre nature. Ramené sans cesse par la réflexion à la connaissance de sa personne individuelle, l'homme y trouve en même temps la connaissance et l'amour de l'infini, du parfait et de l'absolu.

Ce qui fait que l'homme est capable d'aimer fait aussi qu'il est libre. Mais le mot de liberté morale est pris souvent dans deux sens dont il est nécessaire de se rendre compte. Dans un premier sens plus ordinaire et, pour ainsi parler, plus classique, il veut dire la faculté de se décider sans nécessité ni contrainte pour un parti ou pour un autre et, par exemple, de choisir entre deux biens inégaux ou même entre le bien et le mal. Dans un second sens plus raffiné, il signifie la possession de soi-même, il désigne un état idéal de l'âme humaine affranchie de la tyrannie des sens et libérée par la sagesse. Le sage seul est libre :

l'homme n'est libre que quand il fait le bien ; tout criminel est, comme tout aliéné, dépouillé de sa liberté par cela seul qu'il est criminel. Voilà autant de formules dont les auteurs ou les partisans ne semblent admettre que la seconde espèce de liberté. Mais entre l'une et l'autre il y a le même rapport et la même différence qu'entre un moyen et un but. Le but que la conscience nous propose, ce bien dont la conquête nous affranchirait, c'est évidemment la jouissance de ce qu'il y a de meilleur dans notre nature ; et c'est ainsi qu'on a pu dire que la vérité seule nous faisait libres, ou encore que, pour être libres, il nous fallait renoncer à nous-mêmes, c'est-à-dire renverser en nous les limites que nos passions opposent à notre communication avec la vie pleine, absolue et universelle. S'il fallait prendre ces formules au pied de la lettre, personne ne serait libre, que Dieu. Mais il suffit que nous ayons une idée quelconque de ce bien idéal pour que nous le désirions et que nous tendions à lui. Connaître une partie, si petite qu'elle soit, de ce bien et porter vers lui sa pensée, c'est l'aimer ; y aspirer ou même simplement le regretter, c'est encore l'aimer. Or nous devons tenir pour évident que plus cet amour s'accroît, plus la force nécessaire pour s'approcher de la chose aimée s'accroît aussi ; car l'amour fixe un but à la seule vue duquel l'imagination émue peut évoquer à son tour et diriger les formes variées de notre activité physique ou morale. Tant qu'un homme hésite, tant qu'il fait effort pour s'arrêter à un degré du mal, alors qu'il lui serait malheureusement possible d'en franchir un de plus, enfin tant qu'il a une ombre de remords, il lui est encore permis de remonter peu à peu les degrés qu'il a descendus. Le but étant connu, la route qui y conduit l'est aussi. Et, tout amour n'étant pas complètement éteint, toute force n'est pas complètement anéantie. Cette possibilité de faire effort en vue de s'approcher de la liberté que donne la pratique du bien, voilà ce qu'on peut appeler le libre arbitre. Nous n'avons point à nous demander ici dans quels cas on peut dire que cette possibilité n'existe plus. Tout ce que nous

avions à établir, c'est que raison, amour et liberté dérivent
de la conscience réfléchie que l'homme prend de sa nature
et de sa loi, de sa loi qui est de tendre toujours à quelque
chose de meilleur et de plus grand. L'être qui n'a point
cette conscience n'a ni la raison, ni l'amour, ni aucune
espèce de liberté.

V

LA CONSCIENCE DANS L'ANIMAL ET LA CONSCIENCE
DANS L'HOMME

La conscience dont nous venons de parler est la conscience réfléchie. Le sens de cette expression est clair pour
tout le monde. L'être qui sent, pense, aime, veut et agit
peut considérer la part qu'a dans la production de ces
divers phénomènes son activité à lui; et c'est cette connaissance distincte, acquise par une sorte de retour de l'être
sur lui-même, qui est le propre de la conscience réfléchie.
On a pu s'en assurer cependant : il est des faits psychologiques dans lesquels cette conscience joue un rôle plus
important que dans les autres. Il est incontestable que ni
la pensée proprement dite, ni la volonté n'existeraient sans
elle, tandis qu'à la rigueur la sensation est possible sans
réflexion. En effet, qu'est-ce que penser? C'est trouver
entre les phénomènes et par suite entre les sensations qui
nous affectent un ordre rationnel; et, si nous n'avions de
notre activité personnelle une conscience claire et distincte,
nous ne nous ferions aucune idée de ces relations qui établissent entre les choses un ordre et une harmonie semblables à l'ordre et à l'harmonie dont les aspirations de
notre âme nous donnent la première révélation. Qu'est-ce
que vouloir? C'est se déterminer à un acte après y avoir
pensé, après avoir jugé s'il était ou non en rapport avec
les besoins que nous avons constatés en nous, avec l'un
d'entre eux tout au moins. En d'autres termes, quand

l'homme pense ou veut, non seulement il agit par lui-même, mais encore c'est lui-même qu'il prend pour mesure, soit qu'il se contente de tout subordonner à la partie la plus superficielle de son être, soit qu'il ait de préférence en vue ce fond persistant dont le développement libre et achevé lui semble le type même de tout ordre, c'est-à-dire de toute science et de toute moralité.

Mais, dans les sensations, l'individu subit une action plus qu'il ne la produit, le cas n'est plus le même. Il est rare sans doute que dans l'homme la sensation, surtout quand elle est vive, ne provoque pas une réaction, c'est-à-dire un effort que le patient sait pouvoir augmenter ou diminuer, auquel par conséquent il réfléchit. Il peut se faire cependant que le mouvement succède comme instantanément à la sensation et à l'image. Nous croyons que l'animal sent, mais ne pense ni ne veut et n'a pas la conscience réfléchie.

N'a-t-il aucune espèce de conscience? Il serait téméraire de le dire. Si l'animal sent les choses extérieures, dit très ingénieusement Sénèque, il faut bien qu'il sente ce par quoi il sent le reste. De plus, nous l'avons reconnu, les sensations les plus élémentaires sont multiples : elles sont toujours accompagnées d'images qui les redoublent ou les diversifient; la sensation actuelle est plus ou moins modifiée par l'influence prolongée des sensations antérieures, et l'animal contracte ainsi des habitudes. Tout cela implique quelque chose d'un et de persistant. Le chien qui voit son maître brandir son fouet et qui entend déjà le fouet claquer devient-il le bruit du fouet (comme on a dit qu'un être purement sensible qui flaire une rose devient une odeur de rose)? Non : diverses craintes s'élèvent en lui à la suite de certaines images; il sent par avance le coup qu'on lui destine, et il sent très bien que c'est lui qui est menacé, non le chat son voisin. En tout cela, l'état psychologique de l'animal est un état passif que nous ne pouvons nous représenter que difficilement; car il ne laisse en nous, quand il se produit, aucun souvenir net et susceptible d'analyse. La réalité de cet état cependant ne doit faire

pour nous aucun doute. L'être qui sent se sent lui-même;
on s'accorde à dire que c'est là un commencement de
conscience, une conscience spontanée, passive et irréfléchie,
mais une conscience enfin :

Démontrer que l'animal n'a que cette conscience et
point l'autre paraît, au premier abord, difficile puisque
nous ne pouvons expérimenter son état mental et pénétrer
dans son for intérieur. On peut cependant l'établir indirec-
tement et par deux sortes de raisons :

1° Tout ce qui dans l'homme ne peut exister qu'avec
la conscience réfléchie, l'animal ne l'a pas. Donc, il ne
l'a pas elle-même. On tiendra bien, en effet, pour accordé
que l'animal n'a ni la science, ni la vertu, ni la liberté
morale : il est encore bien évident qu'il n'a pas le langage
rationnel et ne dit d'aucune façon *je* ou *moi*. Or, si toutes
ces facultés caractéristiques de l'homme émanent, ainsi
que nous l'avons vu, de la conscience réfléchie, il faut bien
conclure que celle-ci manque à l'animal.

2° Tout ce qu'il a peut exister sans elle : toutes ses
aptitudes peuvent s'en passer. Voici sur quoi s'appuie cette
proposition.

Il y a, dans l'espèce humaine, des états d'inconscience
relative ou de conscience irréfléchie, passive et obscure,
comme celle que nous attribuons à l'animal. On peut les
remarquer particulièrement dans l'enfant à la mamelle et
dans l'idiot caractérisé. Là, comme nous avons en présence
de nous des êtres qui sont ou qui étaient destinés à nous
ressembler de tout point, nous pouvons apprécier plus
sûrement en quoi ils diffèrent de nous; et nous pouvons
en toute certitude leur refuser la réflexion. Or cette
absence de réflexion suspend-elle en eux ce que l'homme
a de plus semblable à l'animal, ce qu'il a de commun avec
lui? Loin de là, quelquefois même elle l'exagère. Le tout
jeune enfant a déjà non seulement ses appétits, ses désirs,
ses habitudes, ses petites passions, et jusqu'à son caractère
à lui : il a de plus une habileté instinctive qu'il ne tardera
pas à perdre pour ne la recouvrer jamais, nous voulons

parler de la succion. L'animal est plus habile que lui, sans doute; mais si, au lieu de cet unique mécanisme des trente-deux paires de muscles qui se meuvent l'un sur l'autre quand il tète, l'enfant avait telle ou telle autre prédisposition organique aussi bien agencée et aussi bien excitée par le besoin, qu'est-ce donc qui l'empêcherait de la manifester par des actes? Remarquez de plus que le besoin de la succion provoque chez l'enfant des colères et des joies qui passent aussi vite qu'elles viennent, et ne donnent lieu chez lui à aucune réflexion. En un mot, l'état psychologique de l'enfant nous aide parfaitement à comprendre comment l'animal peut faire tout ce qu'il fait sans réflexion.

Nous pouvons répéter le même raisonnement au sujet des idiots. On sait qu'il subsiste souvent chez eux des aptitudes particulières qui étonnent (ainsi tel idiot qui ne peut pas parler peut chanter; tel autre qui ne peut pas marcher a un tic bizarre et compliqué). Ces malheureux ont aussi leurs passions et leurs caractères à eux, docilité ou fureur : ils ont même une sorte de vanité pareille à celle du coq ou du paon. Si la conscience réfléchie ne se mêle pas chez eux à ces divers modes de sentir et d'agir, elle n'est pas plus nécessaire aux modes de sentir ou d'agir de l'animal. Ce que ce dernier a en plus, nous le savons, c'est le mécanisme si merveilleusement combiné et approprié de ses organes.

Enfin nous trouvons l'irréflexion dans les différentes habitudes que l'homme a réussi à contracter, particulièrement dans les industries mécaniques où l'ouvrier, comme on l'a très bien dit, regarde ce qu'il fait et ne se regarde pas faire. Nul n'ignore, en effet, que l'habitude diminue progressivement la réflexion à mesure qu'elle la rend inutile. Et comment cela? D'abord parce qu'elle augmente peu à peu le besoin de l'acte ainsi répété, si bien que cet acte finit par devenir une manière d'être nécessaire, inhérente, pour ainsi dire, à la nature de l'individu; ensuite parce qu'à force de répéter cet acte sous l'impulsion du besoin factice, il s'est développé dans l'individu comme une sorte

de mécanisme toujours prêt à fonctionner sans effort. Eh
bien! vivacité d'un besoin irrésistible, perfection d'un mécanisme tout accommodé au besoin et tout prêt à le satisfaire, voilà ce qui se trouve de prime abord dans l'animal.
Si donc la conscience réfléchie du moi s'évanouit peu à
peu dans nos habitudes, à plus forte raison pouvons-nous
croire qu'elle n'apparaît jamais dans les instincts des animaux. Voilà, en résumé, comment nous nous croyons
autorisés à dire : tout ce qui ne peut exister sans la conscience réfléchie, l'animal ne l'a pas; et il a tout ce qui
peut exister sans elle. Nous pouvons donc affirmer que
cette conscience, il ne l'a pas.

Mais ici nous devons prévoir certaines objections. Cette
réflexion, dira-t-on, ce retour du moi sur lui-même, cette
contemplation de la pensée par la pensée, n'est-elle pas
dans la vie de l'homme un accident? Est-ce qu'il n'y a pas
là comme un repos paresseux? L'homme s'arrête à considérer ses actes une fois faits, ou bien quand ils sont en
voie de s'accomplir sous l'impulsion d'une nature dans
laquelle sa volonté personnelle n'est plus pour rien. Quelquefois encore, la pensée est comme immobilisée sous
l'étreinte d'une douleur physique qui ne la laisse libre ni
de raisonner ni d'agir. Elle reste alors le regard fixé sur
elle seule. Or ces différents états n'ont évidemment rien
de normal. Ne pas être arrêté par la souffrance, pouvoir se
répandre hors de soi, être tout à ses idées et à ses actes,
c'est-à-dire dépenser sa force dans des images dont le
charme nous entraîne, et dans des mouvements qui nous
permettent de contempler hors de nous les effets accumulés et ordonnés de notre énergie, voilà l'état où l'homme
aspire. L'intensité de la vie n'admet pas la réflexion. L'activité, toute à son œuvre, quand celle-ci est agréable et
féconde, pense à son œuvre et non à elle-même. Si elle
pense à elle-même, elle se condamne aussitôt à une immo-
bilité stérile. N'est-ce pas dire que l'homme vient de l'inconscient et qu'il y retourne, autrement dit qu'il tend à
l'irréflexion et doit y trouver son état normal?

Mais alors, ajoutera-t-on, la prétendue barrière entre l'homme et l'animal n'a plus rien d'infranchissable, si nous considérons que les deux modes de conscience se succèdent tour à tour ou se mélangent dans la vie psychologique de l'homme, et que par conséquent elles peuvent très bien sortir l'une de l'autre.

Examinons ces nouvelles difficultés.

Il est vrai que l'homme travaille constamment à se créer des aptitudes qui doivent exiger le moins possible un retour du moi sur lui-même. Il est encore très vrai que la réflexion toute spéciale du psychologue ne peut s'exercer qu'à des intervalles plus ou moins éloignés; car il faut donner aux autres facultés le temps de fournir des matériaux à cette observation. Si nous passions tout notre temps à nous étudier, nous n'aurions bientôt plus rien à étudier en nous. Est-ce donc que l'homme cherche à éteindre en lui cette lumière de la conscience? Non : mais il veut pouvoir la projeter ailleurs et plus loin. En d'autres termes, il ne supprime ni n'affaiblit sa puissance de réflexion, il la met en liberté pour qu'elle préside au développement d'aptitudes nouvelles. Enfant, il nous faut beaucoup d'efforts pour apprendre à lire : un instant vient où nous n'avons plus besoin de penser aux lettres, mais où il nous faut faire un peu d'effort pour penser aux mots. Plus tard, quand nous écrivons, il nous faut, alors même que les mots nous arrivent spontanément, penser aux phrases, etc. Ainsi en est-il pour toutes les choses de la vie. Analysons, en effet, le travail de la pensée. Toute pensée se compose, si l'on veut, d'images; et toute image nous attire hors de nous; mais, si les images sont les matériaux de la pensée, la pensée même est le travail que nous opérons sur elles pour les grouper, résistant aux associations accidentelles imposées par des circonstances étrangères, nous efforçant d'en établir de plus constantes et qui nous satisfassent davantage.... Or un tel travail exige impérieusement la réflexion. Il peut se faire néanmoins que, par suite d'efforts antérieurs, des images viennent s'offrir à

nous si bien coordonnées, si aptes, par conséquent, à fixer
notre attention et à nous séduire, que le travail devient
pour un instant superflu. C'est le moment lentement provoqué, longtemps attendu, de l'inspiration et de l'enthousiasme. C'est l'heure où le poète, l'artiste ou le savant
qui composent, voient enfin la dernière obscurité se dissiper devant leurs yeux, et leurs conceptions éclaircies les
baigner de leur lumière. Il semble alors que toutes leurs
inventions leur viennent du dehors, et qu'ils écrivent,
comme le croyait l'antiquité, sous la dictée de quelque
génie. Voilà bien, en effet, le maximum de la vie intellectuelle. On peut dire encore (qu'on nous pardonne cette
autre comparaison) que l'esprit est là dans un état analogue à celui de ces lutteurs dont parle M. Janet [1]. Au commencement de la lutte, les combattants ont une conscience
très nette de l'effort qu'ils déploient; mais la lutte devient
plus vive, les efforts redoublent, la force dépensée prend
des proportions toujours croissantes et s'accuse par des
mouvements de plus en plus vigoureux, terribles même.
C'est alors que la réflexion diminue : les lutteurs ne s'attachent plus à mesurer le travail qu'ils accomplissent, absor-
bés qu'ils sont par la passion qui s'échauffe et par les
mouvements que la surexcitation organique leur fait accomplir. Ainsi est l'esprit dans cette lutte qu'on nomme la
méditation. Telles sont les phases qu'il parcourt quand il
attaque un problème, en serre de plus en plus près les
difficultés, les objections, et finalement triomphe des unes
et des autres. Mais de tels états, outre qu'ils sont assez
rares, ne sont jamais ni définitifs ni même durables. A
peine l'intelligence les a-t-elle traversés et a-t-elle goûté
quelques instants de repos en contemplant son œuvre,
qu'elle entrevoit de nouveaux efforts à faire : toute force
nouvelle appelle un travail nouveau. Et voilà la réflexion
en quête d'autres problèmes!

1. *La perception*. Mill et Hamilton, *Revue des Deux Mondes*,
1869.

C'est une même loi qui règle, à cet égard, les efforts de la réflexion et ceux de la volonté. On sait, en effet, que la volonté, après avoir péniblement lutté contre la passion et l'intérêt, peut en arriver à se porter vers les devoirs les plus austères avec une promptitude qui semble exclure toute délibération et tout effort. Mais on sait aussi que la perfection morale est chez les saints eux-mêmes, et surtout chez eux, toujours avide d'une perfection plus grande : les exigences de leur conscience morale augmentent au fur et à mesure de leurs mérites, comme les exigences de la conscience du savant augmentent au fur et à mesure de ses découvertes. Le saint ne réfléchit plus, concédons-le, aux actes qu'il a mille fois accomplis et qui n'exigent plus de lui aucun effort; mais il réfléchit à des moyens nouveaux de correspondre au *surcroît de grâce* qu'il a reçu. La lutte, l'effort et par suite la réflexion dans l'intérieur de la conscience sont donc bien réellement l'état normal de l'homme, quoiqu'on puisse ajouter que les forces qu'il a acquises et qui ne lui sont plus disputées entretiennent en lui un sentiment habituel de joie intime, de confiance continue et de secrète espérance.

Bref, quand la conscience paraît tendre à l'inconscience comme quand la volonté paraît tendre, par l'habitude, à l'activité involontaire, l'une et l'autre ne font qu'affranchir une plus grande somme de réflexion et une plus grande capacité d'effort qu'elles ne tardent pas à employer ailleurs. Mais essayons de mesurer encore plus exactement nos expressions. Nous disons que, sur un point donné, la conscience tend à l'inconscience, comme la volonté tend à devenir involontaire. N'y aurait-il pas là plus de métaphore que de vérité scientifique? Dire que la volonté devient plus forte, plus prompte, plus libre en un mot, est-ce dire qu'elle diminue, qu'elle s'affaiblit et cesse de devenir volonté? Dire que la réflexion devient plus rapide et qu'elle rencontre devant elle moins d'obscurités à dissiper, est-ce dire qu'elle pâlit et ne donne plus aucune lumière? Il faudrait soutenir alors que les saints et les héros ne savent plus ce qu'ils font, que la conscience des cuirassiers de Reichshoffen était devenue, au fort de la mêlée, analogue à celle de leurs chevaux, que Molière trouvait la rime comme un oiseau trouve les notes de sa chanson, enfin qu'entre la machine arithmétique de Pascal et Pascal lui-même il n'y avait, à certains moments, aucune différence. Il ne faut jurer de rien; mais il est douteux qu'on soutienne jamais de semblables assertions. Une fois qu'on en est arrivé à connaître exactement la somme d'énergie dont on dispose, et que l'on sait qu'on peut compter sur elle, on ne perd pas son temps à délibérer : on voit d'un coup d'œil ce qu'on a à faire, et on le fait. Quand on possède à fond les principes d'une science, on a vite fait également de scruter ce qu'une proposition renferme de conséquences, et ces conséquences, on les déduit. Dans ces cas-là il s'en faut que la conscience soit évanouie ou éclipsée. Elle nous fait saisir plus de choses en moins de temps : aussi rapide que l'éclair, elle est aussi brillante que lui. Telle est, selon nous, la vérité.

Ce qui prouve encore que dans ces instants d'apparente irréflexion la conscience est loin d'être à son minimum, c'est que la mémoire garde de ces états et des phénomènes qui les ont remplis un fidèle souvenir. Dans les moments d'inspiration, disons-nous, les images et les expressions arrivent abondantes et faciles. Nous pouvons ajouter que nous ne les oublions pas : ce que nous avons alors imaginé ou démontré nous occupe, et l'on peut dire nous obsède pendant longtemps encore. Si (ce qui arrive) nous nous sommes trompés dans notre enthousiasme, si nous avons vu moins ou plus que ce qui est, nous avons peine à sacrifier ces opinions conçues avec tant d'amour. Mais on ne se souvient que de ce à quoi l'on a pensé et dans la proportion où l'on y a pensé. Nous avions donc alors une conscience très nette de notre travail intellectuel. La cause en est que c'était alors notre activité personnelle qui était en jeu : c'était bien elle qui avait accumulé tant d'énergie et qui en jouissait. Autrement, comme nous ne nous souvenons que de nous-mêmes, nous n'aurions pu conserver à ce point le souvenir de ces états. Il en est d'autres, en effet, qui ont avec ceux-là une fausse ressemblance, à laquelle bien des gens se laissent prendre. Il est, soit dans la folie, soit dans l'ivresse, soit dans le sommeil magnétique, soit même dans le sommeil ordinaire ou quelquefois encore dans la rêverie, il est des heures où le cerveau, pris d'une activité maladive, enfante d'innombrables images : le sujet tout enflammé de la fièvre qui le possède croit alors toucher au génie. La fièvre tombe, le cerveau se calme : le rêve s'envole : ces chefs-d'œuvre d'imagination sont perdus à tout jamais. Pourquoi cette différence ? Parce que, dans ce dernier cas, ce n'est plus la force d'attention qui a appelé et ordonné rationnellement les images : elle a été vaincue par la force étrangère qui les produisait sans logique et les lui imposait sans qu'elle y participât ni qu'elle y fît résistance [1].

Ainsi donc, la loi de notre être n'est pas de chercher l'inconscient, d'y aboutir et de nous y perdre. La loi de notre être, c'est l'activité libre et éclairée, c'est la réflexion et la conscience ; ajoutons seulement, l'activité de plus en plus forte, la réflexion de plus en plus facile, la conscience de plus en plus rapide et de plus en plus nette [2].

---

1. On dira cependant que nous nous souvenons quelquefois de rêves semblables. C'est, croyons-nous, que ces imaginations provoquent alors une sorte de résistance de la part de nos facultés personnelles. C'est cette résistance qui, en bien des occasions, rompt le cauchemar et amène le réveil.

2. Nous estimons, on le voit, que l'activité personnelle et la conscience vont de pair. M. Ch. Lévêque, cependant, a avancé (dans une lecture faite à l'Académie des Sciences Morales et Politiques) que ce que la conscience peut le mieux connaître, ce sont les actes que l'habitude a rendus presque mécaniques ou instinctifs. Nous demanderons la permission de faire ici, pour notre compte, une restriction. Cela est très vrai, dirons-nous, quand l'esprit reste attentif et vigoureux, et qu'il ne fait que profiter de ses habitudes pour disposer librement de la somme d'intelligence qu'elles libèrent d'un travail d'ordre inférieur. Alors il observe ses propres habitudes pour les analyser scientifiquement, les juger et les corriger, s'il y a lieu. S'il

Cependant, on ne peut le nier, la conscience et l'inconscience se mélangent dans notre vie; à tout le moins la conscience réfléchie a-t-elle des degrés. Cela est vrai, comme est
vrai le mélange du physique et du moral, le concours de
l'âme et du corps. Mais il ne suffit pas de poser que l'homme
a un corps et que les fonctions de ce corps sont réglées par
un mécanisme, pour prouver que l'homme est tout entier
corps et que ses fonctions intellectuelles sont de pures fonctions du cerveau. Tout nous indique qu'il y a dans l'homme
dualité. La pensée consciente lutte contre l'organisme dont
elle se sert, qu'elle cherche à se subordonner, à diriger
sans y réussir toujours. Des alternatives de cette lutte résultent ou de brusques transitions ou de nombreux et insensibles degrés dans la liberté, dans la moralité, dans la
réflexion enfin et dans la conscience. Cela ne prouve pas
que la conscience sorte de l'inconscience, soit produite par
elle et tende à retourner à elle. Le conflit que nous rappelons prouverait plutôt le contraire, à ce qu'il semble.

D'ailleurs, en nous inspirant de ce qu'il y a de meilleur
dans la philosophie de l'évolution, nous dirons : la vraie
nature d'un être doit nous être connue par sa loi, et sa
loi par son évolution totale, non par des états accidentels
ou transitoires. Entre la cellule du végétal et celle de
l'animal, beaucoup de physiologistes hésitent à trouver
des différences. Bien des lésions locales et passagères présentent des symptômes analogues à ceux d'une maladie et
ne constituent pas cependant une maladie. Des gens sains
d'esprit ont de folles idées, et l'on a jugé souvent difficile,
impossible même, de dire où commençait la folie. L'idée
de la loi de développement ou de l'évolution rend ces différentes tâches bien plus aisées. Si la cellule végétale et la
cellule animale ne se distinguent pas suffisamment l'une
de l'autre, à tel moment donné, dans le champ du micro-
scope, elles se développent différemment. Il est donc permis

ne profite d'elles que pour suspendre tout travail, et s'il ne fait
un certain effort pour les étudier, il n'en a qu'une conscience
très imparfaite.

de les définir et de les différencier par la définition de leurs évolutions respectives. On ne définit la maladie en général d'une manière satisfaisante que si on la donne comme une succession de symptômes se déterminant les uns les autres et formant au travers de l'évolution normale, à ses dépens, une évolution autre, ayant son commencement, son milieu et sa fin. Ainsi en est-il encore de la maladie particulière appelée folie. Ce qui la caractérise, ce n'est ni l'absurdité des opinions, ni la dépravation du sens moral à telle époque de la vie, ni l'énormité d'un acte commis, ni la monstruosité des sentiments,... c'est la suite avec laquelle, traversant et interrompant le déterminisme rationnel de telle ou telle intelligence, se déroule, sous l'empire de causes spéciales, une série de perversions de l'esprit, du cœur ou de la volonté [1]. Que l'on fasse attention à cette méthode, on ne sera plus tenté de dire que la plante et l'animal ont une nature identique, que la santé n'existe pas et que tous les hommes sont fous ou que la raison et la folie s'engendrent l'une l'autre. Armés de la même méthode, nous dirons à notre tour : si tout travaille à maintenir l'animal dans l'état de conscience passive, irréfléchie et obscure que ses actes nous révèlent, si la loi de l'homme est au contraire d'arriver par le développement de son activité personnelle et réfléchie à une conscience de plus en plus lumineuse, ces deux consciences, celle de l'animal et celle de l'homme, ne sont pas des degrés d'une même conscience; et si quelquefois l'une succède à l'autre, on ne peut pas dire sans absurdité que l'une sorte de l'autre.

VI

LA CONSCIENCE ET LE MOI

Pour achever d'exposer les principes de la psychologie comparée, nous avons, ce semble, à conclure les analyses

---

1. On définirait de même les maladies du corps social ou politique.

précédentes par ces deux propositions : la conscience de l'homme ne se ramène pas à celle de l'animal, et celle de l'animal lui-même ne se ramène pas au mécanisme. Mais quel est le principe que la conscience suppose, et qu'est-ce que ce principe est au mécanisme? Telle est ensuite, et pour terminer, la question que nous devons résoudre.

Cependant une dernière série de difficultés vient encore s'interposer entre nos conclusions actuelles et cette conclusion finale; elles menacent de faire crouler par la base tout l'édifice que nous élevons. On cherche en effet à nous prouver par des arguments divers que la conscience telle que nous l'entendons est une illusion, qu'elle ne se distingue réellement pas des phénomènes, qu'il n'est pas besoin pour l'expliquer d'avoir recours à un moi distinct du non-moi, ni de distinguer dans la nature le conscient de l'inconscient. Prenons quelques types de cette théorie et voyons par eux ce qu'elle vaut.

On nous dispensera de nous arrêter longuement aux propositions de M. Taine.

Nous ne voulons certes pas diminuer le rare talent de cet écrivain. Il ne se contente pas de recueillir chez les physiologistes et les psychologues empiristes mainte et mainte formule; il nous les exprime avec tant d'énergie dans la métaphore, il nous les dessine avec tant d'imprévu dans les contrastes, avec des reliefs si tendus et des contours si découpés, il nous les peint enfin avec des couleurs d'une telle crudité, mais quelquefois d'un tel éclat, que nous pensons involontairement à la musculature mouvementée de quelque étude d'anatomie exécutée par un des meilleurs élèves de Michel-Ange. Mais quand M. Taine nous dit que le sujet et l'objet, le moi et le non-moi, la conscience et la nature, se réduisent l'un à l'autre, sans avoir de réalité ni l'un ni l'autre, que peut-on comprendre à cette théorie?

Certains philosophes ont prétendu que la nature est une création du moi, et que les lois que nous imposons en quelque sorte à l'univers n'ont de réalité qu'en nous-mêmes. D'autres ont affirmé que l'univers matériel seul

est une réalité, que nous ne sommes, nous, que des fragments périssables de ce grand tout dont notre intelligence
reflète pour un temps les manières d'être et les lois. Dans
chacun de ces deux systèmes, une réalité au moins subsiste. Chez M. Taine, tout est illusion. Ce n'est plus le
non-moi qui est expliqué par le moi ou le moi par le non-
moi. Le non-moi est tout relatif au moi et le moi tout
relatif au non-moi. Chacun des deux se ramène à l'autre,
qui n'est cependant rien que par son contraire. Non seulement le côté revers de la médaille est défini par son
opposition au côté face, et le côté face par son opposition
au côté revers, mais la médaille elle-même est supprimée.
La nature n'est rien que la possibilité permanente des sensations que la conscience rapporte à un dehors imaginaire; mais la conscience elle-même et le moi ne sont que
la série des sensations fugitives que peut provoquer cette
nature dont on vient de dire qu'elle est sans réalité par
elle-même. Deux apparences qui se cherchent et se fuient
mutuellement, voilà tout ce qui reste. Cette espèce de
prestidigitation ne vaut pas la peine qu'on s'y arrête.

L'école anglaise contemporaine, dans les personnes de
M. Bain et de M. Spencer, nous présente de la conscience
une explication plus exclusivement subjective; ils la défi-
nissent en tant que faculté psychologique, et voici la définition qu'ils nous en proposent : « La conscience, dit
M. Bain, est le mode fondamental de l'activité intellectuelle; mais qui dit conscience dit changement, succession,
série; elle consiste en un courant non interrompu d'idées,
de sensations, de désirs; c'est donc l'enchaînement, l'association de nos états internes qui la constituent [1]. »

M. H. Spencer, avec une terminologie un peu différente, dit exactement la même chose. Pour lui le phénomène de conscience se réduit à ceci : « Différenciation et
intégration continues; avoir conscience de l'état où l'on
se trouve, c'est à la fois différencier cet état des précédents

1. A. Bain, *Des Sens et de l'Intelligence.*

et l'intégrer aux suivants, c'est-à-dire le trouver semblable à eux, car tous les rapports des choses se réduisent à des rapports de succession [1] ».

La conscience n'est donc, en définitive, qu'une succession. Cette méthode de réduction est connue, et ce n'est pas là la seule application qu'on en ait faite. Le positivisme et le matérialisme, on le sait, procèdent ainsi : ils analysent les éléments de la réalité, descendent du plus complexe au plus simple; et, arrivés au dernier, c'est par celui-là seul, isolé de tous les autres, qu'ils prétendent expliquer la réalité entière. Ils ne voient pas tout ce qu'il faudrait ajouter pour reconstituer le tout tel qu'il est dans la beauté de son ensemble et dans l'harmonie de son développement. L'atome pour eux explique le monde. La *mathématique* n'est plus seulement l'expression abstraite des rapports que manifeste l'ordre intelligent de l'univers : elle est la raison dernière de cet ordre, et ainsi de suite. Il est donc à craindre que les deux illustres défenseurs du positivisme anglais n'entendent dans ce même esprit leur théorie de la conscience : si le dernier élément ou la dernière condition qu'on trouve en elle est la succession, tout sera finalement ramené à la succession, et tout sera expliqué par elle seule.

Mais cette explication est-elle philosophique? Nous admettons qu'avoir conscience c'est percevoir des ressemblances et des différences et que les phénomènes ne nous paraissent discernables qu'à la condition de se succéder. Nous n'examinons pas cette question controversée de savoir si l'esprit embrasse en un même instant un groupe de phénomènes qui coexistent ou s'il ne fait qu'aller de l'un à l'autre avec une extrême rapidité. Nous tenons pour bonne, si l'on veut, cette dernière explication. Il est clair néanmoins que, si la succession devait à elle seule constituer la conscience, il y aurait conscience partout, que l'horloge notamment aurait conscience des heures qu'elle

[1]. *Principes de Psychologie.*

marque, des retards et des avances qu'elle subit. On ajoutera le sentiment? Soit! mais si l'on veut s'arrêter là, et dire que la conscience est une succession de sensations n'ayant entre elles aucun lien, aura-t-on dit quoi que ce soit de satisfaisant? Les sensations s'évanouissent l'une après l'autre; il y a donc une multitude d'êtres sentants distincts les uns des autres qui se succèdent?

Et dès lors comment percevoir des ressemblances et des différences? Si la vie n'est qu'un mouvement sans qu'il y ait rien de stable et de permanent qui se meuve, le mouvement est à chaque instant hors de lui-même, insaisissable à jamais. Ne dites donc plus que le premier axiome de la science est : rien ne se crée, rien ne se perd; retournez la proposition et dites : tout se perd et tout se crée. Ne dites plus : *ex nihilo nihil, in nihilum nil posse reverti*; dites qu'à chaque instant tout sort du néant et que tout y retourne aussitôt. C'est bien un même être cependant qui compare le présent au passé, quand, à l'occasion du présent, il se rappelle le passé. Si simple que soit la comparaison, le sentiment qui en résulte est un et indivisible. On dit encore, et cela paraît démontré, que la sensation n'est pas un état particulier, mais la transition d'un état à un autre, que telle sensation n'est agréable ou pénible que par sa relation avec celles qui la précèdent. Mais où donc s'opère cette transition, et qui la sent, s'il n'y a que des états isolés qui se succèdent les uns aux autres sans lien mutuel? On dira qu'à chaque instant la sensation actuelle évoque par association des sensations antérieures qui, se joignant à elle, la modifient; que le retour de telles ou telles sensations analogues devient de plus en plus fréquent; et qu'à chaque sensation renouvelée qui se multiplie ainsi par les images, le présent fugitif se prolonge dans la perspective du passé. Mais pourquoi l'être qui sent au moment présent s'attribue-t-il à lui-même tout ce passé qui n'est plus? Et comment s'y reconnaîtrait-il s'il n'y avait été réellement? Il se trompe quelquefois, dira-t-on. Cela est possible. Mais sur quoi se trompe-t-il? Sur les faits qu'il attribue à son

propre moi; car des images incohérentes provoquées par
la maladie du cerveau sont venues s'intercaler dans la
chaîne de ses souvenirs, et il est des portions entières de
son existence qu'il oublie : le retour de circonstances analogues à celles dans lesquelles il les a reçues peut seul les
lui rappeler [1]. Mais cela prouve-t-il qu'il se trompe quand
il estime que son être ne date pas d'aujourd'hui, qu'il est
bien une seule et même personne? Que si sa personnalité
se dédouble pour lui-même, comme il arrive chez certains
fous, n'y a-t-il pas cependant une conscience une qui s'attribue ce double rôle et qui conserve son unité sous ces
bizarres métamorphoses? Dans ces cas même, la division
des deux existences n'est qu'apparente. L'une influe sur
l'autre, l'une continue l'autre, de même que l'état du
rêveur se ressent des dispositions et affections de l'état de
veille, dont tout souvenir distinct est momentanément
aboli.

On s'obstine pourtant à tout ramener à la tendance qu'ont
les sensations anciennes à se renouveler et à venir se
grouper autour de la sensation présente. On pense pouvoir ramener ensuite ces phénomènes à l'habitude et enfin
réduire l'habitude au fait de répétition mécanique. Mais
nous rappellerons alors l'axiome d'Aristote, qu'une pierre
peut être jetée cent fois en l'air et qu'elle ne tombera pas
plus vite à la centième fois qu'à la première. Nous ajouterons avec notre regretté maître Albert Lemoine [2] que, pour
qu'un être soit capable d'habitude, il faut qu'il soit capable
d'action spontanée : car l'habitude exclut l'indifférence au
mouvement ou au repos. Comment un mobile indifférent
par sa nature au mouvement ou au repos pourrait-il
accueillir l'un ou l'autre plus volontiers? Comment, incapable de produire le mouvement, serait-il capable de le
reproduire? Mais l'habitude n'implique pas seulement une
énergie spontanée, c'est-à-dire qui soit une cause spéciale

1. Voyez sur ce sujet notre livre de *l'Imagination*, 2º partie.
ch. IV.
2. Alb. Lemoine, *l'Habitude et l'Instinct*.

et autonome de mouvement. Il faut, comme le prouvait encore Albert Lemoine, qu'elle soit capable de variation, de développement et de progrès; qu'elle tende à l'action en proportion même de l'énergie qu'elle se sent et dont elle jouit [1].

C'est donc, en résumé, lutter contre l'évidence que de nier la persistance d'une *activité simple* qui accumule des quantités croissantes d'énergie, entre en conflit avec des résistances variées et inégales, et dans les phases multiples de ce conflit passe par des états qu'elle est à même de comparer entre eux parce qu'elle coopère à la réalisation de chacun d'eux et qu'elle le sait.

Cependant, cette idée de l'unité, méconnue par quelques philosophes, n'est pas, tant s'en faut, absente de la science contemporaine. Voici même des théories qui l'exagèrent et qui, se portant d'un bond à l'extrémité opposée, ne veulent plus voir partout que l'unité. La force est une et elle est invariable; elle se transforme partout : nulle part elle n'augmente ni ne diminue. On connaît la théorie qui, elle aussi, veut suffire à tout. La discuter n'est pas de notre compétence. Nous avons déjà vu quels en sont les *desiderata* quand elle veut englober le monde moral dans le monde physique, et quels sont les problèmes qu'elle laisse subsister parfaitement intacts. De ce nombre est celui de la conscience. Un savant que nous avons déjà cité et qui a l'habitude de reléguer dans de petites notes les plus grosses

1. Quelques philosophes essayent de prouver que l'habitude existe déjà dans le monde inorganique et dans toute force quelle qu'elle soit. Mais ce n'est pas le moi qu'ils chassent de l'être sentant et pensant, c'est un petit moi qu'ils installent dans chacune des molécules de la matière. A chacun de ces êtres individuels ils reconnaissent une activité spontanée, dont ils limitent seulement la sphère d'action; ils lui attribuent une conscience indistincte et homogène, etc. Puis ils expliquent les habitudes des composés organiques par la résultante des habitudes élémentaires. Encore une fois, ils multiplient le moi plus qu'ils n'en chassent l'idée; mais il reste toujours à expliquer l'unité individuelle. Ceci d'ailleurs est un point sur lequel nous reviendrons dans notre dernier chapitre.

difficultés de la physiologie psychologique, expose comment, suivant lui, la pensée n'est que du mouvement sensoriel sous des formes complexes, multiples, changeantes, défaillantes et renaissantes, et diversement groupées. Puis, au bas de la page, nous lisons en petits caractères : Il *reste seulement* la question de savoir pourquoi le mouvement devient conscient. Mais comment faire devant cette question? Avouer son ignorance et cela suffit, répond notre auteur. Cela peut suffire à la rigueur au physiologiste. Mais cela ne suffit pas au psychologue. Tout au moins doit-il prendre acte de l'impuissance où l'on est de répondre à cette question : S'il n'y a partout qu'une même force qui se transforme, pourquoi est-elle ici inconsciente et là consciente? Nous prouvons que la conscience est impossible sans unité; et vous pensez lever toute difficulté en nous alléguant l'unité absolue du monde et de la force qui s'y meut. Avec des apparences tout opposées, ce système revient au même que celui de M. Spencer et de M. Bain, qui l'acceptent d'ailleurs parallèlement avec celui que nous avons critiqué plus haut. Et en effet, s'il n'y a qu'une seule et universelle unité, *vous et moi* ne sommes donc pas des unités distinctes? Nous ne sommes donc que des fragments de l'unité totale? Nous ne sommes que des séries variées de phénomènes dont l'unité est en dehors de nous tous? Et si enfin c'est en dehors de nous qu'est l'unité, qu'y a-t-il donc en nous? Succession! et ainsi, on le voit, nous sommes ramenés à l'explication précédente. Mais alors nous sommes en droit de renouveler toutes nos objections et de rappeler à quel point sont insurmontables les difficultés que nous signalions tout à l'heure.

Un philosophe distingué, M. Léon Dumont [1], a cru cependant lever ces difficultés en divinisant cette force universelle, autrement dit en voyant dans la loi de l'équivalence des forces la manifestation du dieu-Nature du panthéisme. Si, dit-il, les phénomènes qui commencent sont

---

1. Léon Dumont, *Théorie scientifique de la sensibilité.*

toujours dans leur ensemble les équivalents de ceux qui
finissent, c'est qu'il y a entre les premiers et les seconds
plus qu'un simple lien formel : il y a en eux un principe
essentiel qui constitue leur nature commune et se retrouve
en eux tous; or c'est là précisément, selon M. L. Dumont,
la substance dont la philosophie positiviste avait voulu à tort
exclure la notion. Il y a donc une substance, et elle est une :
elle est divine. Jusqu'ici, semble-t-il, ce raisonnement ne
s'applique qu'aux phénomènes de l'univers et à l'unité du
principe qu'on dit les rattacher les uns aux autres. A ce
titre, la théorie n'importerait guère à notre étude, et nous
n'aurions point ici qualité pour la juger. Mais l'ingénieux
écrivain prétend que ce qui explique l'unité de l'univers
explique aussi l'unité qu'atteste en chacun de nous la conscience du moi. N'est-ce pas là une très grave erreur? Loin
que l'unité de l'univers explique à elle seule la multiplicité
de ces consciences dont chacune est une unité à part, c'est
précisément cette unité du monde qui rend particulièrement délicat le problème des unités multiples et distinctes
des *moi*. Nous sommes unis à l'univers et au principe (quel
qu'il soit d'ailleurs) dont il dépend : c'est en lui que nous
vivons et que nous sommes, cela est vrai. Mais il est vrai
aussi que nous nous distinguons de lui par la conscience.
Quand M. L. Dumont pose en fait « la continuité des existences au sein de l'être absolu », il peut se flatter d'expliquer les actions et réactions réciproques des forces, la modification intime d'un être par un autre, qui, dit-il, serait
impossible sans cette continuité; mais il ne nous fait nullement comprendre comment un être conscient, tout en
restant uni au monde, s'en distingue, et comment il y a, au
sein de cette continuité universelle, des consciences séparées
et irréductibles. « Nous sommes obligés, écrit-il, de supposer au fond de la conscience un principe continu quelconque qui donne l'unité à l'ensemble des sensations particulières dont elle se compose. » Cela est fort bien; mais à
la condition que ce principe continu ne soit pas absolument
un et identique pour toutes les consciences. Autrement nous

ne saurions comprendre qu'une seule conscience universelle, non des consciences multiples et distinctes. On peut
dire sans doute que Dieu vit en nous tous, hôtes de son
univers ; mais on peut dire aussi que nous vivons en lui,
à des degrés inégaux, chacun (qu'on nous pardonne
l'expression) pour notre propre compte, et surtout chacun
avec une conscience à nous. — « Il est *facile*, reprend-
on, d'expliquer l'unité de conscience sous la pluralité des
phénomènes. Les limites de l'unité sont déterminées par
leur discontinuité. » On veut dire apparemment qu'il y
a des vides dans cette continuité qu'on avait proclamée
cependant absolue. Ainsi les Pythagoriciens disaient que
des intervalles étaient nécessaires pour rendre les sons discernables ; et c'était là pour eux un exemple de la loi universelle du mélange de la pluralité et de l'unité. Mais comment peut-il y avoir du vide dans la substance de Dieu ? Et
comment ces vides suffiraient-ils à faire naître d'une conscience une des consciences multiples ? Quand le sommeil ou
l'évanouissement ou une anesthésie quelconque suspend la
continuité de notre propre conscience, celle-ci ne fait pas
place à une autre. Elle ne tarde pas à reprendre son travail
interrompu. S'il n'y avait qu'une substance, celle de Dieu,
il n'y aurait aussi qu'une seule conscience qui conserverait
son unité individuelle en dépit de tous les vides, à supposer ces vides possibles dans ce qui nous est donné comme
absolu. Laissons donc là ces subtilités trop ingénieuses et
concluons avec M. Janet : « La pluralité des substances
n'explique pas la pluralité des moi. Entre l'unité absolue
de la première cause et la multiplicité absolue dans laquelle se disperse la matière, il doit y avoir des centres
d'unité intermédiaires, des centres de conscience ; et c'est
ce qu'on appelle les esprits. »

Mais il paraît que reconnaître cette vérité si simple est
difficile. Le propagateur de la philosophie de l'inconscient,
M. de Hartmann, ne nie pas positivement la conscience : il
expose comment, à ses yeux, elle dérive de l'inconscient et
n'a pas d'autre principe que lui. Il y a une volonté générale

qui tend à un but, mais qui, en poursuivant ce but, l'ignore.
Elle ne s'en impose pas moins aux individus sous la forme
de l'instinct qui est la fonction propre de chaque être : car
chaque être se conforme, sans le savoir, à cette volonté
générale qui, elle non plus, ne sait rien. Cependant, en se
développant, cet inconscient rencontre une résistance, un
choc; et c'est alors que le moi et le non-moi se distinguent
et que l'inconscient devient conscient. Cette théorie est spécieuse, mais elle n'est que spécieuse. A coup sûr, la résistance provoque la réflexion; mais encore faut-il que *l'être
ainsi heurté et arrêté soit une réalité* capable de se replier
sur elle-même et d'y trouver quelque chose. Deux nuages
s'entrechoquent dans l'air : il en résulte de l'électricité, non
de la conscience. Un critique érudit (Alb. Réville) l'a déjà
observé judicieusement : ce fait explique bien à quelle condition la conscience se précise et s'affermit en nous : elle
n'en explique ni l'origine ni la nature intime. L'enfant, pour
se mettre à marcher, a besoin d'un sol résistant : mais ce
n'est pas la résistance du sol qui lui donne des jambes et des
pieds et une faculté locomotrice. Ainsi le heurt de la volonté
inconsciente implique autre chose que la résistance du non-
moi ressentie par le moi : il faut arriver au moi lui-même,
nous dire ce qu'est le moi conscient et d'où il vient. « Loin
d'expliquer la conscience, le sentiment du non-moi la suppose existant déjà virtuellement, toute prête à s'affirmer. »

Rappelons-nous maintenant les différentes théories de
la conscience que nous venons de passer en revue. Ce qui
manque à chacune d'elles, ce qui les rend toutes inintelli-
gibles en tant que prétendues explications de la conscience,
c'est qu'elles veulent expliquer celle-ci sans un moi, sans
une substance vraiment distincte. Replacez cette réalité
méconnue : chacune de ces fausses explications, sans excepter celle de M. Taine, a sa vérité et sa valeur. S'il y a dans
l'être qui sent et, à plus forte raison, dans celui qui pense,
une activité spontanée qui ait conscience de son énergie
propre et personnelle, nous comprenons parfaitement
que des conflits incessamment renouvelés avec le dehors

lui soient autant d'occasions de mesurer ses efforts à la
résistance sentie et, par conséquent, de se mieux connaître
en se rendant mieux compte de ce qu'elle peut. Nous concéderons ensuite que, tout en se sentant persévérer, une et
identique à elle-même, dans les divers phénomènes qu'elle
produit ou subit, elle entre en communication avec le dehors
suivant certaines lois universelles et fixes, parce qu'un lien
substantiel unit les uns aux autres tous les phénomènes de
la nature. Nous comprendrons encore que la succession de
ces phénomènes soit une condition pour en faire apercevoir
les ressemblances et les différences. Nous avouerons que les
diverses parties du non-moi nous sont connues sous des
formes déterminées quand nous nous les représentons comme
les causes des différentes sensations qu'ils contribuent à nous
faire éprouver. De même, les divers accidents de la vie du
moi sont provoqués, dirons-nous, par les différentes conditions dans lesquelles s'accomplit son conflit avec le dehors.

Mais on voit où nous en arrivons enfin.

Si le langage suppose non seulement l'association des
idées, mais la raison, sans laquelle nos associations d'idées
à nous seraient inexplicables ; si la raison suppose la conscience et la conscience le moi, le moi ne suppose-t-il pas
à son tour un principe qu'on peut appeler âme?

La poursuite de cette conclusion finale n'intéresse pas
seulement l'étude de l'homme. Si l'animal a une conscience
obscure et confuse dans laquelle se résume l'unité de ses
sensations, de ses imaginations, de ses passions, cette conscience doit avoir aussi son sujet un et permanent, sans
doute. Si les deux consciences ne sont ni semblables ni
égales, les principes dont elles dépendent ne doivent être
eux-mêmes ni semblables ni égaux. Il n'en convient pas
moins de terminer l'étude comparée des faits psychologiques par l'étude comparée de leurs principes. Prouvons
que la vie animale elle-même en suppose un qui ne se
réduit pas au mécanisme. A plus forte raison sera-t-il évident qu'on ne peut en refuser un, d'une nature supérieure,
à la vie intelligente, morale et libre de l'homme.

QUATRIÈME PARTIE

CHAPITRE UNIQUE

LE PRINCIPE DE LA VIE ANIMALE ET DE LA PENSÉE

Il faut, croyons-nous, tenir pour acquis que les phénomènes qui s'accomplissent au sein des corps organisés sont
des phénomènes physico-chimiques se ramenant aux
mêmes lois que les phénomènes physico-chimiques ordinaires. Les trois grandes « modalités dynamiques » de
l'organisation, production de chaleur, contractilité musculaire et action nerveuse, ne diffèrent point, quant au
détail des phénomènes qu'elles produisent, des modalités
dynamiques du monde extérieur. Elles sont reliées aux
agents cosmiques dont elles dérivent par la grande loi de
la transformation des forces, par voie d'équivalence. « Tous
les éléments anatomiques tirent leurs activités spéciales
d'une seule et même source : la combustion des matières
organiques dans les profondeurs de l'économie [1]. » Sur ces
propositions, tous les physiologistes d'aujourd'hui sont
d'accord. Aucun d'eux ne veut croire à une force mystérieuse qui, dans les corps vivants, combatte les lois de la
chimie ou en suspende le cours. Ils trouvent dans l'organisation des instruments tout formés, des appareils tout con-

---

1. Gavarret, *les Phénomènes physiques de la vie.*

struits qui fonctionnent. Comprendre, expliquer, régler ces appareils, voilà leur œuvre. Or le jeu de ces instruments et les fonctions de ces appareils ne donnent point lieu à des actions d'un ordre nouveau : les mouvements qui en résultent sont tous mécaniquement explicables et ne peuvent être modifiés que dans la mesure où l'on modifie les conditions physico-chimiques auxquelles ils sont surbordonnés. Encore une fois, voilà des propositions qui paraissent devoir s'imposer à nous.

Mais il n'est pas difficile de constater que la vie n'est pas tout entière dans le jeu des appareils organiques et dans les phénomènes que manifestent les organes quand ils fonctionnent. Les phénomènes se groupent de bien des manières : leurs modes d'activité présentent des aspects très différents; chaque appareil de l'économie, chaque système d'organisation a un mode d'activité particulier où les phénomènes sont ordonnés suivant une loi spéciale. On dit : Dans le monde inorganique, il suffit de changer la nature et la disposition des pièces de support pour voir une même action chimique, le travail de dissolution du zinc dans de l'acide sulfurique par exemple, se transformer tour à tour en électricité, en chaleur, en lumière, en magnétisme, en travail chimique, en travail mécanique, et sous ces formes si diverses conserver intégralement son énergie. Ainsi, ajoute-t-on, les éléments anatomiques n'ont des activités qui semblent spéciales que parce qu'ils diffèrent dans leur composition et leur texture. Nous admettons tout cela. Mais, dans l'expérimentation qu'on allègue, qui donc change la nature et la disposition des pièces de support ? Elles ne changent pas toutes seules : l'art et la main du chimiste interviennent. Nous sommes donc amenés tout naturellement à nous demander d'où vient la spécialité de composition et de texture de chaque tissu. Autre chose est d'expliquer et de régler le jeu d'une machine d'après les ressorts et les poids qui la constituent; autre chose est d'expliquer la formation de cette machine elle-même. La forme spéciale des corps organisés est cause, et non effet des modes particuliers suivant lesquels se groupent les phénomènes physico-chimiques qui s'accomplissent dans ce corps. Cela, on l'avoue. Ce que le physiologiste contemporain rejette, et avec raison, c'est que la cause, quelle qu'elle soit, qui a produit la forme de l'organisation, persiste à agir sur les phénomènes organiques. Ce qui par-dessus tout lui semble inintelligible, c'est que, dans l'explication de ces phénomènes, on prétende encore invoquer l'action de cette même cause. Mais, pourvu qu'on le laisse libre d'étudier les lois de l'organisation telle qu'elle s'offre à lui, sans se préoccuper de savoir qui a fait cette organisation, il abandonne au philosophe la recherche de cette cause, reconnaissant que la science physiologique a laissé là un inconnu. Telle est du moins la position que prennent bon nombre de savants, et au premier rang d'entre eux est Claude Bernard.

Mais il y a plus. Nous n'avons pas seulement à nous expliquer la forme spéciale des appareils organiques. Ou, si l'on veut, cette forme ne doit pas être uniquement considérée dans son état statique. Elle n'est pas donnée une fois pour toutes. On peut presque dire qu'aucun fragment de ce mécanisme n'est primitivement donné. La production de ses diverses parties et surtout leur agencement mutuel résultent d'une *évolution*. Cette évolution n'est pas un simple changement d'état : elle est le résultat d'une activité continue, persévérante, logique, et qui peut se distinguer de ses effets ; car elle crée, elle entretient, elle régénère, tout cela en restant fidèle à elle-même. De telle sorte qu'une *idée* qui se trouve la même au commencement, au milieu, à la fin de son travail, semble préexister à toutes les phases de ce travail et le diriger dès le principe.

On ne peut dispenser de rappeler ici la page déjà classique de Claude Bernard. « La vie a son essence primitive dans la force du développement organique. S'il fallait définir la vie d'un seul mot qui mit en relief le seul caractère qui distingue nettement la science biologique, je dirais : la vie, *c'est la création*.... Ce qui caractérise la

machine vivante, ce n'est pas la nature de ses propriétés
physico-chimiques, si complexes qu'elles soient, mais bien
la création de cette machine qui se développe sous nos
yeux dans des conditions qui lui sont propres et d'après
une idée définie qui exprime la nature de l'être vivant et
l'essence même de la vie.... Ce qui est essentiellement du
domaine de la vie, ce qui n'appartient ni à la physique, ni
à la chimie, ni à rien autre chose, c'est l'idée directrice de
cette évolution vitale. Dans tout germe vivant il y a une
idée créatrice qui se développe et se manifeste par l'organisation. Pendant toute sa durée, l'être vivant reste sous
l'influence de cette même force vitale créatrice, et la mort
arrive lorsqu'elle ne peut plus se réaliser. Ici, comme partout, tout dérive de l'idée qui seule crée et dirige. C'est
toujours cette même idée vitale qui conserve l'être et
reconstitue les parties vitales désorganisées par l'exercice
ou détruites par les accidents et les maladies [1]. »

Après plusieurs années l'illustre physiologiste avait repris
ces considérations. Sa manière de voir n'a pas changé. Partout dans ses écrits il met sous nos yeux l'ordre qui préside à l'évolution et la dirige, le *dessin* vital où est tracé
le plan de chaque être et de chaque organe [2].

Cette doctrine semble donner pleine satisfaction à la
philosophie, car elle lui permet de voir dans les corps
vivants autre chose que les phénomènes qui s'y passent et
même que les appareils et les tissus dont la forme spéciale
produit la spécialité des phénomènes. On peut cependant
lui reprocher deux défauts ou deux lacunes qui, sans rien
lui enlever de sa vérité et de sa beauté, la laissent incomplète. Que nous donne-t-elle en effet? D'un côté, un organisme où tout paraît exclusivement réduit au mécanisme
seul et où la spontanéité n'a plus de part; de l'autre, une
idée métaphysique tout à fait abstraite et dont il reste à
chercher le principe et le sujet.

1. Cl. Bernard, *Introduction à la médecine expérimentale.*
2. *Revue des Deux Mondes*, 1875.

Nous le savons cependant : ce vitalisme métaphysique qui nous semble, à nous, incomplet, il passe aux yeux de plusieurs physiologistes, tels que MM. Vulpian et Robin, pour une concession imprudemment faite à la philosophie. Mais ces derniers, qui sont des hommes considérables dans la science, ont aussi leurs théories à eux, qu'il nous convient d'étudier. Nous verrons quelle est la portée des objections qu'ils adressent à Claude Bernard et la valeur des conceptions par lesquelles ils nous aideront peut-être, sans le vouloir, à compléter sa théorie.

Ils rejettent, disent-ils, toute espèce de vitalisme, c'est-à-dire, on le sait, toute théorie prétendant expliquer la vie par une force particulière et spéciale. Ce n'est pas qu'ils nient ce dessein vital, cette morphologie et cette direction suivie dont parle Claude Bernard. Ch. Robin avoue que les phénomènes de l'évolution vitale sont soumis à une loi qui s'exprime par les limites devant lesquelles est arrêtée l'évolution et par la forme imposée à l'ensemble des organes. Il reconnaît une création graduelle, une direction visible. M. Vulpian concède, lui aussi, qu'il y a dans tout organisme une tendance à l'acquisition de la forme typique; et que cette tendance est continue et prolongée par une tendance à la restauration de la forme. « Il y a, dit-il, un travail régulièrement progressif qui s'arrête à point nommé, à une époque fixée et déterminée pour chaque espèce [1]. » Si cela est, pourquoi ne pas reconnaître, suivant les propres expressions de M. Gavarret, « une force spéciale indélébile [2] », qui met en jeu, groupe et gouverne, dans des mécanismes spéciaux, des phénomènes physico-chimiques dont elle est et demeure distincte? Comment, après avoir posé de telles prémisses, ces savants n'arrivent-ils pas à de telles conclusions? Tous leurs arguments peuvent se réduire à un seul, que voici : Il n'y a pas *un* principe vital, attendu que chaque partie de l'organisme a sa mor-

1. Vulpian, *Physiologie générale et comparée du système ner-veux.*
2. Ouvrage cité.

phologie à elle, sa loi de développement ou d'évolution, et
sa force de régénération indépendante. Ce n'est donc pas
un principe unique qui produit tous ces phénomènes ou
qui les ordonne et les dirige à la fois dans toutes les molécules du corps vivant. Ce n'est pas *un* principe supérieur
à l'ensemble de l'organisme qui lui impose un plan, un
ordre, une idée; car chaque partie, si petite qu'elle soit,
de l'organisme, a son plan, son ordre, son idée. Ainsi, ces
phénomènes qu'on invoque se manifestent aussi bien dans
les parties détachées du corps et soustraites, par conséquent,
à l'influence du prétendu principe vital. Toutes les énergies
spécifiques dont on a voulu faire l'attribut réservé de
ce principe, chacun des éléments anatomiques les possède
et les transporte avec lui, fût-ce dans un organisme différent. Dans le germe lui-même, « chaque élément travaille
de son côté en vertu de son activité propre; l'activité ou vie
d'ensemble n'est que la résultante de ces activités partielles.
L'évolution du germe s'opère donc forcément dans une
direction déterminée qui est celle de cette résultante et non
d'une force indépendante hypothétiquement et inutilement
surajoutée » (Gavarret). — « Pour nous, dit M. du Bois-
Reymond, chaque organisme est une agrégation d'individus
plus ou moins nombreux dont les propriétés particulières
reproduisent en petit les propriétés du tout organique
qu'elles constituent, qui se nourrissent, se transforment et
se propagent d'une manière indépendante, et qui, par la
somme de leurs modifications normales ou anormales,
effectuent la modification de l'organisme lui-même. »
M. Milne Edwards tient le même langage [1].

Cette activité propre de chaque élément organique, nous
ne songeons pas à la nier; car, dans un des premiers chapitres de cet ouvrage, nous avons nous-même exposé les
faits qui la mettent pleinement en lumière. Nous estimons
que ces faits prouvent amplement qu'on ne peut rapporter
à un principe unique toutes les propriétés et toutes les lois

1. *Rapport sur les progrès de la Zoologie au XIX⁰ siècle.*

de l'organisme vivant : ils sont donc décisifs contre l'animisme tel que Sthal l'a professé, ou contre la doctrine du principe vital de l'ancienne école de Montpellier. Mais, ces systèmes, comment les savants dont nous parlons les remplacent-ils? Les citations qu'on vient de lire le prouvent : ils lui substituent un système qu'on peut qualifier avec la plus rigoureuse exactitude de polyvitalisme. Nous disons polyvitalisme, et non pas polyzoïsme. M. Durand de Gros, qui a inventé cette dernière dénomination, entend par elle que chaque partie de l'organisme constitue un véritable animal qui sent et qui a même sa conscience à lui. Évidemment les physiologistes dont nous parlons ne vont pas jusque-là : ils pensent, et avec raison, qu'il peut y avoir énergie spontanée, action vitale indépendante, là même où il n'y a pas sensibilité, imagination, volonté. Tenons-nous provisoirement à cette théorie polyvitaliste, en la comprenant de notre mieux.

Ce polyvitalisme maintient d'une façon non douteuse la spontanéité première de la vie; et, cette spontanéité, il nous la montre d'abord dans l'acte organisateur de la cellule, laquelle, on le sait, est composée de plusieurs éléments et se trouve être le théâtre de phénomènes relativement assez complexes. Claude Bernard, qui admet une métaphysique de la vie, mais se refuse à rien rechercher entre le mécanisme et la métaphysique, combat cette conception. Il la combat dans Bichat qui, reconnaissant des propriétés vitales inhérentes aux tissus élémentaires, s'était arrêté « au plus bas degré du vitalisme ». Mais Bichat a surtout péché, dit Claude Bernard, en faisant de la vie comme une sorte de lutte contre les forces physiques et chimiques, en considérant celles-ci comme tenues pour ainsi dire en échec par les prétendues forces vitales et comme ne devant reprendre leur empire qu'après la mort : or c'est là une conception qui est aux antipodes de la vérité, car toutes les fonctions du corps vivant sont constituées par des phénomènes physico-chimiques; la mort a lieu précisément quand ces phénomènes ne s'accomplissent plus. — Nous n'avons qu'à enregistrer cette nouvelle idée scientifique. La vie ne renverse pas l'action des forces physiques, soit! Mais la lutte telle que Bichat l'entendait n'est pas la seule manière dont la vie puisse prouver la spontanéité de son action. Si elle n'agit pas pour combattre et écarter, n'agit-elle pas pour rapprocher et pour grouper? A mesure que la matière inorganique disparaît, une matière nouvelle la remplace; elle y arrive et s'y maintient telle qu'elle était, sans doute; et en ce sens Claude Bernard a raison de dire que la vie ne réagit pas sur les phénomènes physiques. Cependant le rôle que jouent ces phénomènes dépend de la place qu'ils occupent, de la complexité et de l'étendue plus ou moins longue de la série au sein de laquelle ils figurent. Quand il s'agissait de la morphologie de l'ensemble et de la loi de son évolution, on nous renvoyait aux cellules. Nous y sommes. De celles-ci maintenant où nous renverra-t-on? Ch. Robin nous a indiqué dans chacune des molécules de l'organisme une énergie spontanée agissant en soi et n'ayant nul besoin d'un principe vital tyrannique. Tenons-nous-y, sans croire que cette énergie du germe organisateur renverse les lois des phénomènes qu'elle coordonne et qu'elle dirige dans l'infiniment petit de son domaine.

Nous ne sommes même pas obligés de croire que cette énergie exerce autour d'elle une action élective parfaitement arrêtée, qu'elle ait pour tels principes une affinité spéciale, pour tels autres une répugnance invincible. Un jeune écrivain trop tôt ravi à la philosophie et à la science, Fernand Papillon, esquissait à ce propos une hypothèse qui n'a rien d'invraisemblable en elle-même. Les premiers germes, disait-il, ont pris spontanément autour d'eux ce qu'ils ont trouvé, et ils s'y sont habitués peu à peu. L'harmonie s'est graduellement faite de génération en génération entre la matière et la forme; et, une fois les organes constitués d'une certaine manière, grâce aux matériaux assimilés, des fonctions d'une nature correspondantes ont suivi. Mais peut-être, en modifiant lentement les principes qu'on livre à la vie, modifierait-on par cela seul les organes qu'elle entretient, puis les fonctions auxquelles s'adaptent ces organes. Voilà bien l'activité de la vie réduite au minimum ; mais il est clair que, même dans cette hypothèse, elle subsiste encore. Elle accepte les aliments qu'elle rencontre ; mais enfin elle agit sur eux. Si le sculpteur ne change pas les matériaux de sa statue, et si le musicien ne change pas la nature des notes de la musique, tous deux cependant créent dans une certaine mesure, en combinant et en arrangeant les métaux, les marbres ou les sons.

Au nom des mêmes principes que Ch. Robin, cependant, un autre adversaire de Claude Bernard, M. Gavarret, soutient que la vie des principes élémentaires a besoin de lutte. Ce n'est pas qu'elle cherche à se mettre en désaccord avec les phénomènes de son milieu : loin de là. Elle a besoin d'un certain effort, au contraire, pour se maintenir d'accord avec lui. « La vie de l'animal se consume ainsi tout entière, non pas, comme on le répète, dans une lutte soutenue contre les agents extérieurs, mais dans un effort incessant pour établir et maintenir les activités propres de l'organisme dans des rapports harmoniques avec les conditions du milieu ambiant. Cette harmonie est la condition essentielle des êtres organisés [1]. » Voilà donc une raison nouvelle de croire à la spontanéité du principe organisateur de chaque élément sans tomber dans la conception que Claude Bernard reproche à Bichat. Ce principe agit pour grouper, puis il agit pour conserver, en la développant et en la renouvelant, la forme qu'il a imposée aux matériaux nous ne dirons plus contre lesquels, mais sur lesquels s'est exercée son action [2].

1. Gavarret, ouvrage cité.
2. Dans une lettre particulière qu'il nous a fait l'honneur de nous écrire, le 10 octobre 1876, M. Ch. Naudin (de l'Institut) s'exprime ainsi : « Je viens de lire dans la *Revue scientifique* la critique du dernier ouvrage de M. Janet (*Transformisme et Causes finales*), par M. Léon Dumont, et j'y trouve, entre autres propositions que je n'approuve pas, ce passage : « Il « n'est plus possible de soutenir aujourd'hui qu'il y a un abîme

Comme nous avons à cœur de montrer ici que nous suivons docilement les physiologistes considérables que leur opposition à Claude Bernard peut faire passer pour plus antivitalistes que lui, nous citerons encore un passage de M. Gavarret. Le premier de ces physiologistes avait dit, en quelque endroit, qu'il appelait du nom de propriétés vitales les propriétés organiques non encore réduites « à des considérations physico-chimiques » ; mais il considérait comme indubitable qu'on dût arriver un jour à opérer cette réduction. M. Gavarret s'inscrit en faux contre une pareille assertion. « Claude Bernard, dit-il, appelle propriété vitale ce que nous appelons *activité propre* de l'élément histologique. Toutes ces activités ou propriétés ont un caractère de spécialité qui leur est communiqué par la spécialité de composition et de texture des éléments histologiques eux-mêmes et que, par conséquent, rien ne saurait leur enlever. Bien que dérivées par une voie de transformation des modalités dynamiques du monde extérieur, ces propriétés vitales n'en ont pas moins une *forme spéciale indélébile*, et par suite les lois de leur manifestation sont nécessairement différentes de celles de la chaleur, de l'électricité, de l'affinité. Nous ne pouvons donc concéder à M. Cl. Bernard que les *activités propres* ou les propriétés vitales des éléments his-

---

« entre la matière brute et les formes les plus simples de la vie ». Je prétends au contraire, avec M. Paul Janet, que l'abîme existe et qu'il est infranchissable. A quelle condition un être est-il vivant ? à celle de pouvoir dépenser de la force en mouvements moléculaires ou en mouvements de masse ; mais, pour pouvoir dépenser de la force, il faut en avoir une provision sans cesse renouvelée, qui s'emmagasine dans des équilibres chimiques essentiellement instables, *tels en un mot que la volonté de l'être vivant puisse opérer la détente et dégager la force*. Qu'il s'agisse d'une monère ou de tout autre animal plus perfectionné, la nécessité est la même ; et je soutiens que la vie n'est possible qu'à cette condition. C'est tout le contraire de ce qui se voit dans le composé inorganique, qui ne contient aucune réserve de force disponible, et où les équilibres moléculaires tendent invariablement à une stabilité plus grande. Il y a là comme deux mondes antagonistes et irréconciliables, qui diffèrent autant l'un de l'autre que quelque chose diffère de zéro. »

tologiques *puissent jamais être réduites à des considérations physico-chimiques* [1]. »

Pour prouver la spontanéité de cette vie multiple, on
pourrait invoquer encore la manière dont elle agit et se
manifeste, non plus dans le groupement et le renouvellement de ses matériaux, mais dans son activité pour ainsi
dire externe; car chaque partie du corps vivant, après avoir
agi pour elle, agit en dehors d'elle. Or, dans cette dernière
espèce de mouvements, ne fait-elle que restituer exactement
le mouvement qui lui a été communiqué sous une forme
différente? On l'affirme; et il est certain qu'elle ne peut
mettre en jeu qu'une somme d'énergie proportionnée à la
force qu'elle a reçue. Mais cette force, elle aussi, elle en
dispose et s'en sert d'une manière spéciale. Dans les actes
réflexes, par exemple, l'intensité de l'action finale dépend,
nous le voulons, de l'intensité de l'excitation communiquée
au nerf sensitif. Mais cette action n'est pas un pur mouvement physico-chimique : elle a un caractère fonctionnel;
en d'autres termes, elle a un but : son rôle défensif et con-
servateur ne peut être nié.

Disons enfin que, soit qu'elle agisse au dedans, soit
qu'elle agisse au dehors, cette vie peut contracter des habitudes. Tel élément se trouve par hasard dans des circonstances telles, que des matériaux plus abondants que de coutume ou mieux adaptés à sa nature sollicitent son énergie
et lui permettent de l'exercer plus amplement. Il se développe alors au détriment de ses voisins; pour le réduire à
son véritable rôle, on essaye de décourager, pour ainsi dire,
son excès d'activité en raréfiant ses aliments, ou en provoquant de la part de ceux qui doivent lui faire équilibre une
sorte de concurrence plus active. Mais cette médication ne
réussit pas toujours du premier coup : quelquefois même
elle échoue contre la persistance et la ténacité des habitudes; celles-ci survivent à la cause qui les avait d'abord
provoquées. Mais il faut reconnaître alors que l'activité de

1. Ouvrage cité.

l'élément organique n'est pas indifférente au repos et au mouvement. Ce que nous avons dit de l'habitude en général est en toute rigueur applicable à ces habitudes des infiniment petits qui, prolongées, constituent nos maladies les plus graves.

Telles sont à peu près les conclusions auxquelles nos polyvitalistes nous donnent occasion d'aboutir. Nous pouvons dire qu'elles comblent en partie la lacune laissée par Claude Bernard entre ses deux conceptions, l'une trop mécaniste et l'autre trop métaphysique de la vie, celle-ci semblant à proprement parler disparaître entre ces deux explications extrêmes et opposées. Cependant, il convient de le dire, dans un article plus récent [1] Claude Bernard a paru le reconnaître. « La vie, dit-il, réside partout dans toutes les molécules de la matière organisée. Les propriétés vitales ne sont, en réalité, que dans les cellules vivantes. Tout le reste n'est qu'arrangement et mécanisme [2]. »

1. *Revue des Deux Mondes* du 15 mai 1875. Article reproduit dans le livre intitulé *la Science expérimentale*, in-16. J.-B. Baillière.

2. Nous ne cherchons assurément pas à mettre en contradiction avec lui-même un savant tel que M. Claude Bernard. Mais il est certain que tantôt il condamne absolument le vitalisme et que tantôt il fait à la doctrine de la vie des concessions considérables. C'est qu'il lui arrive souvent de poser en face de lui un vitalisme vraiment suranné. Dans une de ses leçons les plus récentes, nous lisons ces lignes (*Revue scientifique* du 22 avril 1876) : « Le vitalisme consiste, on le sait, dans la séparation *absolue* des phénomènes du monde inorganique. Au lieu d'obéir aux forces aveugles de la matière, ceux-ci sont en effet (dans la doctrine vitaliste) *les effets immédiats* d'une force spéciale sans analogue, en dehors des corps vivants. »

A coup sûr, voilà un vitalisme qui n'a plus de place dans la science actuelle, et à la condamnation duquel nous adhérons parfaitement. Mais nous adhérons aussi aux lignes suivantes (qui figurent dans une leçon du 13 mai de la même année) : « En résumé, les *produits* des cellules vivantes qui interviennent dans la constitution et dans le fonctionnement de l'édifice organique, ce sont là des produits chimiques ne différant en rien d'essentiel de ceux qui ont une autre origine. C'est *uniquement dans le travail des cellules que l'on peut chercher ce qu'il y a de spécial et de proprement vital.* »

Bref, tous ces caractères propres de la vie qu'on ne dénie à un principe vital unique que pour les répartir entre les innombrables cellules du corps vivant, idée créatrice, force morphologique, puissance d'évolution, plus encore, puissance de nutrition et de génération : tout cela est autre chose que du métaphysique et de l'abstrait, tout cela implique une activité irréductible aux seules forces physico-chimiques, en un mot une activité spontanée.

Mais, ceci bien compris et bien admis, il reste toujours à expliquer l'unité de l'organisme, c'est-à-dire l'unité de ces innombrables vies indépendantes, mais associées, et associées en vue d'un but commun à elles toutes. Quoique cette unité soit difficile à contester, commençons par rappeler tout ce qui la prouve.

Remarquons d'abord qu'un être vivant est d'autant plus un qu'il est plus complexe : autrement dit, plus les parties qui le composent sont nombreuses, hétérogènes, animées d'une vie locale énergique et appelées par division du travail physiologique à des fonctions nettement déterminées, plus cependant leur mutuelle solidarité accuse l'unité de l'ensemble qu'elles composent. La simplicité d'organisation et l'unité vitale sont en raison inverse l'une de l'autre. L'animal le plus simple, le polype, est en même temps le moins un : aussi est-il positivement divisible. L'homme est le plus complexe des êtres : il est en même temps le plus un; c'est aussi le seul qui soit une personne. Cette unité n'est pas seulement visible dans la forme, dans l'harmonie des organes qui sont à la fois moyens et fins les uns pour les autres; elle apparaît dans toutes les modifications de la vie, soit à l'état normal, soit à l'état pathologique. Chaque organite vit donc de sa vie propre et tend à continuer cette vie jusque dans les milieux nouveaux où on le transporte artificiellement. Mais, comme l'observe M. Milne Edwards [1], ils ne peuvent contracter que des alliances du même ordre que celles où ils étaient engagés déjà : ils ne peuvent déter-

1. Rapport déjà cité.

miner l'organisation de nouvelles quantités de matière viable qu'à la condition que celle-ci se dispose de manière à réaliser en tout ou en partie un type zoologique analogue à celui auquel ils appartenaient. Ainsi, leurs propriétés physiologiques avaient profondément subi l'influence du mode d'organisation du composé dont ils faisaient partie; et cette vie autonome qu'on leur reconnaît n'exclut en aucune manière leur soumission à une unité parfaitement déterminée.

Le physiologiste, le médecin, dit à son tour Claude Bernard, « ne doivent jamais oublier que l'être vivant forme un organisme et une individualité. Il faut donc bien savoir que, si l'on décompose l'organisme vivant en isolant ses diverses parties, ce n'est que pour la facilité de l'analyse expérimentale, et non pour les concevoir séparément. En effet, quand on veut donner à une propriété physiologique sa valeur et sa véritable signification, il faut toujours la rapporter à l'ensemble et ne tirer de conclusions définitives que relativement à ses effets dans cet ensemble. » Ainsi les phénomènes les plus délicats et les plus spéciaux de la physiologie expérimentale, qui se complaît tant à isoler l'infiniment petit, n'empêchent pas les maîtres de la science de conclure comme, aux débuts mêmes de la médecine, faisait Hippocrate. Tout le corps, disait l'illustre Grec, participe aux mêmes affections; c'est une sympathie universelle. Tout est subordonné à tout le corps, tout l'est aussi à chaque partie; chaque partie concourt à l'action de chacune des autres.

Évidente dans la forme, dans l'évolution, dans la coopération physiologique et la synergie de tous les organes, l'unité de la vie l'est encore plus dans la sensation. Les savants contemporains qui ne veulent pas que le même phénomène physiologique soit attribué à une substance séparée de l'organisme ne peuvent nier l'unité de sensation. Or cette unité devient d'autant plus énigmatique, elle constitue un problème d'autant plus impossible à élucider qu'on s'applique davantage à en faire la propriété d'un organisme multiple. Non seulement plusieurs sens

concourent, l'un avec l'autre, à former une représentation
vraiment une; mais, si nous prenons même un sens isolé,
toute sensation, nous l'avons vu, est un tout complexe dont
on peut décomposer les éléments comme on analyse les
harmoniques d'une note de musique. Les sensations les
plus élémentaires mettent en jeu des organes dont la délicatesse et le nombre nous confondent [1]. Mais, ces sensations
élémentaires comme les sensations totales, il est une conscience qui les recueille. On dira métaphoriquement que
l'œil voit, que l'oreille entend, que le palais goûte, que le
cœur sent ses propres palpitations, que tous les muscles
et même toute cellule peuvent sentir les contractions par
lesquelles ils répondent à des excitations quelconques : en
réalité, une *cœnesthésie*, ou, pour parler français, une conscience une atteste l'unité indivisible de l'être sensible dont
ces phénomènes partiels modifient plus ou moins la manière
d'être, le mode d'activité, les habitudes.

La conscience enfin, dont nous venons de prononcer le
nom, confirme encore plus, s'il est possible, l'unité de
l'être vivant. Physiologistes et médecins nous disent à
l'envi que l'esprit ne doit pas avoir l'orgueil de se croire
indépendant de l'organisme. La conscience que nous avons
de nos besoins, de nos inclinations, de nos volontés et de ce
que nous appelons fièrement notre liberté morale, cette
conscience, nous disent-ils, est faite d'un nombre infini de
petites sensations qui nous sollicitent, de petites tendances
qui nous poussent : il n'est pas un organe qui, par les accidents de sa nutrition, ne puisse influer sur le cerveau et
par conséquent sur la conscience que nous prenons à
chaque instant de nous-même. Soit ! Mais si la conscience
et l'organisme sont inséparables, comme la conscience est
évidemment une, l'organisme aussi est donc un; la nécessité de concilier cette unité de la conscience avec la multiplicité des organes n'en devient que plus impérieuse.

Parmi tous les systèmes de l'économie, faut-il en cher-

---

1. Et tout particulièrement les organes de l'ouïe.

cher un qui soit dominateur? Parmi tous ces organes, en
est-il un qui soit matériellement le centre de l'économie tout
entière? — On sait que non. Il n'y a rien à opposer à
l'analyse par laquelle Virchow poursuit, pour ainsi dire, à
l'infini la décomposition des parties où l'on pourrait être
tenté de voir la source unique de la sensation et du mouvement. Il est facile de dire — observe le physiologiste
allemand — que le système nerveux représente la véritable unité dans le corps humain, puisqu'il n'existe pas
d'autre système plus complètement répandu dans les parties
périphériques et dans les organes les plus divers. Mais cette
vaste extension elle-même, ces moyens d'union si variés qui
relient les diverses parties du système nerveux, sont loin de
le représenter comme le centre de toutes les fonctions organiques. On a trouvé dans l'appareil nerveux des éléments
cellulaires particuliers servant de points centraux à la moti-
lité; mais on n'a pas trouvé une seule cellule ganglionnaire
d'où tout mouvement prenne en dernière instance son point
de départ. Les appareils moteurs, particuliers et individuels,
sont reliés à des ganglions moteurs et individuels. Les sensations sont rassemblées dans des cellules ganglionnaires
spéciales; mais, là aussi, la cellule unique, centre de toute
sensation, fait défaut; et nous la trouvons remplacée par
un grand nombre de centres particuliers.

C'est qu'en effet, poursuit M. Virchow, le système nerveux est bien un système, c'est-à-dire un tout composé de
parties; mais il n'y faut point chercher une unité chimé-
rique. Chaque section à travers la moelle crée un système
indépendant, c'est-à-dire un nombre plus ou moins grand
de centres, divisibles eux-mêmes. De centre unique de ces
centres, l'anatomie n'en trouve pas.

Il en est de même pour le cerveau. Chaque département
de l'encéphale vit de sa vie propre et contient des milliards
de petits éléments qui en font autant dans leur sphère restreinte. Nulle part dans l'économie n'existe une véritable
unité. L'unité anatomique ou physiologique n'a pu être démontrée nulle part. Mais enfin par quoi conclut le célèbre

promoteur de la physiologie cellulaire? Par ces deux propositions, dont l'une est une vérité positive, une vérité de fait
indiscutable, et dont l'autre est une assertion singulièrement téméraire ou plutôt comme une négation désespérée à
laquelle nous pensons avoir le droit de ne pas nous arrêter.
Voici la première : les fonctions du système nerveux ne
nous montrent d'unité que celle de notre propre conscience. Et voici la seconde : en cherchant l'unité dans
l'organisme, nous sommes abusés par un phénomène mental
du moi qui n'est que pure illusion. A notre tour, dirons-
nous, nous avons bien le droit, en rappelant les développements du précédent chapitre, de conclure : il y a dans l'organisme, malgré la multiplicité de ses parties, une unité
de la conscience. Il n'y a dans l'organisme aucun centre
matériel unique. Où donc faut-il chercher dans l'être
vivant le principe de son unité?

Faut-il, avec Ch. Robin, demander l'explication cher-
chée à ces deux faits : 1° que toutes les parties se tenant
les unes aux autres sont nécessaires les unes aux autres et
sympathisent entre elles; 2° que les phénomènes de la vie
se suivent dans un ordre fixe? Ce serait constater des faits
plutôt que les expliquer; et encore serait-ce ne constater
qu'une partie des faits. La contiguïté dans l'espace et la
succession dans le temps, ce n'est là que le dehors de la
réalité, comme l'étendue cartésienne n'était que le dehors
de la substance. Voici cent personnes réunies; elles s'entendent et prennent une résolution commune : ce n'est pas
par le seul fait d'être réunies qu'elles s'entendent. Voici cinquante musiciens qui jouent chacun de leur côté leur air sur
des instruments particuliers, et ils contribuent cependant
à exécuter une même symphonie. Ce n'est pas par le seul
fait de jouer ensemble qu'ils s'accordent en s'accompagnant
les uns les autres. Ainsi, les organes ne sont pas seulement
contigus : des organes même relativement éloignés se correspondent par des actions qui reviennent à des intervalles
inégaux et coopèrent entre eux à un même but. Tout
ramener à la contiguïté ou à la succession serait vouloir

expliquer l'unité d'action d'une assemblée délibérante par
la simple réunion de ses divers membres, ou l'unité de la
symphonie par la rencontre accidentelle des instruments et
la succession des notes qu'ils émettent. Quand nous avons
traité spécialement de la conscience, nous avons montré
qu'elle ne peut se ramener à la succession, bien que la succession soit en effet une condition qui permet à la conscience
de percevoir plus nettement les ressemblances et les différences. Mais la conscience est essentiellement une activité
qui se possède et qui, dans la continuité des phénomènes,
reconnaît, affirme son identité, sa permanence et son
unité. Alors même que la conscience n'est plus aussi
nette, nous savons que la sensation qu'elle enveloppe n'est
pas abolie; nous savons que tout au moins l'impressionnabilité, qui n'a qu'à être graduellement modifiée pour être
sentie, perçue, subsiste encore. Descendons un degré :
cette impressionnabilité même, nous le savons, n'existe
que comme accident variable d'une activité qui, commençant avec la vie, ne cesse qu'avec elle. Par conséquent, ce
que nous avons dit de la conscience, nous pouvons le dire
de la vie, dont on proclame qu'elle n'est qu'une simple
propriété, tout comme la contractilité. Nous pouvons l'affirmer : la succession ordonnée des phénomènes de la vie,
c'est l'expression extérieure, pour ainsi dire, d'une activité
qui persiste et à laquelle rien de ce qui s'accomplit dans
l'organisme n'est étranger et qui n'est étranger à aucun
des phénomènes qui s'y passent. Donc, s'il y a, dans l'organisme vivant, une quantité innombrable de principes
élémentaires, principes, comme on dit autour de nous,
morphologiques, directeurs, conservateurs et régénérateurs
des cellules, il doit y avoir aussi un principe supérieur à
eux tous qui en fait une unité individuelle. On reconnaît
qu'il y a dans chaque cellule une énergie spontanée irréductible aux phénomènes physico-chimiques qu'elle groupe
et dispose; et par là on reconnaît la nécessité de ne pas
tout expliquer dans la vie harmonieusement combinée de
la cellule par les éléments d'ordre inférieur. Mais l'unité

dans l'ensemble des cellules de l'organisme n'est pas
moins évidente que l'unité dans chaque cellule ou organite.
Si chaque partie a son évolution, l'ensemble a la sienne.
Si les phénomènes physico-chimiques ne forment pas d'eux-
mêmes la cellule avec sa forme et son évolution spéciale,
les cellules à leur tour ne forment pas l'organisme entier
avec sa forme et son évolution particulière. Si vous admettez
dans chaque partie une activité spontanée qui détermine
d'après une idée directrice la création, la conservation,
la restauration de la forme propre à cette partie, sans
changer la nature des phénomènes qui s'y succèdent, pourquoi ne pas admettre une activité analogue qui détermine
le mode de groupement, le *consensus* de toutes ces énergies différentes, sans changer cependant leur nature propre
et sans leur enlever l'indépendance relative de leur action?

La vie est, dit-on, la résultante de toutes les énergies
qui dirigent chacune à part le travail de leurs organes.
Soit. Mais en serait-elle moins une résultante si l'on ajou-
tait à ces énergies individuelles une énergie supérieure qui
les dirigeât toutes vers une fin commune. La vie résulterait
alors non pas uniquement, comme on le croyait autrefois,
du principe supérieur, mais de celui-là et de tous les
autres, unis quoique subordonnés.

Dans un État, les résistances et les révoltes qui accusent
l'excès des indépendances locales ou individuelles n'empêchent pas qu'il y ait un pouvoir central. Si ce pouvoir
est fort, sans être pour cela tyrannique, il marquera son
empreinte partout : il transformera à son image les pouvoirs particuliers, c'est-à-dire qu'il les dirigera et au besoin
les ramènera vers le bien commun. Néanmoins il leur
laissera leurs libertés propres; et il le doit : car, s'il veut
les engager au dehors dans une action collective qu'il gou-
vernera, soit pour défendre la communauté, soit pour
l'agrandir, il ne pourra le faire qu'en réunissant les forces
élaborées moins par lui que par elles. Ainsi, la vie politique de l'État est bien, si l'on veut, une résultante, mais
une résultante des pouvoirs locaux unis et subordonnés au

pouvoir central. Si les vies locales étaient éteintes avec les libertés qui en assurent le développement continuel, le pouvoir central serait impuissant à les remplacer. Si lui-même est faible et incertain, ce sont les divers pouvoirs disséminés çà et là qui détermineront le caractère de l'ensemble; et ce caractère sera sans doute confus, variable, inégal et tumultueux. Si ces pouvoirs ne sont pas d'accord, s'il en est un qui prétende se développer au détriment de tous les autres, s'ils laissent une puissance étrangère s'introduire au milieu d'eux et y grandir à leurs dépens, c'est alors la maladie du corps social qui éclate. Si le désaccord persiste un certain temps, sans qu'on puisse éliminer les forces rebelles ou neutraliser leur action, c'est enfin la dissolution qui s'opère, c'est-à-dire la mort de l'État.

Nous adoptons ainsi, pour ce qui est de l'être vivant lui-même, la grande conception leibnizienne des monades indépendantes, mais associées et groupées autour d'une monade centrale. Mais sommes-nous obligés en même temps de nous incliner devant le mystère d'une harmonie préétablie? Proclamer avec Claude Bernard une idée directrice, est-ce vraiment y ajouter quelque chose? Où réside cette idée? Comment agit-elle pour produire effectivement l'harmonie? C'est déjà beaucoup, nous le reconnaissons, que de constater cette harmonie dans l'ensemble des organes et cette direction ordonnée dans la série des fonctions. C'est peut-être tout ce que l'on peut établir avec certitude. Faisons cependant un effort pour découvrir, s'il se peut, quelque chose de plus.

Pénétrer directement dans l'action de la cause efficiente, est ce que la philosophie et la science ont toujours trouvé de plus difficile. Imaginer comment une puissance agit en dehors d'elle, comment elle sort, pour ainsi dire, d'elle-même, et se communique sans se perdre, c'est un problème devant lequel la pensée humaine a souvent reculé. Mieux encore, elle s'est efforcée plus d'une fois de supprimer ce problème. Ainsi, pour Leibniz, les forces se limitent réciproquement : elles n'agissent réellement pas les unes sur les autres; et quant à la science contemporaine, on sait qu'elle incline à reconnaître une force unique : ainsi elle n'a plus à expliquer comment une force agit sur une autre. Mais l'idée de cause ne peut être chassée de l'esprit humain. Sont-ce des êtres indépendants qui agissent? Nous nous demandons en vue de quoi ils se réunissent, et comment. Est-ce une même force qui se déploie? Nous nous demandons dans quel sens elle varie les manifestations de sa féconde activité. Ne voulût-on voir dans la diversité des formes que diversités d'arrangement, encore serait-il impossible d'en exclure toute idée de choix. « La structure des composés chimiques, dit l'auteur estimé d'un ouvrage sur l'architecture du monde des atomes, n'est soumise qu'à la loi mathématique, tandis que, dans la matière organisée, la loi mathématique est éludée. Dans les germes et dans leurs produits, il existe un manque de symétrie dans l'axe qui dénote une *intention formelle*. » L'auteur ajoute même : « On peut mieux dire, une toute-puissance créatrice ». Mais revenons à la question particulière qui nous occupe. Toutes les parties de l'organisme convergent évidemment vers un mode d'existence qu'elles préparent, que rend possible leur mutuel concours; là est la raison d'être de la forme imposée à leur groupement. C'est un physiologiste qui a écrit cette belle page :

« Le but est la pensée de l'avenir, et comme tout, dans l'embryon, correspond à un but, tout aussi y est dirigé dans des vues d'avenir. L'instinct pousse la mère à des actions qui sont calculées dans l'intérêt futur de sa progéniture; et dans son corps, chez les mammifères, un organe agit après l'autre, non comme l'exige le présent, mais comme le réclame l'avenir.... Le poumon se forme à une époque où la respiration branchiale est seule possible et seule aussi s'accomplit réellement. Les organes sensoriels apparaissent à l'époque où l'embryon n'a aucun besoin du secours des sens et serait inapte à les exercer.... La pensée de la fonction, c'est-à-dire de la direction de la vie qui correspond à un organe, existe avant lui.

« Le penchant à vivre se répand en différentes directions
et se partage en penchants divers. En s'incorporant pour
la formation d'un organe, chacune de ces directions de la
vie devient latente, c'est-à-dire qu'elle se réduit, considérée comme phénomène, au minimum ; l'œil ne voit pas,
le poumon ne respire pas, le testicule n'engendre pas ;
mais tous les organes n'agissent alors qu'en vertu de leur
vitalité commune, comme anneaux d'une chaîne organique ;
ils augmentent la tension vitale, maintiennent le rapport
mécanique des autres parties entre lesquelles ils sont placés,
et contribuent à l'équilibre de la composition, attendu que
leur nutrition procure l'élimination de substances déterminées. Mais, au milieu de tout cela, ils n'en poursuivent
pas moins leur propre but ; et, en se perfectionnant ou en
achevant de prendre tout leur développement, ils se préparent à la pleine et entière réalisation de la fonction. La
première apparition de l'ovaire est le commencement d'un
travail continuel et non interrompu de génération.

« De ce que l'idée précède l'existence des organes, il
résulte aussi qu'à l'époque où la fonction doit se déployer,
son côté idéal apparaît avant son côté matériel : le poumon
n'est pas encore en relation avec l'air, que déjà l'instinct
respiratoire se décèle par des mouvements ayant pour but
la respiration. Les membres se meuvent avant que les
jambes puissent porter le corps, ni la main saisir les
objets ; avant que le testicule produise du sperme, ou
l'ovaire des œufs, une différence sexuelle pénétrante imprime de son cachet les parties de l'organisme. L'embryon
détache de plus en plus son activité vitale de l'œuf, sur
lequel il a acquis la prédominance, il devient de plus en
plus actif en lui-même, il commence à exécuter les mouvements de la respiration et de la déglutition, et il se prépare
ainsi à naître, à jouir d'une vie indépendante [1]. »

Mais les tendances de ces organes pris chacun à part ne
doivent pas nous faire oublier les tendances par lesquelles

---

[1]. Burdach, trad. par Jourdan.

ils convergent tous vers un but commun. Adoptant le langage aussi philosophique que scientifique de Cl. Bernard, nous dirons : L'idée d'animal carnassier, voilà le terme où tend l'évolution organique qui prépare l'ajustement réciproque des dents, des griffes, de l'estomac, des organes locomoteurs, du système olfactif. L'activité intelligente, c'est-à-dire consciente et réfléchie, voilà le terme où tend l'évolution qui, dans l'organisme humain, modèle les organes du toucher, réduit à une importance beaucoup moindre les divers systèmes sensoriels pris à part, mais, en revanche, les harmonise et les complète par un système cérébral plus développé. D'une manière plus générale, l'activité animale, sensible ou consciente, voilà la cause finale des ajustements organiques.

En un mot, s'il y a, dans l'évolution de l'organisme animal, une idée directrice, ce qui nous paraît hors de doute, cette idée ne peut être que celle du principe directeur ou de la monade centrale. Or celle-ci n'est pas une abstraction, puisqu'elle agit, puisqu'elle sent, puisqu'elle a conscience d'elle-même, et que la claire conscience qu'elle a de son unité ne peut, à aucun degré, se confondre avec les consciences sourdes et diffuses des monades élémentaires qui préparent et qui soutiennent son action.

Comment une cause finale agit-elle? Comment, ce qui revient exactement au même, une idée directrice dirige-t-elle? C'est là maintenant une grave question.

Aristote y a répondu de la manière la plus satisfaisante qui ait jamais pu être trouvée; elle agit, dit-il, par l'attrait qu'elle exerce, par le besoin qu'elle suscite, par le désir ou l'amour qu'elle inspire. Si l'on tient à se représenter tout d'abord la cause comme cause finale plutôt que comme cause efficiente, il est difficile, à ce qu'il semble, de trouver mieux. D'ailleurs, l'analyse psychologique des facultés que nous connaissons le plus précisément confirme cette théorie.

L'idée de la perfection ou de l'idéal, voilà bien ce qui meut toutes les puissances de notre esprit; et si nous voulons décomposer cette idée même, nous y trouverons sans peine les éléments suivants : L'idée d'une raison une enchaînant toutes choses par des rapports réciproques, voilà ce qui crée notre raison : car celle-ci est le besoin que nous avons de coordonner nos représentations, de telle sorte qu'elles réalisent le moins incomplètement possible l'ordre idéal : autrement dit, notre raison à nous est constituée par l'idée que nous avons qu'il existe une raison supérieure et absolue. La conception d'un amour infini, c'est-à-dire d'une existence assez parfaite pour pouvoir se donner sans se perdre et vivre dans les autres comme en soi-même, voilà la source de notre amour à nous ; enfin l'idée d'une liberté absolue, voilà le terme où tendent les efforts de notre activité ; et l'on a pu dire avec raison qu'une telle idée suffit pour nous affranchir des suggestions étrangères et des mobiles d'ordre inférieur. Ainsi, l'idée des idées, l'idée de Dieu, voilà pour Platon ; l'idée de l'acte pur, voilà pour Aristote ; l'idée de Dieu, voilà pour Bossuet, toute l'intelligence humaine, sans en excepter une seule de ses facultés. Nos associations d'idées tendent à persister en s'unissant ou à se multiplier en se dispersant et en s'évanouissant très vite, suivant que notre raison en est ou non satisfaite. Nos inclinations sensibles s'épanouissent et se dilatent ou se laissent aller aux influences changeantes de l'imagination et des sens, suivant qu'elles répondent plus ou moins à ce besoin d'amour idéal. Nos efforts persévèrent dans le même sens ou se disséminent, suivant qu'ils tendent plus ou moins efficacement à réaliser cette liberté dont nous avons l'idée. C'est ainsi que toutes les forces qui se meuvent dans l'être humain subissent l'action de quelque chose qui est supérieur à la force. L'effort n'est pas la volonté, mais il en dépend, comme nos associations d'images dépendent de la conscience et de la raison, comme nos inclinations dépendent de l'amour. Ainsi l'on peut dire que ni notre raison, ni notre amour, ni notre liberté n'entrent dans le mouvement des phénomènes. Ils développent une activité tout interne qui ne tombe pas sous les lois de l'espace, qui ne peut être ni mesurée ni pesée, mais sous

l'action de laquelle se groupe et s'ordonne le déterminisme phénoménal de nos diverses facultés.

Mais, pour qu'une existence quelconque sente le besoin
d'une perfection plus élevée et pour qu'elle puisse même
en avoir l'idée ou le pressentiment, ne faut-il pas qu'elle
y participe déjà d'une certaine manière? Le besoin n'est
qu'un mouvement naissant, et le mouvement ne peut être
que le développement plus ou moins faible de quelque
chose de réel : c'est là un point que nous croyons avoir
élucidé [1].

Ainsi, établir qu'une chose est la cause finale d'une autre,
c'est établir que celle-ci cherche dans celle-là son complément, mais que celle-là se trouve déjà dans celle-ci à
un état rudimentaire, la distance entre les deux fût-elle
infinie. Nous ne tendons à Dieu que parce que nous lui
ressemblons, imparfaitement sans doute, mais réellement,
et nous ne lui ressemblons que parce qu'il a mis en nous
quelque chose [2] de sa nature.

Mais, nous aussi, quoique dans une mesure infiniment
plus bornée, nous créons : et c'est à l'image de Dieu que
nous créons, comme c'est à son image que nous sommes
faits. Chaque phrase musicale qui retentit dans l'imagination d'un compositeur est l'ébauche d'une petite symphonie
ou d'un petit drame. Or elle n'est choisie ou définitivement acceptée que parce que là où elle se place, avec la
forme particulière sous laquelle elle se propose, elle assure,
pour sa part, l'achèvement du drame ou de la symphonie
dont l'expression générale est sa cause finale et son but.
Dans chaque fragment d'une œuvre musicale vous pouvez,
si vous êtes exercé, reconnaître aisément l'œuvre dont il
est détaché, dont il reproduit en raccourci le caractère, dont

1. Voyez plus haut, 2ᵉ partie, ch. v.
2. Ainsi donc, nous ne renversons pas ici les conclusions de
notre première partie en identifiant ce que nous avons distingué. Là comme ici nous montrons à la fois, du mieux que
nous pouvons, les analogies et les différences, ce qui n'implique, ce semble, aucune contradiction.

il exprime le sens, dont il rappelle ou fait pressentir les
grands effets. On peut en dire autant des lignes et des couleurs par l'agencement desquelles un peintre compose peu
à peu son tableau. Si l'idée générale n'est pas toujours
nettement conçue par avance dans l'esprit, elle est toujours,
quand il s'agit d'œuvres destinées à vivre, préparée et déterminée dans l'imagination et la sensibilité du peintre, par
la nature particulière de l'émotion qu'il ressent en face de
son modèle, par l'intensité plus ou moins grande du besoin
de créer qui le tourmente, par l'amour soucieux, inquiet,
mélancolique, ou souriant, triomphant, heureux, avec
lequel il conçoit, vivifie et enfante le fruit de son génie.
C'est de tout cela en effet que se forme, non pas l'idée
abstraite et métaphysique, mais l'idée artistique, l'idée créatrice du musicien comme du peintre. C'est donc cette idée
de l'ensemble futur qui est la cause finale de toutes les
idées de détail auxquelles l'artiste s'arrête. On peut dire
aussi que, quand l'inspiration n'est pas traversée et troublée
par des causes d'ordre subalterne, l'idée générale réside
déjà dans chacune de ces idées de détail qui travaillent à la
réaliser, de même que l'idée de l'organisme futur réside
déjà dans l'embryon qui, en se développant, tend à lui,
comme à son achèvement et à sa *fin* véritable [1].

Ainsi encore, si la vie tend à l'esprit, c'est qu'elle est
l'analogue [2] de l'esprit. Dans les cellules de l'organisme et
dans la monade centrale appelée âme sont des activités plus
ou moins limitées tant par l'imperfection de leur puissance
intrinsèque que par les résistances qui les arrêtent : la plus
élevée d'entre elles peut, sans parvenir à se posséder pleinement et à se suffire à elle-même, y réussir cependant plus
que les autres, précisément parce qu'elle y aspire sous
l'action mystérieuse d'une puissance plus haute encore qui,
elle, réalise parfaitement et éternellement cet idéal.

---

1. Voyez plus haut, pages 244 et 245, comment la liberté
idéale est la cause finale de la liberté proprement dite ou du
libre arbitre qui tend à elle comme à son but.
2. Elle est l'analogue de l'esprit ; mais elle n'est pas esprit.

Cette vérité d'ailleurs n'a rien que de clair et de facile à
constater quand il s'agit de l'esprit de l'homme et de
l'action qu'un idéal quelconque exerce sur lui. Quand on
veut appliquer cette théorie à l'action que l'esprit peut
exercer à son tour au-dessous de lui, elle devient inévitablement plus obscure, elle semble même paradoxale. Cependant chacun de nos organes n'a-t-il pas son activité à lui?
chacun d'eux n'exerce-t-il pas en même temps une certaine
action hors de lui? N'est-il pas d'autant plus sûr de bien
développer la sienne qu'il travaille plus efficacement au
bien de tous? N'a-t-il pas une impressionnabilité sourde que
beaucoup de physiologistes ne craignent pas d'appeler sensibilité et imagination? L'activité du principe supérieur est
donc certainement *représentée* dans les modes d'activité
des principes élémentaires de l'organisme; et nous pouvons
déjà comprendre ainsi comment les monades particulières
peuvent s'ordonner, peuvent coopérer et sympathiser en
vue de la monade centrale et de son action.

Comment des monades peuvent-elles se sentir réciproquement et se connaître pour exercer les unes sur les
autres une action réciproque? Ni la science ni le sens commun n'ont trouvé que Leibniz eût résolu ces questions par
son harmonie préétablie. Mais ne suffit-il pas de réfléchir
que les monades se limitent, pour trouver une réponse plus
satisfaisante? Si en effet elles se limitent, chacune d'entre
elles étant plus ou moins limitée, c'est-à-dire déterminée
dans son action, sent *en elle-même* les diverses modifications
que sa propre activité subit. Pour ce qui est des sensations
dites externes, n'est-ce pas ainsi que la science d'aujourd'hui
les explique? Chacun de nos organes se sent modifié quand
son activité se rencontre avec celle d'un corps étranger; il
se sent modifié parce que son activité, sentant le champ qui
lui était ouvert se restreindre, ou se fermer, ou s'élargir,
ne peut aller d'un train toujours égal. Cette modification
provoque d'abord une représentation qui reste subjective,
tant qu'il n'y a pas une conscience claire que cette modification externe vient d'un arrêt imposé par une résistance

et par conséquent vient de l'action d'une cause étrangère. Dans tous les cas, l'activité ainsi arrêtée modifie spontanément son mode d'action; elle augmente ou ralentit son effort. C'est donc d'elle-même et de sa propre action qu'elle jouit ou souffre; c'est sa propre action qu'elle se représente, c'est sa propre action qu'elle modifie, c'est de *son propre mouvement* qu'elle s'ajuste aux conditions qui lui sont faites. Les sens internes et par conséquent les organes internes ne reconnaissent pas d'autres lois que celle-là. Si l'œil s'accommode de lui-même aux conditions physiques de la vision, d'elle-même aussi la cellule interne s'accommodera aux cellules voisines, mais nous disons de plus au développement de la monade centrale, du principe supérieur, de l'âme, en un mot.

Cette âme agit donc, elle aussi? Ce principe directeur, cause finale et idée directrice de l'évolution collective de l'organisme, il a donc un mode d'activité qui lui est propre? Et cette activité, il l'exerce donc antérieurement aux manifestations de la vie consciente et volontaire? Sans doute. Et, loin de constituer une nouveauté obscure et douteuse, il nous semble que cette dernière proposition est une de celles que les travaux de la philosophie contemporaine ont le mieux mise en lumière.

Nous avons démontré, en effet, que la conscience atteste une réalité une et persistante; que la conscience est en proportion de l'activité; que par conséquent le principe conscient est actif; qu'il est distinct des principes élémentaires, lesquels n'arrivent pas à la conscience réfléchie, et dont les diverses modifications contribuent seulement à donner à la conscience du principe central auquel ils aboutissent plus de vivacité et plus de clarté. Mais le principe de la conscience ne commence-t-il qu'avec la conscience? Ici est un point que M. Bouillier a établi avec une très grande force, et nous ne pouvons mieux faire que de le citer.

« Si, dit-il, la conscience est la manifestation, la révélation de notre propre existence, il ne suit en aucune sorte qu'elle en soit le commencement, la fin, la mesure, encore moins qu'elle soit cette existence même.

« La conscience est nécessairement donnée comme un fait extérieur, par rapport à l'existence: il ne suit en aucune sorte qu'elle en soit le commencement, la fin, la mesure, encore moins qu'elle soit cette existence même.

« La conscience est nécessairement donnée comme un fait extérieur, par rapport à l'existence, toujours elle suppose un retour sur quelque chose qui est antérieur au moi et d'où dépend la réalité du moi lui-même.

« Dans les phénomènes de conscience, l'âme se dédouble et elle devient à la fois sujet et objet. Mais cette dualité suppose nécessairement une unité antérieure primitive, laquelle s'est brisée et réfractée dans la conscience.

« La mémoire découvre et ne fait pas notre identité, la conscience découvre et ne fait pas notre existence.

« La conscience est un fait ultérieur, un état, un degré, une évolution ascendante de l'âme, mais non pas l'âme elle-même [1]. »

Cette activité appelée à une conscience réfléchie, c'est elle qui est vraiment la personne humaine, celle dont la ressemblance fondamentale constitue l'égalité de tous les hommes, la parité de leurs droits et de leurs devoirs essentiels, la communauté de leur destinée. Mais, en dehors de cette personne et cependant liée à elle, il y a (dans un certain sens dont l'ambiguïté a fait la fortune de plus d'une erreur philosophique), il y a la personnalité. Cette personnalité-là, manifestation extérieure et pour ainsi dire sensible de la personne, c'est la personne qui se la forme peu à peu, forte ou faible, marquante ou effacée; mais elle la forme avec le concours inévitable et très inégalement favorable des éléments constitutifs du corps qu'elle anime. C'est par ce concours que l'hérédité a tant de part dans la diversité

1. F. Bouillier, *le Principe vital et l'âme pensante*. Nous nous permettons de renvoyer pour plus amples développements à notre livre de *l'Instinct*, 2ᵉ édition, 1ʳᵉ partie, ch. viii.

des caractères, que l'hybridité produit des composés en
partie nouveaux où les caractères des ascendants se fondent plus ou moins : c'est par lui que diffèrent les sexes et
les âges, et que le même homme change avec les maladies et les années.

Comment cette âme agit dans la période obscure de son
existence, nous l'ignorons; de même que nous ignorons
comment agit dans chaque cellule l'énergie spontanée que
MM. Ch. Robin, Vulpian, Gavarret eux-mêmes reconnaissent. Mais, si l'on reconnaît cette activité de la cellule,
comment nierait-on celle du principe qui a conscience de
lui-même? Et comment nierait-on que dans l'existence de
ce principe est nécessairement la raison de l'unité de l'organisme et du *consensus* de toutes ses fonctions?

Cette manière de comprendre les rapports de l'âme et
de la vie s'accommode très bien avec les faits que les biologistes mettent en avant pour prouver la fragilité et, suivant eux, le néant d'une âme consciente. Cette conscience,
en effet, peut être souvent obscurcie, et de deux manières :
1º quand les monades particulières surexcitées agissent
plus que de coutume et n'obéissent qu'à leurs tendances
habituelles : c'est le cas qui se présente souvent dans la
fièvre, laquelle, si elle est forte, est accompagnée du délire,
c'est-à-dire d'un état voisin de l'inconscience, et qui,
d'après certaines théories médicales accréditées, n'est autre
chose que le déchaînement des circulations locales ; —
2º quand au contraire les énergies locales sont généralement frappées d'impuissance et que les activités des
monades particulières expirent : l'âme alors perd les matériaux habituels de son action. Elle est une activité qui
s'exerce sur d'autres activités : celles-ci disparaissant, les
puissances supérieures de l'âme sont momentanément con-
damnées à l'inertie. En d'autres termes, ici l'âme est
comme un chef d'orchestre qui ne pourrait plus rien pour
appliquer sa science et son habileté musicales, parce que
ses instrumentistes feraient défaut ou bien refuseraient
leur service ; là elle est comme un chef d'orchestre assourdi

et dérouté par les bruyantes cacophonies d'un trop grand nombre de ses musiciens ou de musiciens trop indociles.

Nous pouvons encore nous expliquer avec cette théorie la différence de l'homme et de l'animal. Dans l'homme, c'est plutôt le principe qui commande et est obéi : les sensations se trouvent réduites au strict nécessaire pour permettre à l'esprit de connaître et le monde et lui-même. Dans l'animal, au contraire, c'est le principe central qui obéit, ce sont plutôt les énergies spéciales qui commandent, ici le sens olfactif et le goût carnassier, là la puissance visuelle et les organes du vol, et ainsi de suite.

Quant aux difficultés que soulèvent la génération et la reproduction des organismes, tant chez l'animal que chez l'homme, nous ne pouvons prétendre à les dissiper; car ce problème particulier se résout en un problème plus général et d'un autre ordre : celui de la première apparition des êtres vivants, du caractère naturel ou surnaturel de cette apparition première, en un mot le problème de la création. Cependant il est des difficultés contre lesquelles notre explication peut mieux résister — ce nous semble — que beaucoup d'autres. On objecte aux philosophes spiritualistes la divisibilité de certains êtres vivants, la persistance de la vie dans certaines parties transplantées ou greffées. Il est aisé de voir que ces faits ne peuvent être opposés à qui reconnaît une certaine individualité des cellules élémentaires : si elles ont leur vie propre et autonome, même dans la vie collective de l'organisme dont elles font partie, elles peuvent garder et développer cette vie particulière hors de lui. Une ville détachée d'un État peut aller coloniser et fonder un autre État; un musicien détaché d'un orchestre peut ou jouer seul ou devenir chef d'orchestre à son tour.

Enfin, quelle que soit son origine, quel que soit son mode d'introduction dans le composé organique qui la reçoit, l'âme proprement dite nous manifeste sa présence dans l'animal et dans l'homme. Des différences pourtant séparent l'âme de l'une et l'âme de l'autre. La conscience réfléchie

atteste dans l'homme une liberté plus grande, une puissance
d'un ordre plus élevé; ajoutons que cette conscience reconnaît en elle-même l'action exercée par un idéal supérieur.
Si elle est la cause finale des actions du corps, ses actions
à elle ont leur cause finale dans la perfection infinie de
l'idéal divin. Si elle est l'idée du corps, idée enveloppant en
elle les idées des fonctions du corps, elle doit se ramener
cependant à l'idée des idées. Elle le sait, et c'est parce
qu'elle le sait qu'elle conçoit le devoir et le droit, qu'elle
accepte librement la responsabilité de ses actions, qu'elle se
sent enfin associée aux desseins de Dieu, finalement appelée
à l'immortalité. Comment concevoir, dira-t-on, la possibilité de la vie future, si la suspension des activités subalternes
sur lesquelles s'exerce ici-bas l'activité de l'être spirituel
lui fait défaut? Mais, dès à présent, la vie de l'âme est
double : elle a au-dessous d'elle les conditions d'une activité
dont le développement successif constitue le lot de notre vie
terrestre et mortelle. Mais elle a dans ses rapports avec Dieu
des conditions d'existence d'un autre genre. Nous devons
croire que ces conditions-là, plus amplement réalisées
après la mort, assureront à notre âme une vie d'un ordre
nouveau, moins laborieuse et cependant plus intense, mais
qui ne fera que développer, sans les rompre, la continuité
de nos existences et l'harmonie de nos destinées.

ÀPPENDICE

Ce mémoire était depuis quelque temps déposé à l'Institut, il était entre les mains de ses juges, quand nous reçûmes de M. Ch. Naudin (de l'Académie des Sciences) une lettre datée du 13 avril 1876, et traitant d'un sujet fort semblable, on va le voir, à celui que nous traitons dans notre quatrième partie. L'intérêt de la question et la haute valeur scientifique de notre correspondant nous déterminent à reproduire ici la majeure partie de cet échange d'idées. Nous sommes convaincu que le lecteur nous en saura gré.

« Monsieur,

« ..... L'année dernière j'ai rencontré votre Nouveau Cours de philosophie.... Je le lis.... Je viens vous soumettre un doute qui m'occupe depuis longtemps au sujet de la simplicité, de l'unité et de l'identité de l'âme, que vous affirmez avec l'universalité des philosophes spiritualistes.

« Voici sur quoi ce doute s'appuie :

« 1º Pour qu'un être, spirituel ou non, soit simple, il faut, si je ne me trompe, qu'il n'ait point de parties, qu'il soit indivisible même par la pensée, atomique en un mot, comme les atomes, réels ou fictifs, de la matière. S'il en est ainsi de l'âme humaine (et on pourrait ajouter des âmes animales), il m'est impossible de comprendre qu'elle soit active par elle-même. Toute activité est une dépense de force, et, pour que la force soit disponible, il faut qu'elle soit accumulée et à l'état de tension dans un potentiel, et un potentiel est toujours un agrégat. D'ailleurs tout phénomène est toujours un changement de rapports entre des choses distinctes, et il suppose une pluralité d'objets. Si donc la sensation, la volonté, la pensée sont des phénomènes (psychiques, bien entendu), ils ne peuvent pas plus que tous les autres êtres être engendrés dans l'unité et la simplicité.

« 2° Selon moi, un être simple et essentiellement un est immodifiable, car toute modification est un nouvel arrangement des parties composantes d'un tout. Là où il n'y a pas agrégat de parties, là où l'unité est absolue, comment concevoir la possibilité d'une modification? Voici, par exemple, une partie d'échecs engagée entre deux joueurs; à chaque instant le jeu se modifie, reflétant ainsi la pensée des joueurs; mais ces modifications successives ne sont possibles que parce qu'il y a deux adversaires, deux camps d'échecs en conflit, et, dans chaque camp, plusieurs pièces d'inégale valeur. Ce jeu, comme tous les jeux, est fondé sur le principe de la pluralité. Une pièce isolée, fût-ce la meilleure, n'a plus aucun sens dès qu'elle cesse de faire partie de cet agrégat qu'on appelle un jeu d'échecs. Si l'âme est simple, une, indivisible, si elle n'est point un agrégat psychique, une multi-unité, si vous voulez me passer ce terme, elle ne peut être, *par elle-même*, le siège d'aucun phénomène; elle ne peut rien acquérir ni rien perdre, elle n'est susceptible d'aucune modification, d'aucune éducation, d'aucune habitude, etc. Or l'expérience nous montre qu'il en est tout autrement, et que l'âme humaine acquiert, perd, s'améliore, se dégrade, etc., en un mot subit des changements tout à fait comparables à ceux de la partie d'échecs dont je parlais tout à l'heure.

« 3° Les êtres simples et indivisibles, quand ils sont de même espèce, par exemple les atomes d'hydrogène ou de carbone, etc., sont *absolument* identiques entre eux sous tous les rapports. *Ex uno disce omnes.* Si les âmes humaines sont unes et simples, de la simplicité des atomes de la matière, elles doivent *nécessairement* se ressembler d'une manière absolue dans tout le genre humain, et par conséquent amener dans tout le genre humain une pareille identité de conformation physique, de sentiments, de penchants, d'intelligence, d'aptitudes et de vie morale. Or Dieu sait si, d'un pôle à l'autre de ce globe, les hommes se ressemblent sous ces divers rapports! Et notez que les diversités si profondes qui les séparent naissent avec eux, qu'elles se manifestent même avant les premières lueurs de la raison, et que souvent, dès l'enfance, les hommes font pressentir ce qu'ils seront un jour, hommes de génie ou esprits vulgaires, héros de vertu ou vils scélérats. Toutes ces tendances sont innées, elles préexistent à la naissance, peut-être même remontent-elles jusqu'au début de la vie embryonnaire. Comment faire concorder ces diversités de caractères, ce *tot capita tot sensus*, avec la théorie de la simplicité absolue de l'âme et de son identité dans l'humanité entière?

« 4° Les âmes humaines, d'ailleurs, ne constituent pas à elles seules tout le cosmos psychique, il y a aussi l'immense multitude des âmes animales, que la psychologie officielle a toujours négligées. Dès qu'on admet que la matière et la force ne suffisent pas pour constituer un animal, si bas qu'il soit placé sur l'échelle zoologique, il faut lui attribuer une âme, c'est-à-dire un principe spirituel, adapté à son organisme et à son rôle dans la nature. Mais ici nous allons voir surgir des faits très embarrassants pour la théorie de l'âme monopsychique. Tout le monde connaît l'histoire de l'hydre d'eau douce, dont les morceaux reconstituent autant d'hydres nouvelles. Par l'opération contraire, on peut souder deux hydres ensemble, qui vivent désormais comme un simple individu. Dans ce dernier cas il y avait deux volontés distinctes; après la réunion il n'y en a plus qu'une; dans le cas précédent, d'une seule volonté on a fait plusieurs. Ces faits sont manifestement contradictoires de l'hypothèse d'une âme atomique dans ce groupe d'animaux.

« Mais les hydres ne sont pas seules dans ce cas. Les polypes, en général, les ascidies et beaucoup d'annélides vermiformes peuvent être segmentés et multipliés de même. Des animaux d'organisation plus élevée, les myriapodes entre autres, nous offrent des faits du même genre, quoique à un moindre degré. Coupez une scolopendre en trois ou quatre morceaux, vous verrez ces parties détachées de l'animal continuer à vivre assez longtemps, mouvoir leurs pattes, cheminer, s'irriter même lorsqu'on les maltraite, en un mot donner des signes non équivoques de sensibilité et de volonté. Une guêpe décapitée s'efforce de percer de son dard les doigts qui la tiennent, et la tête séparée du tronc cherche encore à mordre avec ses mandibules. Jusque chez les vertébrés nous trouvons des exemples de ces curieux phénomènes. Qui n'a vu des queues de lézards fraîchement détachées du corps frétiller pendant de longues minutes, et des tronçons de serpents ou d'anguilles *regiper* dans les mains qui les saisissent? Certains oiseaux survivent quelques instants à la décapitation, les canards entre autres, qui peuvent encore faire quelques pas et battre des ailes. Tous ces faits nous montrent que la vie n'est pas centralisée au même degré dans toute la série animale, et qu'en général elle est d'autant plus dispersée dans l'organisme que cet organisme est plus homogène dans ses diverses parties. On pourrait dire, jusqu'à un certain point, que, dans les espèces inférieures de chaque type de l'animalité, là où les formes sont allongées et où un même élément se répète un grand nombre de fois, myriapodes, annélides, l'individu n'est qu'un agrégat, un chapelet d'individus plus élémentaires, vivant chacun de sa vie propre, quoique contribuant à la vie du tout et obéissant à un chef de file logé dans les segments antérieurs, devenus segments céphaliques.

« 5° Dans la question qui nous occupe, les faits embryogéniques ont une grande valeur. On sait, aujourd'hui, que les spermatozoïdes sont de véritables ovules, des ovules mâles, aussi vivants que les ovules femelles, mais autrement constitués. A moins de s'avouer matérialiste, il faut reconnaître en chacun de ces ovules un principe spirituel, qui est le déterminant de son évolution. Dans l'acte de la fécondation, ces deux ovules se fondent l'un dans l'autre et donnent lieu à un corps unique, qui est le rudiment de l'embryon. Il paraîtrait même, d'après des observations récentes, que la fécondation proprement dite, ou masculine, est précédée, dans les ovaires de la femelle, par une préfécondation, c'est-à-dire par l'influx d'une cellule ovulaire *ad hoc*, influx qui suffirait dans les cas de parthénogenèse. Il y a donc chez l'animal, et chez l'homme par conséquent, concours d'au moins deux éléments vivants, peut-être même de trois, si la préfécondation est certaine, comme il le semble, pour la procréation d'un nouvel être. Pourquoi les psychologistes ne tiennent-ils pas compte de ces phénomènes si importants? Probablement parce que *leur siège est fait* et qu'ils ont pris l'habitude de séparer totalement ou presque totalement la physiologie et l'embryogénie de ce qu'ils regardent comme leur domaine propre. Je crois, moi, que la physiologie et la psychologie sont deux compartiments d'une même science, et qu'elles ne peuvent point être aussi séparées, aussi étrangères l'une à l'autre que les psychologistes l'ont cru jusqu'ici. Ajoutons à cela qu'ils n'ont jamais songé qu'il pût y avoir une psychologie comparée, et que le monde animal compte à peine pour eux.

« 6° La pathologie mentale me paraît inconciliable avec l'hypothèse monopsychique. Rien d'instructif pour la question qui nous occupe comme les manies, les monomanies, les hallucinations, les troubles intellectuels, etc. Que de fois le malade a conscience d'une force étrangère, d'un adversaire invisible, qui le pousse au suicide, au meurtre ou à d'autres actes insensés ou criminels, et avec lequel sa volonté engage une lutte désespérée, où elle est souvent vaincue! Je ne vois pas comment on pourrait expliquer ces faits dans l'hypothèse d'un principe spirituel unique, tandis qu'au contraire tout cela s'explique ou semble s'expliquer aisément si l'on admet que l'âme est un groupe, ou plutôt un microcosme psychique, dont les unités, en nombre immense et de valeurs inégales, sont ordonnées ou hiérarchisées en un tout dont l'organisme n'est que le reflet extérieur, le côté visible. Ce serait comme une vaste administration, présidée et gouvernée par un principe supérieur, qui, lui-même, ne serait point une monade, mais un composé d'éléments spirituels adaptés l'un à l'autre et indissolublement liés par leur essence même. Ce serait l'âme proprement dite. Quel serait le nombre de ces éléments premiers, de ces hypostases, si l'on peut employer ce mot ici? Vraisemblablement le même que celui des cellules ovulaires qui concourent à la formation du nouvel être, soit deux s'il n'y a que deux cellules, soit un plus grand nombre si la préfécondation existe réellement. Dans cette manière de voir, la santé, c'est-à-dire l'état normal du corps et de l'âme, serait l'ordre maintenu dans le microcosme psychique; la maladie, la folie, seraient la conséquence du désordre, de la révolte de quelques-uns des agents subalternes contre le principe supérieur et régulateur de l'ensemble, de l'âme en un mot, qui, volontairement ou non, aurait abdiqué sa royauté.

« Par la même théorie polypsychique s'expliqueraient les phénomènes biologiques cités plus haut. L'hydre d'eau douce serait un agrégat d'âmes à peu près équivalentes et uniformément distribuées dans le sarcode homogène de cet animal; ce serait une république, dont les colonies séparées de la métropole s'organiseraient en républiques indépendantes, mais vivant par les mêmes lois; l'annélide, le verre de terre, le myriapode, représenteraient des monarchies, mais dont le chef n'aurait qu'une faible autorité et pourrait, au cas où il disparaîtrait, être remplacé par quelqu'un de ces sujets, que la nécessité élèverait au premier rang. D'autres fois, chez le même animal, l'autorité de l'âme dirigeante croît avec l'âge et arrive à l'absolutisme; c'est ce qu'indiquent les coalescences,

les concentrations physiologiques d'animaux d'abord vermiformes (les chenilles, les larves des diptères, etc.), où les
segments, d'abord nettement séparés, se soudent et se fondent plusieurs ensemble pour donner lieu à des régions du
corps plus caractérisées et plus compliquées, et par suite à
de nouveaux modes d'existence (papillons, mouches, etc.).
Cette tendance à la concentration d'organes d'abord presque
indépendants et qui semblent n'être que la répétition les uns
des autres, va toujours grandissant dans la série animale, à
mesure qu'on se rapproche de l'homme, où le maximum de
coalescence est atteint. Or cette coalescence organique et
visible n'est, selon moi, que la suite et l'effet de la coalescence des éléments psychiques, qui sont, *dans mes idées*,
le fond même de l'animal. *Mens agitat molem.* — C'est l'âme,
c'est-à-dire tout le microcosme spirituel, qui détermine la
forme du corps; et le corps tout entier, dans toute la série
zoologique, n'est que le potentiel, le réservoir de la force, à
l'aide de laquelle chaque être vivant remplit son rôle dans le
cosmos.

« Un zoologiste rirait probablement de ces idées, mais
peut-être plutôt par le fait de ses habitudes d'esprit que par
conviction de leur fausseté. Nous sommes, en général, si
soumis à l'empire des sens, que nous concevons difficilement
qu'il puisse y avoir quelque chose au delà de leur horizon,
et que le vulgaire prend communément pour des réalités
objectives ce qui n'a de réalité que dans la conscience.... »

Nous reproduisons une partie de la réponse que nous
eûmes l'honneur d'adresser à M. Naudin :

« Monsieur,

« C'est un très grand honneur pour moi que de recevoir,
à propos d'un de mes livres, une lettre signée d'un nom tel
que le vôtre. Tout philosophe et philosophe universitaire que
je suis, je ne suis pas assez fermé à la science proprement
dite pour vous ignorer. Je sais en particulier que vous avez,
en plus d'un point, devancé le darwinisme, mais que vous
l'avez aussi comme rectifié par avance; car, si la doctrine
courante se maintient, elle ne pourra le faire qu'en respec-
tant deux idées que vous avez toujours défendues, la spontanéité dans la vie et la finalité, — principes qui ne détruisent

en aucune façon le mécanisme, mais qui le complètent et seuls le rendent explicable....

« L'intérêt croissant que j'ai pris à vous lire s'est augmenté, surtout à la fin, d'une satisfaction personnelle assez vive, je l'avoue. Dans le début, vous paraissez combattre avec force la théorie spiritualiste; et, en terminant, vous esquissez une théorie fort large où l'*esprit* peut espérer, si je ne me trompe, de retrouver sa place et son rôle. Or, cette théorie, je crois l'avoir moi-même développée, avec quelques nuances toutefois, dans un mémoire manuscrit qui est actuellement dans les mains des membres de la section de philosophie de vos confrères de l'Institut....

« Dans mon Cours de philosophie,... préoccupé surtout de démontrer aux jeunes gens qu'il y a dans l'homme *au moins* un principe un et simple, base de notre personnalité, etc., je n'ai pas voulu rechercher pour eux si l'organisme lié à ce principe est ou non le siège d'autres principes d'action d'une nature plus ou moins semblable....

« Dans mon mémoire je m'applique à poser ainsi les questions : si nous tenons un compte équitable des découvertes zoologiques les plus récentes (scissiparité, greffes animales, vie autonome des divers tissus, rôle et fonctions de l'œuf, même avant la fécondation masculine), il faut renoncer à renouveler soit l'animisme de Stahl, soit le vitalisme de l'ancienne école de Montpellier; mais il faut aussi regarder comme insuffisants soit l'hypothèse matérialiste, soit l'organicisme, soit toute théorie purement mécanique. Car la spontanéité de l'organe vivant n'est pas douteuse; et, si l'on combat avec tant de vivacité et de succès la doctrine d'une vie toute ramassée dans un principe unique, n'attribue-t-on pas à chaque organe, à chaque cellule en particulier, ces propriétés caractéristiques de la vie, morphologie spéciale, force d'évolution, idée directrice, etc.? Ainsi le vitalisme d'autrefois est mort. Mais qu'est-ce donc qu'on lui substitue? Une doctrine que je qualifie de polyvitalisme.... Mais, ceci reconnu, il reste à expliquer l'unité de l'économie..... Pourquoi donc ne pas reconnaître un principe directeur, monade centrale, suivant l'expression de Leibniz, et qui est au milieu des monades cellulaires ce que le chef d'orchestre est au milieu de ses musiciens, les laissant jouer chacun leur air, mais faisant en sorte cependant qu'ils contribuent à exécuter une harmonie dont il est, par son activité personnelle, l'*âme* et le soutien?

« Cette comparaison, si je ne m'abuse, peut être pour-
suivie sans rhétorique. Tantôt les musiciens seront bons et
le chef d'orchestre inepte : l'air sera mal joué. Tantôt un
chef d'orchestre excellent, comme l'âme d'un Pascal, tirera
un merveilleux parti de musiciens malades ou indociles.
Quand la fièvre nous donne le délire, la surexcitation des
énergies locales fait que le principe central ou directeur perd
conscience de lui-même : l'indiscipline est dans les rangs des
instrumentistes; il en est trop parmi eux qui s'obstinent à
jouer pour leur propre compte, et de là la cacophonie. Vous
voyez, monsieur, que j'entre assez dans vos idées. J'ai même
écrit cette page que je vous demande la permission de vous
transcrire de mon brouillon....

« .... Ainsi, ce que vous appelez microcosme polypsychique, je l'appelle polyvitalisme. Les deux choses se ressemblent. Permettez-moi cependant de maintenir une certaine
différence entre l'âme et la vie. La vie est multiple, elle est
un microcosme : l'âme proprement dite, principe directeur,
monade centrale, est véritablement une et simple. Autant la
physiologie est forte pour établir cette multiplicité d'éléments
vivant chacun à part, autant la psychologie est inattaquable
quand elle déduit du fait de conscience, de la mémoire, de la
responsabilité, je dirai même de la pure sensation, l'unité
absolue du principe supérieur....

« S'il est un, dira-t-on, peut-il être une force? En un sens,
évidemment non : car il n'est nullement établi, et M. Janet l'a
bien montré, que toute activité soit force dans l'acception,
discutée encore, il est vrai, où les sciences positives prennent
le mot. Si une force est ce qui se traduit en mouvement, se
transforme en mouvements de diverses natures, mais peut
toujours être mesuré physiquement par ses effets, non, l'âme
n'est pas une force : elle est ce à quoi la force qui se meut
dans le composé humain est subordonnée. Aristote dit que
c'est la cause finale des mouvements du corps ou le moteur
immobile de l'organisme... On peut trouver obscure et particulièrement difficile la question de la nature de ce principe.
Son existence est-elle douteuse? Je crois que non; car, en
somme, que serait la justice, que serait la beauté, que serait
l'amour en dehors de l'âme? mesurez-vous la vertu par des
kilogrammètres? Cherchez-vous l'équivalent mécanique du
dévouement? Il le faudrait, si tout dans l'homme était réduit
à des forces ou à la force.... »

Quelque temps après, M. Ch. Naudin nous écrivit : « J'ai relu votre lettre à bien des reprises; je viens de la relire encore, et je me trouve très honoré de voir de si nombreux points de contact entre vos opinions et les miennes, qui, au fond, diffèrent très peu des vôtres, si même elles en diffèrent. C'est ce dont je jugerai encore mieux à la lecture de votre mémoire. »

FIN

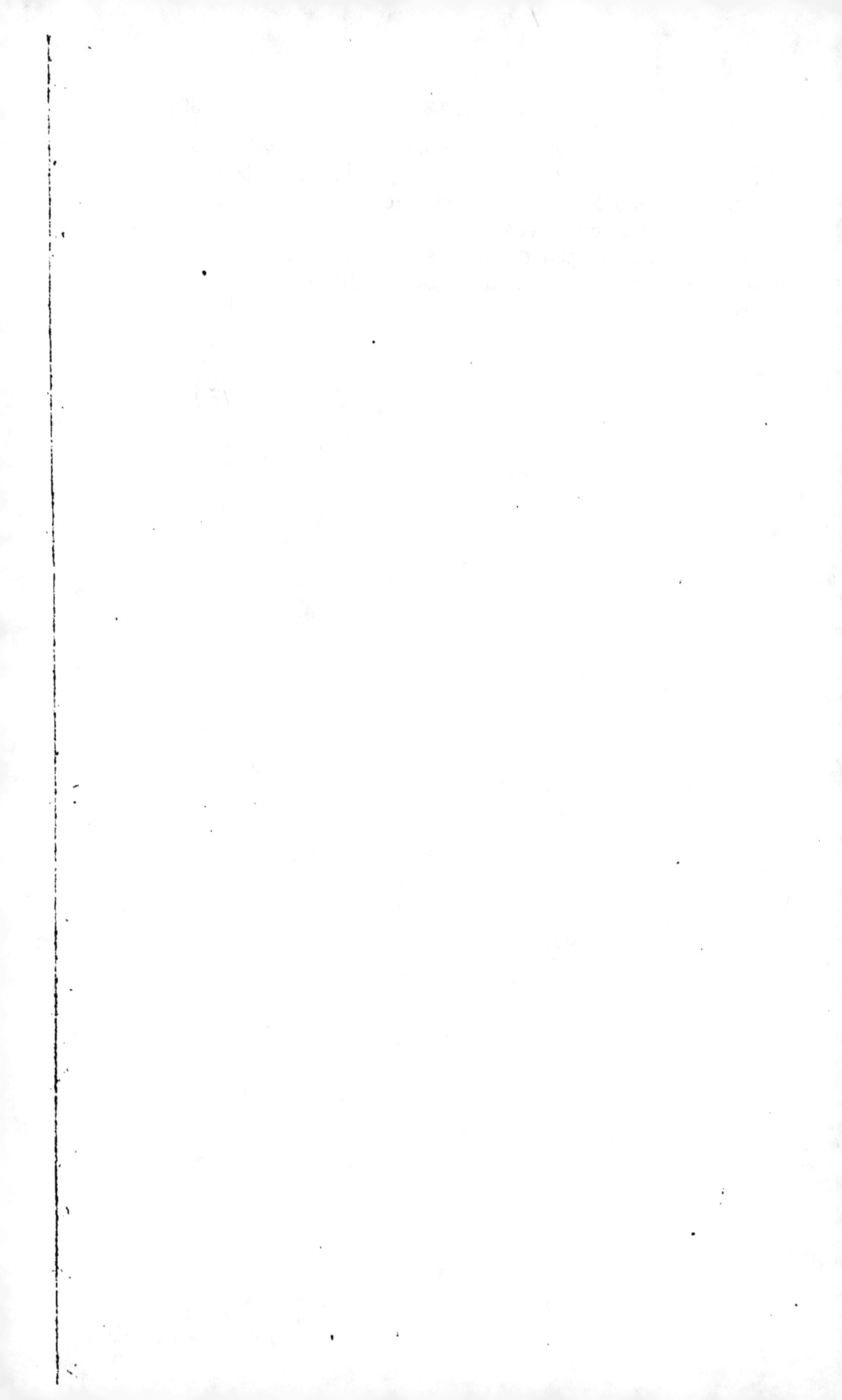

TABLE DES MATIÈRES

INTRODUCTION

PREMIÈRE PARTIE

DE LA VIE ANIMALE EN GÉNÉRAL.

DEUXIÈME PARTIE

DE LA VIE ANIMALE DANS SES DÉTERMINATIONS
PARTICULIÈRES.

TROISIÈME PARTIE
L'ÉVOLUTION PSYCHOLOGIQUE.

QUATRIÈME PARTIE
CHAPITRE UNIQUE.

COULOMMIERS. — Typog. P. BRODARD et GALLOIS.